《列国志》编辑委员会

中国社会科学院重大课题
国家"十五"重点出版项目

列国志

GUIDE TO THE WORLD STATES

中国社会科学院《列国志》编辑委员会

圭亚那

● 吴德明 编著

社会科学文献出版社

SOCIAL SCIENCES ACADEMIC PRESS (CHINA)

圭亚那行政区划图

圭亚那国旗

圭亚那国徽

喜爱斗鸟的人

满载一家人的独木舟

乔治敦街景，白色建筑为圣乔治教堂

乔治敦的露天市场

首都最著名的斯塔布鲁克市场

民族英雄柯菲的雕像，他曾领导
1763年奴隶起义

钻石为圭亚那主要矿产，图为生产现场

已故总统贾根研究中心，
该建筑建于19世纪

世界上最高木结构教堂
之一 —— 圣乔治教堂

因地制宜的体育活动

民间艺术表演

印第安人正在制造独木舟

世界上落差最大的瀑布
之一 —— 圭亚那凯厄图
尔大瀑布

印第安人编织马塔皮草袋，
供挤压木薯苦汁使用

正在开花的王莲

珍稀动物 —— 黄金蛙

圭亚那国花—— 王莲

前　　言

　　自 1840 年前后中国被迫开关、步入世界以来，对外国舆地政情的了解即应时而起。还在第一次鸦片战争期间，受林则徐之托，1842 年魏源编辑刊刻了近代中国首部介绍当时世界主要国家舆地政情的大型志书《海国图志》。林、魏之目的是为长期生活在闭关锁国之中、对外部世界知之甚少的国人"睁眼看世界"，提供一部基本的参考资料，尤其是让当时中国的各级统治者知道"天朝上国"之外的天地，学习西方的科学技术，"师夷之长技以制夷"。这部著作，在当时乃至其后相当长一段时间内，产生过巨大影响，对国人了解外部世界起到了积极的作用。

　　自那时起中国认识世界、融入世界的步伐就再也没有停止过。中华人民共和国成立以后，尤其是 1978 年改革开放以来，中国更以主动的自信自强的积极姿态，加速融入世界的步伐。与之相适应，不同时期先后出版过相当数量的不同层次的有关国际问题、列国政情、异域风俗等方面的著作，数量之多，可谓汗牛充栋。它们对时人了解外部世界起到了积极的作用。

当今世界，资本与现代科技正以前所未有的速度与广度在国际间流动和传播，"全球化"浪潮席卷世界各地，极大地影响着世界历史进程，对中国的发展也产生极其深刻的影响。面临不同以往的"大变局"，中国已经并将继续以更开放的姿态、更快的步伐全面步入世界，迎接时代的挑战。不同的是，我们所面临的已不是林则徐、魏源时代要不要"睁眼看世界"、要不要"开放"问题，而是在新的历史条件下，在新的世界发展大势下，如何更好地步入世界，如何在融入世界的进程中更好地维护民族国家的主权与独立，积极参与国际事务，为维护世界和平，促进世界与人类共同发展做出贡献。这就要求我们对外部世界有比以往更深切、全面的了解，我们只有更全面、更深入地了解世界，才能在更高的层次上融入世界，也才能在融入世界的进程中不迷失方向，保持自我。

与此时代要求相比，已有的种种有关介绍、论述各国史地政情的著述，无论就规模还是内容来看，已远远不能适应我们了解外部世界的要求。人们期盼有更新、更系统、更权威的著作问世。

中国社会科学院作为国家哲学社会科学的最高研究机构和国际问题综合研究中心，有11个专门研究国际问题和外国问题的研究所，学科门类齐全，研究力量雄厚，有能力也有责任担当这一重任。早在 20 世纪 90 年代初，中国社会科学院的领导和中国社会科学出版社就提出编撰"简明国际百科全书"的设想。1993 年 3 月 11 日，时任中国社会科学院院长的胡绳先生在科研局的一份报告上批示："我想，国际片各所可考虑出一套列国志，体例类似几年前出的《简明中国百科全书》，以一国（美、日、英、法等）或几个国家（北欧各国、印支各国）为一册，请考虑可行否。"

中国社会科学院科研局根据胡绳院长的批示，在调查研究的基础上，于 1994 年 2 月 28 日发出《关于编纂〈简明国际百科全书〉和〈列国志〉立项的通报》。《列国志》和《简明国际百科全书》一起被列为中国社会科学院重点项目。按照当时的计划，首先编写《简明国际百科全书》，待这一项目完成后，再着手编写《列国志》。

1998 年，率先完成《简明国际百科全书》有关卷编写任务的研究所开始了《列国志》的编写工作。随后，其他研究所也陆续启动这一项目。为了保证《列国志》这套大型丛书的高质量，科研局和社会科学文献出版社于 1999 年 1 月 27 日召开国际学科片各研究所及世界历史研究所负责人会议，讨论了这套大型丛书的编写大纲及基本要求。根据会议精神，科研局随后印发了《关于〈列国志〉编写工作有关事项的通知》，陆续为启动项目拨付研究经费。

为了加强对《列国志》项目编撰出版工作的组织协调，根据时任中国社会科学院院长的李铁映同志的提议，2002年8月，成立了由分管国际学科片的陈佳贵副院长为主任的《列国志》编辑委员会。编委会成员包括国际片各研究所、科研局、研究生院及社会科学文献出版社等部门的主要领导及有关同志。科研局和社会科学文献出版社组成《列国志》项目工作组，社会科学文献出版社成立了《列国志》工作室。同年，《列国志》项目被批准为中国社会科学院重大课题，国家新闻出版总署将《列国志》项目列入国家重点图书出版计划。

在《列国志》编辑委员会的领导下，《列国志》各承担单位尤其是各位学者加快了编撰进度。作为一项大型研究项目和大型丛书，编委会对《列国志》提出的基本要求是：资料详实、准确、最新，文笔流畅，学术性和可读性兼备。《列国志》之所以强调学术性，是因为这套丛书不是一般的"手册"、"概览"，而是在尽可能吸收前人成果的基础上，体现专家学者们的研究所得和个人见解。正因为如此，《列国志》在强调基本要求的同时，本着文责自负的原则，没有对各卷的具体内容及学术观点强行统一。应当指出，参加这一浩繁工程的，除了中国社会科学院的专业科研人员以外，还有院外的一些在该领域颇有研究的专家学者。

　　现在凝聚着数百位专家学者心血、约计 200 卷的
《列国志》丛书，将陆续出版与广大读者见面。我们希
望这样一套大型丛书，能为各级干部了解、认识当代世
界各国及主要国际组织的情况，了解世界发展趋势，把
握时代发展脉络，提供有益的帮助；希望它能成为我国
外交外事工作者、国际经贸企业及日渐增多的广大出国
公民和旅游者走向世界的忠实"向导"，引领其步入更
广阔的世界；希望它在帮助中国人民认识世界的同时，
也能够架起世界各国人民认识中国的一座"桥梁"，一
座中国走向世界、世界走向中国的"桥梁"。

《列国志》编辑委员会

2003 年 6 月

CONTENTS

目 录

CONTENTS

目　录

7

CONTENTS

目　录

CONTENTS

目　录

CONTENTS

目　录

CONTENTS

目 录

CONTENTS

目　录

圭亚那驻华使馆
临时代办序

　　我很高兴能有机会为吴德明教授的著作撰写序言。据我所知，他的这本关于圭亚那的著作是中国社会科学院组织实施的大型志书《列国志》的组成部分。

　　吴德明教授关注圭亚那共和国的发展近三十年，这本书是在他多年研究成果的基础上融入其学识和阅历后所完成的一部精华之作。读者会发现此书不但具有趣味性，而且从更深层面上涵盖了圭亚那的全貌。

　　吴德明教授在本书开篇处选择从圭亚那的国土和居民着笔是相当正确的。在这部分，作者对圭亚那地理、自然资源、人口、风俗习惯以及圭亚那人民身上所特有的人文特征进行了重点介绍；在接下来的篇章中，作者又重点着墨于圭亚那的历史、政治、经济、军事、教育、科学、艺术、医疗等方面；全书结尾则落笔于圭亚那在外交方面所取得的成就。综观全书，每一部分都体现了作者在选材上的缜密性和系统性。

　　由于本书几乎涵盖了圭亚那这个年轻的发展中国家的方方面面，所以读者也可以将本书作为了解圭亚那的指南。

　　需要指出的是，尽管圭亚那在地理位置上属于南美大陆，然而历史上它却一直与英语加勒比地区的国家关系密切。圭亚那独特的地理位置和它与加勒比诸国历史、文化、政治上的联系都使得它成为连接南美大陆和加勒比地区的理想桥梁。所以，圭亚那许多年来一直作为加勒比共同体的代表出席里约集团的会议。

仔细阅读本书，你会发现，虽然地理位置上圭亚那和中国相距遥远，但早在19世纪，一些历史事件把生活在这两块陆地上的人民联系在了一起：当时一部分来自中国南部的居民远涉重洋最后定居于圭亚那。多年来，这些移民为圭亚那的经济发展，社会和文化进步作出了极大的贡献。

相对于该地区其他国家而言，圭亚那是英语加勒比地区第一个与中国建立外交关系的国家。多年来的相互理解和相互合作使得双边友好关系得到了全方位的、富有成效的发展。今年恰逢中圭两国建交35周年，这在两国关系史上具有里程碑的意义。我相信本书的出版将为两国关系增添一道亮丽的色彩。

吴德明教授为本书的写作付出了巨大辛劳，我在赞叹他所呈现的资料的丰富翔实的同时，不得不惊叹他在处理这些资料时充分体现出的逻辑性。他的这一努力将使得每一位对圭亚那抱有兴趣的读者都能通过本书去探寻构成这个国家民族特性的诸多元素。

最后，我很荣幸吴德明教授给我这个机会来为本书写序，同时也要对他近三十年来始终不渝，全身心地致力于圭亚那的研究工作表示衷心感谢。他一定会为此书的出版而感到自豪，同时，我也希望此书的出版将增进中国人民对圭亚那的了解并由此加深中圭两国之间的友谊。

圭亚那驻华使馆临时代办

塞西尔·波利多尔

2007 年 4 月

Preface by Cecil Pollydore, Charge d'Affaires, a. i. Guyana Embassy

I am delighted with the opportunity afforded me by Professor Wu Deming to write the preface of his book on Guyana which forms part of a wider undertaking by the Chinese Academy of Social Sciences.

This latest work by Professor Wu is the distillation, I believe of over three decades of research, wisdom and experiences gained as he followed developments in the Republic of Guyana. Readers therefore would find this publication very interesting and in depth in its coverage of Guyana.

Professor Wu begins this book by correctly looking at the Land and its People. In this section careful attention is given to the physical geography, natural resources, population demographics, national traditions and symbols which identify the people of Guyana. His treatment of the rest of the book is equally systemic and meticulous. In the following sections he comprehensively covers history, politics, economics, the military, education, science, the arts, health and concludes the publication by highlighting Guyana's diplomatic endeavors.

Readers would find this new publication a useful reference guide

1

on Guyana because it so adequately deals with the full range of issues pertinent to this young developing country.

It should be noted that while Guyana is physically located on the continent of South America, it nevertheless shares a close history with the English speaking Caribbean. The uniqueness of Guyana's physical position and its historic, cultural and political links with the Caribbean ideally places it in a position to function as a 'bridge' between the two Regions. To this end, Guyana has for many years served as the Caricom Representative on the Rio Group.

Careful reading of this book would clearly demonstrate that while Guyana and China are geographically distant, yet the peoples of these two lands have for some time now been drawn together by historical events of the 19th Century which resulted in Chinese from the southern part of this country traveling to and taking up permanent residence in Guyana. These immigrants have over the years made valuable contributions towards to the economic, social and cultural progress of Guyana of which reference has been made in this book.

Guyana has the distinction of being the first English speaking country in the Caribbean to have established diplomatic relations with China. Fruitful all round bilateral relations have developed over the years which have been underpinned by mutual understanding and cooperation. The publication of this book coincides with an important milestone in Guyana/China relations. In 2007, the two countries are celebrating Thirty-five Years of Diplomatic Relations.

I wish to commend the author for his painstaking research and the logical manner in which he has presented the vast array of information accumulated on Guyana. The result of his efforts has made it possible for anyone with an interest in Guyana to find under one

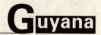

cover an interesting presentation of the varied elements which combine to give this country its identity.

In closing, I wish to express sincere appreciation for the opportunity to write the preface of this book and to commend Professor Wu Deming for his dedication and interest in Guyana which has spanned three decades. He should be proud of this publication and it is hoped that this would be another basis upon which the people of China could further expand their knowledge of Guyana and that this would lead to deeper bonds of friendship between the two countries and peoples.

April 2007

自　序

　　1979 年 6 月，我调入拉丁美洲研究所南美研究室工作。所里分配我负责苏里南的综合研究。一年后，分管研究圭亚那的同志调离，所里又将圭亚那的综合研究任务分配给了我。从此以后，我与圭亚那和苏里南结下了不解之缘。慢慢地，我对两国的了解不断增多，同时也对两国产生了深厚的感情。尽管后来所里调整了研究室，我的研究领域有所调整和侧重，但圭亚那和苏里南一直在我的研究视线之内。

　　圭亚那是拉丁美洲的一个小国，但是非常具有特色。圭亚那是拉丁美洲南美大陆唯一的英语国家，由于语言和历史原因，习惯上又被看做是加勒比国家。在英联邦加勒比国家中，圭亚那面积最大，是第一个成立共和国的国家，又是第一个同中国建交的国家。圭亚那风景秀丽，物产富饶，境内江河溪流纵横交错，瀑布急流多而壮观，动物植物品种繁多，热带雨林覆盖率名列世界前茅，铝土生产居世界重要地位。在长期的历史发展过程中，圭亚那汇集了欧洲、非洲、亚洲等地移民，成为世界上少有的民族和种族繁多复杂的国家，同时又是拉丁美洲印度裔人口比例最高的国家，素有"六族之国"的雅称。它不仅拥有灿烂辉煌的古老的美洲印第安文化，而且还拥有丰富多彩的现代的其他各洲多民族文化。在国家的政治舞台上，圭亚那出现过华裔总统、非洲裔总统和印度裔总统。这种现象在南美洲甚至整个拉丁美洲，除了苏里南之外，都是绝无仅有的。

圭亚那与中国相距遥远，但自1853年首批契约华工踏上圭亚那大地以来，相互之间的了解和友谊不断增多；特别是1972年两国建交以来，相互之间的友好合作关系进一步发展和加强。圭亚那与中国同属发展中国家，有着相似的过去和面临着共同的发展任务。两国政府和人民在国际事务中互相理解、互相同情、互相尊重和互相支持，谱写了篇篇华章。

中国社会科学院决定编写出版一套《列国志》丛书。拉丁美洲研究所负责编写拉美各个国家。我很高兴地接受了关于《圭亚那》一书的写作任务。作为一个科研工作者，经过近三十年的积累资料和潜心研究，非常愿意将自己了解的圭亚那介绍给我国的广大读者，非常愿意为增进中国同圭亚那之间的了解和友谊尽一份力量。当然，这也是一个科研工作者的义不容辞的光荣职责。我祝愿，此书的出版能为中国和圭亚那人民之间的友谊大厦增砖添瓦。

本书在编写过程中，得到了中国社会科学院和院科研局的有关领导的热情指导和帮助，同时得到了拉丁美洲研究所领导和同事们的热情帮助和支持。前副所长徐世澄研究员、现副所长江时学研究员、前科研处副处长曹琳同志等都曾为我提供过关于圭亚那的宝贵资料。所里编辑部、科研处、图资室、办公室的同事们为我查阅、收集、复印资料等提供了各种方便和照顾。副所长江时学研究员、副所长宋晓平研究员、所长助理吴国平研究员等对本书的写作、修改提出了许多宝贵建议和指导意见。另外，本书的编写还得到了圭亚那驻华使馆的热情帮助和支持，为我提供相关的图片和信息等。圭亚那驻华使馆临时代办塞西尔·波利多尔先生还在百忙中为本书作序，使馆禹海威先生将序言由英文译成中文。中国社会科学院社会科学文献出版社的领导和编辑同志们为本书的出版付出了大量的辛勤的劳动。在此，对他们一并表示衷心的感谢。

由于本人才疏学浅，能力和水平有限，加之时间仓促，书中难免存在一些缺点、疏漏、甚至错误之处。诚恳欢迎广大读者不吝指正。

吴德明

2007 年 4 月于拉丁美洲研究所

第一章

国土与人民

第一节 自然地理

一 地理位置

圭亚那合作共和国（The Cooperiative Republic of Guyana，简称圭亚那）位于南美洲大陆东北部，在西经57°~61°和北纬1°~9°之间。东以苏里南为邻，西和西北与委内瑞拉接壤，南和西南与巴西相连，北濒大西洋。

圭亚那南北最长为805公里，东西最宽为459公里①。面积214969平方公里（包括现在圭亚那管辖之下、与委内瑞拉有争议的面积约15.9万平方公里的埃塞奎博地区，不包括与苏里南有争议的面积约1.7万平方公里的科兰太因河上游地区）②，是南美洲国土面积倒数第三小的国家，版图略大于乌拉圭和苏里南，相当于美国的爱达荷州或英国的大不列颠岛。在

---

① 见英文版《圭亚那地区手册》（1969年）；一说长807公里、宽436公里，见英文《第三世界百科全书》（1982年）；一说长724公里，见 https://www.guyana.org/Handbook/locsize.html，等等。

② 圭亚那国土面积情况引自中文版《世界知识年鉴》（2005/2006年）。参见英文版《欧罗巴年鉴》（2003年）、《南美中美和加勒比概览》（转下页注）

全国总面积中，陆地面积为 196850 平方公里，水面积 18120 平方公里。海岸线长约 435 公里，西北起普拉亚角（Point Playa），东至科兰太因河口。陆界线长 2462 公里，其中与巴西边界长 1119 公里、与委内瑞拉边界长 743 公里、与苏里南边界长 600 公里。全国大约 35% 的面积（即低于北纬 4° 的地区）处在亚马孙盆地之中①。

由于圭亚那的地理位置处于大西洋飓风带的南边，远离气旋中心，在飓风形成和肆虐的季节，圭亚那基本免受飓风的袭扰。

圭亚那国家标准时间较格林尼治平时（即世界时）晚 4 小时，较北京时间晚 11 小时。

二 地形特点

圭亚那在地理上系南美洲圭亚那高原的一部分。"地质岩层为原生的花岗岩或砾岩、砂岩和黏土，是世世代代强大的水力冲积所致"。地形南高北低，地势起伏平缓，多丘陵和低矮山地。全国由北向南大致可以分为沿海平原、丘陵沙土带、高原森林区和内陆草原 4 个自然区。当然，有的文献将圭亚

（接上页注②）（2005 年）、经济学家情报部《国家概况圭亚那》（2006 年）等，另有许多资料说 214970 平方公里或 215000 平方公里，其实均为大约数字；英文版《南美手册》为 215083 平方公里。水、陆面积见 https：//www.cia.gov/cia/publications/factbook/geos/gy.html 等。

① 海岸线 435 公里见英文版《圭亚那地区手册》（1969 年）、《圭亚那，一个种植园社会的政治》（1988 年）；一说 432 公里，见英文版《圭亚那政治、经济和社会》（1986 年）；459 公里见英文版《南美中美和加勒比概览》（2005 年），https：//www.cia.gov/cia/publications/factbook/geos/gy.html；430 公里见英文版《第三世界百科全书》（1982 年）。陆界线 2462 公里见 https：//www.cia.gov/cia/publications/factbook/geos/gy.html，一说 2584 公里，见英文版《第三世界百科全书》（1982 年）。

那从地理上分为沿海平原、森林区和热带草原区三大自然区。[①]据 2005 年资料显示，全国可耕地面积很小，占总面积的 2.23%，永久作物面积占 0.14%，其他土地面积占 97.63%。[②]

沿海平原约占国土面积的 4%，宽度为 16～64 公里，沿海岸线东西延伸，呈带状。区内地势低洼。离海岸 4.8～6.4 公里宽的地带，涨潮时低于海平面，依靠大约 230 公里长的海堤（当地称海墙 Sea Wall）保护。由于河流入海时携带大量泥沙和不断沉积，沿海水域多沙洲和泥淖，大约 80 公里的近海水域呈暗黄色。但沿海平原土壤肥沃，适宜于发展种植业。雨季由于宣泄不畅，时有洪涝灾害发生。

丘陵沙土带位于东部沿海平原的南边，约占国土面积的 25%，宽度为 129～161 公里，海拔高度为 15～122 米。区内地面起伏不平，多为白沙或黏土所覆盖，土壤不适合农耕，但有森林资源和丰富矿藏，是圭亚那铝土矿的主要产区。

高原森林区占国土面积的 60%，由中、西部一直绵延到东南部。区内层峦叠嶂，地形险要，分布着许多奇特的砂石岩。其中罗赖马岩最高，为红色砂岩，在众多巨岩中独树一帜，成为圭亚那最有趣的景观。在南部山地，许多奇形怪状的巨岩耸立于长满稀有而美丽植物的丘陵斜坡上，宛若石头堡垒。其中最著名的一块巨岩叫阿塔罗伊普岩（Rock Ataroipu），又称魔鬼岩。它位于埃塞奎博河上游的圭达鲁河岸（Guidaru River），形状如金字塔，高 168 米，宏伟壮观。该区内热带雨林葱茏茂密，矿产资源非常丰富。圭亚那的一些大型金矿和金刚石产地都分布于此地。

① Kemp R. Hope, *Guyana*：*Politics And Development In An Emergent Socialist State*, Mosaic Press, Oakville, Canada, 1985, p. 11, Colin Baber and Henry B. Jeffrey, *Guyana Politics*, *Economics and Society*, Frances Pinter(Publishers)Limited, 1986, p. 5.〔英〕雷蒙德·T. 史密斯：《英属圭亚那》，吉林人民出版社，1974，第 2 页。
② https：//www.cia.gov/cia/publications/factbook/geos/gy.html.

其东部和南部居住着圭亚那土著居民印第安人,从事自给自足的农牧业、小规模的林业采伐和采矿业。

内陆草原区主要包括鲁普努尼热带草原和伯比斯地区的"中间草原"(Intermediate Savannah)两部分,面积共计20720平方公里,约占国土面积的11%,为圭亚那主要畜牧区。鲁普努尼热带草原位于国土西南部,面积15540平方公里,卡努库山横穿其间,将其分为南、北两块。草原低凹处海拔高度仅76米左右,雨季常被洪水淹没。区内土壤贫瘠,含有沙砾、沙土和红土,间或有突起的高山,如西里里山、马鲁迪山、蝙蝠山等;还有许多裸露的巨大岩石、数不清的蚁丘(anthill)、丛生的艾塔棕榈树和稀疏的其他树木。经营养牛场和种植木薯、花生、槚如树坚果等是当地居民的两大主要生产活动。伯比斯中间草原距海岸约97公里,面积5180平方公里,周围被白沙带的茂密森林所包围,因地处茫茫森林中间而得名。

此外,圭亚那境内有四大山脉,即圭亚那西部的帕卡赖马山(Pakaraima Mountains)、西北部的伊玛塔卡山(Imataka Mountains)、西南部的卡努库山(Kanuku Mountains,海拔914米)、南部的阿卡赖山(Akarai Mountains)。帕卡赖马山最高,是圭亚那与委内瑞拉和巴西两国的天然边界。其主峰罗赖马峰(Mount Roraima)海拔2835米,是圭亚那的最高峰。

据报道,圭亚那到处都有很久以前巨大火山活动的痕迹,但没有迹象表明有新近的火山活动。因此,圭亚那基本上没有地震和火山喷发的威胁。

三 河流、瀑布与岛屿

"圭亚那"一词系印第安阿拉瓦克族语,意为"多水之乡"(Land of Waters)。圭亚那境内江河溪流纵横交错,湖泊沼泽星罗棋布,水利资源非常丰富。人们称之为

"多水之乡"乃是名副其实。

圭亚那主要河流有埃塞奎博河、德梅拉拉河、伯比斯河，其次还有巴里马河、威尼河、波梅隆河、马海卡河、马海科尼河、阿巴里河等。圭亚那河流大都呈树状分布，由南向北流经森林、草原，穿越沿海平原，注入大西洋；只有少数河流注入邻国委内瑞拉和巴西的河流中。埃塞奎博河为圭亚那最长河流，长约1045公里，流域面积占国土面积的2/3，河水泛淡红色，最大流量每秒8000多立方米，河口宽33.8公里。伯比斯河和德梅拉拉河次之，长度分别为640公里和400公里。其他河流都比较短小。圭亚那河流的另一个特点是，主要河流的平均坡度很小，一般为1英里（1.61公里）仅有1英尺（0.31米）的坡度。故雨季洪水宣泄不畅，沿河形成许多大小沼泽。另据介绍，圭亚那境内较大的湖泊约有18个，但实际上面积一般都不太大。

由于近代地壳的轻微上升作用，圭亚那河流跌宕起伏、曲折蜿蜒，几乎每条河上都有急流和瀑布，如长度仅约225公里的埃塞奎博河支流波塔罗河上就有9个瀑布。据报道，全国大小瀑布共约276个，其中波塔罗河上的凯厄图尔瀑布最为著名。该瀑布从一片砂岩高地上飞流直下，总落差为250米，相当于北美洲尼亚加拉大瀑布的5倍。旱季瀑布宽76米，雨季最大宽度可达120米。水流跌入一个五彩缤纷的峡谷之中，气势磅礴，蔚为壮观。如此巨大垂直落差的瀑布为世界上所罕见。其他著名瀑布还有奥林杜伊克瀑布、马歇尔瀑布、图马图马里瀑布、马里纳瀑布、提博库瀑布、沃诺托博瀑布、伊塔尼姆瀑布、格雷特瀑布、圣诞节瀑布等。由于圭亚那河流多急流和瀑布，富水利资源而少舟楫之便。主要河流仅能在下游80～160公里之内通航。

圭亚那的岛屿很多，约有数百个，广泛分布在沿海，尤其是河流的中下游及入海口。在埃塞奎博河中就有365个岛屿，其中几个比较大的分布在入海口处，如韦克纳姆岛、莱关岛、虎岛、霍格岛、炮台岛、自由岛等，总面积相当于巴巴多斯；在德梅拉拉河上有 3 个大岛，即因弗岛、博塞伦岛和比厄森岛。这些河流岛屿大都是河流挟带的泥沙、杂物淤积而成。河上岛屿虽多，但只有少数几个有人居住，种植蔬菜、水稻、可可等。莱关岛和韦克纳姆岛是圭亚那大米的重要产地，其他岛屿可提供大量木材等资源。

四　气候

圭亚那靠近赤道，终年高温、多雨、高湿度、多阴天。国内大部分地区基本属于热带雨林气候，西南部地区为热带草原气候。圭亚那一年之中也有四季之分，但并非春、夏、秋、冬，而是两个旱季和两个雨季。两个旱季是长旱季（8~11 月）和短旱季（2~4 月），两个雨季是长雨季（4~8 月）和短雨季（11~2 月）。在沿海地区四季变化较为分明，而广大内地雨季和旱季并无严格区别，旱季也有滂沱大雨。在鲁普努尼草原和高原地区仅有一个雨季和一个旱季。

由于东北贸易风的吹拂，沿海地区雨量充沛，气候宜人。气温变化在 20~34℃ 之间，年均气温为 27℃，昼夜或季节性的气温变化不大。年均降水量为 2250~2280 毫米。相对湿度较高，年均为 70%。首都乔治敦因地处沿海，其气温很少高于 29℃ 和低于 23℃。一个惊人的事实是，乔治敦与英国伦敦相比，伦敦有时倒要比乔治敦热得多。从沿海往内地延伸，地势逐渐升高，雨量逐渐减少。内地昼夜气温变化亦大，一般在 19~40℃ 之间，阴凉处平均气温为 28℃。鲁普努尼热带草原地区的旱季较长，年均降水量为 1520 毫米左右，降雨时间主要集中在 5~8 月。但在山地和雨林地区降水量仍然较高，有时甚至可达 3500~3800 毫米。据称，常年炎热多雨正是该地区出现森林和沼泽主要原因。

　　由于圭亚那地处大西洋飓风带以南，基本上不受强大风暴（飓风、龙卷风等）的侵害。在圭亚那，尽管有时雨期推迟，但持续和严重的旱灾是相当少见的。不过，雨水过大甚至发生水灾的现象还是较多的。

　　五　行政区划

　　19 66年独立前，圭亚那称英属圭亚那，全境分为3个省即埃塞奎博省、德梅拉拉省和伯比斯省，下分9个行政区。埃塞奎博省下辖5个行政区，即西北、埃塞奎博、埃塞奎博岛屿区、马扎鲁尼－波塔罗区和鲁普努尼区。德梅拉拉省和伯比斯省各辖2个行政区，分别为东德梅拉拉区、西德梅拉拉区和东伯比斯区、西伯比斯区。在9个行政区中，6个为沿海区，即埃塞奎博、埃塞奎博岛屿区、西德梅拉拉区、东德梅拉拉区、西伯比斯区、东伯比斯区；3个为内地区即西北区、马扎鲁尼－波塔罗区和鲁普努尼区。独立后的一段时间内，圭亚那的行政区划仍保持3个省9个行政区的状态未变。1974年5月1日政府宣布将全国划分为6个地区，即东伯比斯－科兰太因地区、东德梅拉拉－伯比斯西海岸地区、埃塞奎博海岸及岛屿－西德梅拉拉地区、西北地区、马扎鲁尼－波塔罗地区和鲁普努尼地区。1980年圭亚那颁布新宪法，又将全国划分为10个行政区：巴里马－威尼、波梅隆－苏必南、埃塞奎博岛屿－西德梅拉拉、德梅拉拉－马海卡、马海卡－伯比斯、东伯比斯－科兰太因、库尤尼－马扎鲁尼、波塔罗－锡帕鲁尼、上塔库图－上埃塞奎博和上德梅拉拉－伯比斯。

　　十大行政区下面设立分区、乡、镇和村。各级政府一般都称民主委员会。全国主要城镇有乔治敦（首都）、林登、新阿姆斯特丹、巴提卡、科里弗顿、罗斯霍尔和安纳雷金纳等。

第二节 自然资源

一 矿物

圭亚那地质岩层为原生的花岗岩或砾岩、砂岩和黏土。其基岩是花岗质岩石，上覆地层主要是长期以来阳光照射和洪水冲刷的结果。沿海地区形成厚厚的冲积层，有一系列沙丘，其白沙显然源自原生岩和变质岩。溯河而上可见岩层，德梅拉拉河与埃塞奎博河地区有丰富的片麻岩。西南部地区是一片砂岩地层，大概是新生的红砂岩。地层由粉红色的和白色的砂岩层和砾岩所组成。几乎在所有砂岩层间都夹杂着由花岗岩、片麻岩和石英斑岩分解出来的大片火山岩、闪长岩等。复杂的地质构成为矿物资源提供了多样性。圭亚那的矿物资源十分丰富。主要矿藏有铝土、黄金、钻石和锰，其次还有铜、锌、铅铁、铌、钼、钽、钨、镍、铀、皂石、玻璃砂、花岗岩等。2000 年美国地质勘探队研究认为，圭亚那沿海水域有大量的石油和天然气资源。石油的平均概率为 22 亿桶，天然气的平均概率为 1698 亿立方米。在埃塞奎博地区、鲁普努尼地区也发现有大量石油和天然气。

铝土矿主要分布在丘陵沙土区，20 世纪 70 ~ 80 年代的资料表明蕴藏量约为 3.6 亿吨。矿脉从西北部的波梅隆地区开始，呈弓形带状向东南延伸，经林登、伊图尼至夸夸尼地区，进而绵延到苏里南境内，全长 300 余公里，宽 29 ~ 64 公里，厚 9 米左右。圭亚那的铝土同其他国家的铝土相比，矿脉埋藏深，距地面约 30 米至 100 米，但杂质少，品位高，氧化铝含量为 50% ~ 60%，最高达到 59% ~ 61%。此外，圭亚那西南部帕卡赖马山区还有大量的含铁量很高的铝土矿。

黄金和钻石为圭亚那两大重要矿产，主要分布在中部、西部和西北部的广大山区及河流冲积层地带，蕴藏量相当可观。国内现在有六大矿区，即伯比斯、波塔罗、马扎鲁尼、库尤尼、鲁普努尼和西北区。但金矿较为集中的地区则是波塔罗和马扎鲁尼地区，波塔罗地区有圭亚那乃至南美洲最大的露天金矿之一的奥迈金矿。圭亚那最大的和最有价值的钻石矿层分布于帕卡赖马高原地区。据信，这些钻石是从高原的岩石中冲洗出来的。

　　锰矿最早发现于埃塞奎博河下游，以后又在西北部巴里马河附近以及其他地区陆续发现。但锰矿的开采活动主要在巴里马河附近的阿腊卡卡和马修斯岭两地。圭亚那铁矿产地除上述帕卡赖马山区外，还有埃塞奎博河和德梅拉拉河流域的丘陵、山地和森林地带。在德梅拉拉河与伯比斯河之间还有两大铁矿产地，蕴藏量估计为 9 亿吨，矿层约 4 米厚，矿石含铁量为 34% ~ 38%。在马扎鲁尼地区还发现有铌铁矿。圭亚那非金属矿藏有皂石、玻璃砂、石灰岩、瓷土、石墨等。

　　二　植　物

　　圭亚那是一个质朴美丽的国家。许多地区至今尚未开发，存在着一些"世界上最令人敬畏"的原始热带处女森林。树木约有 1000 多个品种，名贵树木有 30 多种。已知的兰花有 193 种，其他已知的各种植物有 6101 种。诸多植物中以赤道雨林为主要植物类型。全国森林覆盖率为 86%，面积约 181300 平方公里。雨林中各种树木混生，每平方英里（2.59 平方公里）大约有 200 个品种。

　　在沿海浅水滩地和淤泥地上生长着大量的诸如美洲红树（Mangrove）、柯里达树（Courida）、白杉树、山楂树等树种和耐盐碱的水草类，有助于保护陆地。在沿海平原的柏加塞土（Pegasse）和冲积壤土中生长着一些沼泽硬木。与沿海平原相毗连的，便是沼泽林地和棕榈树繁茂地区，上面有各种丛生草类和广泛分布的椰子树、科科里特（Cocorite）棕榈树、特鲁利（Truli 或 Trooli）棕榈树、曼尼科尔（Manicole）棕榈树等。其中曼尼科尔棕榈个体最大，可高达 24～30 米。土壤贫瘠的白沙地带依然有耐干旱的常青树和季节性生长的硬木树种。在稍靠内地富含铁质的泥土地以及有肥力的沙土地上热带雨林生长繁茂，树干一般挺拔、高大，最高可达 60 多米，树冠连成一片，遮天蔽日。珍贵树木品种主要有绿心木（Greenheart）、瓦拉巴树（Wallaba）、莫拉树（Mora）、蟹木树（Crabwood）、巴拉塔（Balata）及其他橡胶树、西鲁阿巴利（Siruaballi）和胡巴巴利（Hubaballi）等细木工树种。高大的莫拉树、蟹木树多生长在沼泽地。珍贵树木中多为硬材，特别是绿心木质地坚硬无比，锯时可冒出火星，能防火、防蛀、防腐，即使是能够钻透钢板的海水凿船虫对它也无能为力，是世界各国广泛用以修建船舶以及码头、船坞、防波堤等海洋设施的最佳木料。瓦拉巴树高大笔直，防腐功能性强，多作电线杆等使用。莫拉树木质坚硬，亦有防火、防腐功效，非常适宜作铁路枕木等。在内地热带草原上分布各种草类，亦有丛生的艾塔（Ita 或 Eta）棕榈树等。沿河流域多为沼泽，有各种灌木丛生。

圭亚那有大量的花卉植物和各种类型的攀藤植物。乔治敦植物园荟萃了世界上各种名贵花草树木，成为全球最美的植物园之一。兰花和维多利亚·雷加王莲（Victoria Regia Lily）是圭亚那花卉中的佼佼者。兰花姹紫嫣红，在圭亚那各地都有生长。在丛林地区兰花为觅阳光甚至生长在各种树的树枝上。天南星科植物和大的喜林芋是热带的常春藤，能攀爬到最高的树冠上，其鸡心形或箭形的大叶子直径可达 1.8 米。维多利亚·雷加王莲系南美洲两大王莲品种之一，属亚马孙王莲，现为圭亚那国花。其株大叶茂，花开芳香悦目。在河流和沟渠中，其他花草也十分茂盛，有的长在水中，有的浮在水面，有的伏在水底，不一而足。荷花、风信子花显得尤为可爱。但物极必反，水草过于繁茂有时往往为患河渠，造成水流不畅，不利于排洪、灌溉。

在沿海地区的农村，人们种植甘蔗、烟草、棉花、水稻、豆类、热带水果和蔬菜等各种各样的经济和粮食作物。辣椒、木薯、玉米等原本由热带雨林和热带草原地区印第安人种植的农作物，现在沿海地区也广泛种植。

三　动物

圭亚那由于森林密布、草原辽阔、河流纵横等地理特点，动物种类不仅多，而且数量大。鸟类和昆虫是人们常见的动物，但其他能见到的动物并不很多，因为它们有足够隐藏的地方。所以，对它们调查也十分困难，进行商业性开发则很少。

圭亚那作为"多水之邦"，沿海及河流盛产各种鱼、虾和甲壳类动物。西北部地区从波梅隆河至委内瑞拉边界的沿海一带为鱼类多产区。埃塞奎博河往东经过苏里南、法属圭亚那直至巴西角的漫长沿海深水区（约45米多深）为虾类多产区。在圭亚那沿海及深海有凶猛的鲨鱼、锯鲛和大鹞鱼等，它们吃掉大批的小鱼群。红鳍笛鲷（Snapper）和双棘石斑鱼（Grouper）为当地可以大量捕获的海洋鱼类的珍品。红鳍笛鲷体长可达0.6~0.9米；石斑鱼体长约2米，体重可达225公斤，二者均为上好的食用鱼类。在沿海地区水域，特别是坎吉河下游生活着许多海牛，当地俗称"水中妈妈"（Water Momma）。海牛形如海狮，是一种草食哺乳动物，不仅有观赏价值，而且还有经济价值。海牛以水草为生而且食量很大，因此可以清除沿海、河流、渠沟里的杂草，故有"清道夫"之称，是人类农业生产的好助手。据认为，"美人鱼"的故事即源出海牛。1974年在圭亚那还成立了"国际海牛研究中心"。

河流鱼类的品种、大小、形状和颜色同样多得难以统计。主要的鱼类有梭子鱼、鲻鱼、电鳗、刺鹦鱼、剪刀鱼等。有的鱼类非常美丽，其鱼斑常可与孔雀羽斑的色彩媲美。河流中一般的鱼类体重9～23公斤不等。鲁普努尼地区有一种体形庞大的巨骨舌鱼（Arapaima），长达2～4米多，体重可达90～182公斤。据称，它性情温和，肉质鲜美，为当今世界上最大的淡水鱼之一。在一些河流的上游还生活着一种凶猛无比的、像锯脂鲤模样的食肉鱼类（A piranha-like，flesh-eating fish），以其他鱼类或动物为生，即使是人类涉水这些河流也会受到攻击。鳄鱼（Cayman）是圭亚那淡水中最普通的一种大型动物，鲁普努尼地区的鳄鱼可以生长到6米多长。在圭亚那内地常可发现蚺蛇（Anaconda，又称水蟒或水中王蛇，Water Boa），是当地众多蛇类中最大的一种蛇，身体能达9米多长，可以吞食小牛犊，而且据报道还有更长者。森蟒（Bushmaster 巨蝮）是当地最凶猛的一种蛇，个体可长达1.8米以上，是美洲毒蛇中最长的一种蛇。它以较小的啮齿动物为生，但在饥饿时，像鳄鱼这类的庞大动物也会成为它的口中物。在鲁普努尼地区河流中生活着一种珍贵动物水獭（Giant River Otters），现在还设有专门的养殖和研究机构。在圭亚那河流下游的水中、地面和树上有着各种各样的蜥蜴，而且数量极多，其中体形较大者有鬣蜥（Iguana）等。蛙类遍布河渠、湖沼及阴湿地区，多达百种以上，其中不乏稀有品种，如毒箭蛙（Poison Arrow Frog）等。

陆地动物也很多，其中一些很有特色，如貘（两栖类）是圭亚那最大的陆地哺乳动物；美洲虎（Jaguar）是圭亚那也是美洲最大最凶猛的猫科动物，在圭亚那许多地方都有生存，而且还被作为一种图案嵌入了圭亚那国徽。其他珍奇动物还有大食蚁兽（Giant Anteater 或 Ant Bear）、树懒（Sloth）、水豚（Capybara 或 Bush Pig）、犰狳（Armadillo）等，有些是外来动物，现在大都生活在圭亚那内地。食蚁兽前腿健壮有力，弯曲的爪子约有10厘米长，能刨开像水泥一般坚硬的蚁冢觅食。水豚个头很大，身上长毛，有点儿像猪，属两栖啮齿动物，体长达1.2米左右，重可达45公斤，对庄稼有一定危害，有时在甘蔗地里就能被捉到。时有印第安人捕捉和驯养。其他动物如负鼠（Opossums）、长鼻子浣熊（Coatimundis）、天竺鼠（Labbas）、刺鼠等也很普遍。另外，灌木虎、野猪、猴子、鹿、草原狐等是圭亚那内地非常普遍的动物，它们和猫熊、袋鼠等一样，均为杂食类。

　　圭亚那昆虫种类繁多，约有4000种，其中蝴蝶、飞蛾等数不胜数。另外，还有蝎、黄蜂、盗蝇、螳螂、白蚁、蚂蚁、蚱蜢、蜻蜓、竹节虫、蚊子、蝗虫、尾盘虫（Dero）等。本国土生鸟类约有700多种，广泛分布在沿海和内地。生活在沿海及河流下游的鸟类有秃鹫、德比霸鹟（Kiskadee 又称蝇霸鹟或圭亚那麻雀）、朱鹭、蜂鸟、朱鹮、白鹳、红鹤、白鹭、翠鸟、鸽子、麝香鸭等。朱鹭类中的"库里库里（Curri-curri）朱鹭"特别引人注目，它们喜欢群栖一起，在阳光下异常鲜艳夺目。朱鹭同类中的白鹳（Jabiru）个体最大，身高约1.5米，红色长颈，纯白羽毛，喜欢成群兀立栖息河边或飞驰于茫茫草原上；兀立河边时宛如一排值勤的士兵，形成一道亮丽的风景线。内地森林和草原地区有金刚鹦鹉（Macaw）、鹪鸟（Tinamou）、钟鸟（Bellbird）、动冠伞鸟（Cock-of-the-Rock）、猫头鹰、兀鹰、角鹰、怪鸱等。鸟类中珍奇者达250多种，其中包括世界上最大的鹰类，即头部有脊突的大哈佩雕（Harpy Eagle）、喙与身体一样长的巨嘴鸟（Toco Toucan，即鵎鵼）、世界上色彩最迷人的鸟类之一的红色金刚鹦鹉（Scarlet Macaw）、一旦大声鸣叫即预示倾盆大雨将来临的红喙鵎鵼（The Red-Billed Toucan）以及作为国家象征之一的半爬行半飞行鸟类麝雉（Hoatzin 音译何爱青鸟，圭亚那国徽上绘有其形）、世界上个体最小的蜂鸟（Hummingbird）等。

据报道，圭亚那是世界上为数不多的动物植物对自然条件美妙适应和相互之间完美无缺依赖的地区。树木、花草开花需要昆虫传授花粉，因此无数昆虫都聚集在这里；这些昆虫却又被食蚁兽、鸟类、猴子、蜥蜴等所制约，还有专门以昆虫为食的螳螂、黄蜂、盗蝇等。树木、花草所结果实可喂养猴、啮齿动物、鸟类、蝙蝠和鱼类等。由于这些动物如此众多，以至造成相当数量的猫科动物的繁衍。在水中，小鱼吃树上掉下来的果实，大鱼吃小鱼，大鱼又成为鳄鱼和水獭的美食。总之，水里、地面、树上，生存竞争周而复始，持续不断，使生命保持平衡状态。印第安人说得好：每一种动物都有自己所怕的"老虎"，但其自身也是一只"老虎"，只是相互制约、适应而已。

第三节　居民与宗教

一　人口

亚那的人口主要是由不同民族和不同文化的移民后裔组成。2005 年 10 月，政府正式公布了 2002 年人口普查的最终结果，全国人口为 751223 人，比 1991 年人口普查数增加 29944 人。1991～2002 年人口年均增长率为 0.3%，人口自然增加 165000 人，向海外净移民 139000 人，移民数量相当于2002 年人口的 18%。2005 年中期人口估计为 765283 人。另据美国人口普查局资料，2001～2005 年圭亚那人口年均增长率约为0.27%，2006 年人口增长率估计为 0.25%。圭亚那地广人稀，2001 年人口密度为每平方公里 3.6 人，沿海农业地区为每平方公里 43.8 人，全国不存在人口爆炸问题。然而，人口大量外流是影响圭亚那人口自然增长的一个重要因素，特别是许多专业技术人员的流失，造成国内熟练专业技术人员的严重短缺现象，也

影响了经济的正常发展。

　　圭亚那原是印第安人的聚居地之一。15 世纪末哥伦布地理大发现后，欧洲人纷至沓来，进行殖民活动。在此过程中，他们大量屠杀印第安人、引进欧洲移民、贩入黑人奴隶，引进印度人、华人、葡萄牙人等契约劳工，圭亚那的人口组成遂开始多样化。至 1775 年圭亚那地区的黑人奴隶约有 10 万人。1835～1928 年间，圭亚那引进的各洲契约劳工达 340972 人。但欧洲移民从殖民活动以来数量始终不多。同时，由于欧洲人的掠夺和带来的各种疾病，使印第安人数量锐减，濒于灭绝。

　　1831 年圭亚那始称英属圭亚那。1851 年英属圭亚那进行第一次人口统计，总人口为 135924 人，其中 86145 人是在当地出生的，移民约 4 万多人。① 1917 年以前，英属圭亚那人口年增加主要是由于不断有大量移民迁入。但移民中性别的不平衡（一般是男多女少）造成了出生率偏低的现象，而高死亡率又使得人口的自然增长率一直非常低。1917 年以后大规模地引进契约劳工的活动已经停止。此后至第二次世界大战前的一段时间里，英属圭亚那人口的年增长率低于 1%。② 从 1921 年起，由于医疗卫生条件的改善等原因，人口死亡率开始急剧下降，人口的平均寿命开始延长。1920～1922 年男人平均寿命为 33.5 岁，女人 35.8 岁，1950～1952 年则分别增至 53.15 岁和 56.28 岁。另外，由于移民中性别不平衡现象的减弱和大量出现异族通婚，人口出生率随之上升。

　　1946 年 4 月 9 日英属圭亚那人口普查结果表明，总人口增加到 375701 人。第二次世界大战后，由于改善了农村的饮水设

---

① 〔英〕詹姆士·罗德韦：《英、荷、法属圭亚那》，吉林人民出版社，1974，第 236 页。

② William B. Mitchell and Others, *Area Handbook for Guyana*, U.S. Government Printing Office, Washington, D. C. 1969, p. 47.

施，有效地控制了疟疾等流行病，总的人口死亡率特别是婴儿的死亡率进一步降低，人口出生率进一步增长。随之，英属圭亚那人口的自然增长率在相当长的一段时间里呈持续上升状态。1940～1945 年人口增长率为 7.8%，1945～1950 年、1950～1955 年和1955～1960 年分别为 13.2%、15.7% 和 16.0%。1960 年人口统计时，总人口达到 560330 人，比 1946 年增加 49%。① 60 年代初期和中期人口年增长率达到 3.1%，原因是人口组成中的低龄人群比例高。例如在 1960 年人口统计中，63% 的人口年龄低于 25 岁，至 1965 年时人口低龄化更为突出，总人口中 60% 以上的人不足 20 岁，而且男女比例基本上一直保持平衡状态。1911～1946 年、1946～1960 年和 1960～1968 年人口的增加情况分别为 5.3 万人（35 年，平均每年增加 1514 人）、18.7 万人（14 年，平均每年增加 13357 人）和 12.7 万人（8 年，平均每年增加15875 人）②。

1970 年圭亚那进行国家独立以后第一次人口统计，总人口为 699848 人（一说 714000 人或 701885 人，见 1983 年、1984 年英国《经济季评》和 1981 年《新不列颠百科全书》等），其中印度人 362735 人、黑人 218400 人、欧洲人 7849 人、华人 3402 人、印第安人 34302 人、混血种人 72316 人、其他人 844 人。③ 20 世纪 70 年代全国人口仍然保持增长势头，尽管有大量人口外流，但人口年均增长率为 0.4%。1980 年 5 月 12 日圭亚那人口普查时，全国人口为 758619 人，较 1970 年增加 58700 多人。实

① William B. Mitchell and Others, *Area Handbook for Guyana*, U.S. Government Printing Office, Washington, D.C. 1969, p.47.
② William B. Mitchell and Others, *Area Handbook for Guyana*, U.S. Government Printing Office, Washington, D.C. 1969, p.47.
③ *The Europa World Year Book*, Europa Publication Limited, London, 1988, p.1271.

际上此 10 年中人口自然增长数目为 18 万多人，远非 58700 人，但有 12 万多人移往国外。加之由此而来的生育率下降，所以，长期以来圭亚那人口增长缓慢。20 世纪 80 年代和 90 年代的人口年均增长率均降为 0.1%，1980～1991 年人口增长率下降 4.7%。据估计，1970 年外流人员为 5000 人，1970～1975 年有 4.7 万人口外流（占同期人口自然增长率的 43%），主要去往英国、加拿大和美国，其中主要是印度人；1976～1981 年又有 7.2 万人外流，约占同期人口自然增长率的 70%。[①] 1991～2002 年每年约有 1.26 万人移居国外。

1991 年人口普查结果，全国总人口为 721279 人，低于 1980 年人口数量（758619 人），其中 15 岁以下的人占 34.8%，15～64 岁的人占 61.1%，65 岁以上的人占 4.1%。此后，人口出现缓慢增长，1992～1997 年人口年均增长率为 0.3%。据圭亚那统计局资料，1996～2001 年圭亚那每年人口总数一直保持在 77 万多人，1997 年达到 775137 人，2001 年为 774800 人。但美国人口普查局的资料显示，此间圭亚那人口为 75 万多人。移民问题始终是一个重要问题，特别是在圭亚那出现政治、社会或经济困难的 1997～1998 年、2002～2003 年间，外流人员猛增，移民数量超过每年 2‰～2.5‰的人口自然增长率。[②] 生育率由 1960 年的 6.1 下降到 1996 年的 2.6 和 2000 年的 2.3，据估计 2006 年为 2.04。人口预期寿命由 1970 年的 60 岁升至 1980（1985）年的 70 岁，之后出现下降。1998 年人口预期寿命为 65 岁，2002 年和 2006 年大约分别为 63.2 岁和 65.86 岁。1982 年出生率为

① EIU, *Country Profile 1997 - 98*, The Economist Intelligence Unit Limited, London, 1998, p. 13. Kemp Ronald Hope, *Guyana: Politics And Development In An Emergent Socialist State*, Mosaic Press, Oakville, Canada, 1985, p. 14.

② EIU, *Country Profile 2003*, The Economist Intelligence Unit Limited, London, 2003, p. 17, p. 33.

29‰，死亡率为7‰。2001年两者分别为23.6‰和6.6‰，2006年出生率降至大约18.28‰，死亡率升至8.28‰。

20世纪70～80年代圭亚那人口城市化速度较慢，城市人口主要集中在首都乔治敦、林登和新阿姆斯特丹。1975年农村人口占70％，城市人口占30％；1987年两者比例分别为69％和31％。至1997年圭亚那农村人口仍然居多数，大约占64％，城市人口占36％。但最新资料显示，2002年圭亚那城镇人口比例增至37.1％，农村人口为62.9％。另外，全国人口分布极不平衡，90％以上的人生活在仅占全国土地面积4％的沿海地区的农村或城镇，几乎所有的农村人口都分布在沿海公路两旁几公里之内的地区，内地人口比例很小。据报道，2002年全国人口的41％（310320人）生活在乔治敦地区，1991～2002年该地区人口增长率为0.5％，超过了全国人口增长率的平均数。[①]

二　民族

20世纪70～80年代，在这个面积与大不列颠相似的南美洲国家中，有一个华人总统（阿瑟·钟）、一个黑人总理（福布斯·伯纳姆）和一个印度人反对党领袖（切迪·贾根）。此三人都出生在美洲本土，但却代表了三种不同的非西方文化，折射出了圭亚那的多民族背景。

圭亚那是一个由多民族组成的国家。主要民族为印度人和黑人，其次还有混血种人、印第安人、华人、葡萄牙人和其他欧洲人。故圭亚那又被称作"六族之国"（Land of Six Peoples）。其他欧洲人系指葡萄牙人之外的英国人、爱尔兰人、苏格兰人、荷兰人、法国人、德国人等。据报道，由于葡萄牙人有契约劳工的

① EIU, *Country Profile 2005, 2006*, The Econcmist Intelligence Unit Limited, London, 2005, p. 11, 2006, p. 11.

背景，殖民时期在人口统计中将他们与其他欧洲人相区别。圭亚那独立后沿用此种统计方法。在最近几年的报道中没有见到有关民族组成的资料。据 1991 年人口普查，印度人占 48.1%、黑人占 32.5%、混血种人占 12.1%、印第安人占 6.3%、华人占 0.2%、葡萄牙人占 0.3%、其他欧洲人等占 0.5%。[①] 由于历史上殖民者实行"分而治之"政策等方面的原因，各民族形成了自己的生活区域和经济活动范围，相互之间界线分明，存在着不同程度的差异或矛盾。

印第安人是圭亚那的土著居民，现在分为瓦劳、阿拉瓦克、加勒比、瓦皮夏纳、阿雷库纳、马库西等 9 个部族，共约 5 万人。绝大部分印第安人生活在内地的河流下游地区，从事农业、牧业、狩猎和采集相混合的经济活动，生活相对封闭、孤立，是"热带森林文化"（The Tropical Forest Culture）的典型代表。他们以"种植木薯、制作陶器、广泛使用独木舟和吊床"等为特征，有别于邻国的印第安人。印第安人的编织、制陶等工艺十分精湛。以芦苇、树枝、藤条、毛线等作为材料，编织筐、篮、扇子、挤压木薯汁用的管状编织袋以及其他生活用具，并饰以各种图案，既有实用价值又有美学观点。其中集编织艺术之大成者要数印第安人的吊床，几乎在所有的部族中它都属于男人的杰作。制陶工艺被认为是女人的专门工作，最常见的制品是厨房用的陶罐。由于现代技术的冲击，印第安人的陶器越来越多地被欧洲的进口金属产品所替代。另外，印第安人是圭亚那各民族中最少同化的民族，至今仍保留许多传统的民族语言、风俗习惯、宗教信仰等。只有少数人融入了主流社会，衣食住行均发生了变化。但

---

① The Tourism Division of The Ministry of Trade, Tourism & Industry, *Guyana*: *Facts & Figures*（无出版年代）. 参见 Ben Box, *South American Handbook*, Footprint Handbook Limited, England, 1999. p.1632. EIU, *Country Profile* 2005, The EIU. Limited London 2005, p.11 等。

绝大多数人仍是主流社会的局外人，经济落后，生活贫困，在教育、就业、医疗卫生等方面存在着许多困难。

印度人是圭亚那最大的民族集团。大约80％的人生活在沿海广大农村地区，从事农、林、渔业等。他们擅长种植水稻、甘蔗等农作物，是圭亚那农业的主力军，其中一些人还拥有中型或小型农场。印度人中有少数人生活在城镇，从事零售贸易、医疗、法律、教育等方面的工作。作为契约劳工的后裔，印度人保留了许多原籍传统文化，如民族语言（印地语、乌尔都语）、宗教信仰（印度教、伊斯兰教）、风俗习惯（饮食、服饰以及宗教节庆活动）等。在政治上，印度人有以本民族成员为主体的政党和工会、青年、妇女等群众组织，是左右国家政局的两大民族集团之一。其代表人物切迪·贾根曾长期执政，先后出任国家总理（1953年、1957~1964年）和总统（1992~1997年）。

黑人是圭亚那的第二大民族集团，加上混血种人，与国内印度人的数目接近。黑人和混血种人之中相当多数的人（尤其是混血种人）生活在城镇，约占城镇人口的70％，主要从事工矿、教育、邮电、金融、服务业以及军队、警察和准军事组织的工作。其余少数人生活在农村，以种植业为生。其语言文化、生活习惯、宗教信仰等均已欧美化。在政治方面，黑人（含混血种人）也有自己的政党和工会等群众组织，是左右圭亚那政局的另一大民族集团。黑人政党通过竞选方式与印度人政党轮流上台执政。其代表人物福布斯·伯纳姆也曾长期执政，先后出任国家总理（1964~1980年）和总统（1980~1985年）。

葡萄牙人、华人和其他欧洲人大多数居住在乔治敦和新阿姆斯特丹两城市，从事商业、金融、财政、服务业或其他专业技术性工作。生活水平属中、上等。他们之中仅有少部分人居住在农村，从事种植业。由于葡萄牙人祖辈有契约劳工的背景，其他欧洲人最初对他们另眼相看，关系自然不睦。但随着时间的推移，

这种情况已在发生变化。华人在圭亚那人数不多，但华人勤劳简朴、为人和气、事业有成，颇受好评。华裔阿瑟·钟被圭亚那议会选为总统，任职长达 10 年（1970～1980 年）。华人唯一的民间组织"中华会馆"成立于 1917 年，长期以来在团结华人、对外联谊方面发挥了重要作用。

众多民族共处一域，互相依存和混血。圭亚那固然可以被看做是新大陆的一个"种族大熔炉"。但是，事实证明，熔炉还没有放出足够的热量，熔炼出不带各个组成部分显著痕迹的新融合体。

三　语言

圭亚那官方语言是英语。但由于圭亚那是一个多民族国家，一些民族仍然保留了本族语言；同时，又由于各种民族长期共处，语言文化互相吸收，产生新的混合语言；圭亚那的语言呈多样性。因此，圭亚那除了官方语言英语外，混合语克里奥尔语、印地语、乌尔都语、印第安语等也流行。

克里奥尔语是一种搀杂了其他民族语言词汇的、语音和语调发生了很大变化的不完整的英语，使用的人很普遍，特别是在农村地区。在华人、印度人等民族中，年纪大的或者新去的移民保留或习惯使用本族语言，尤其是在家庭生活以及本族社团、宗教活动中。例如，印度人使用印地语或乌尔都语，华人讲汉语等。印第安人多数居住在内地，由于生活比较封闭，至今仍保留了自己的语言。印第安人语言分为三大语族，即瓦劳、阿拉瓦克和加勒比，包括十多种民族方言土语。其中讲加勒比族语的民族最多，有加勒比人、阿卡瓦约人、帕塔莫纳人、马库西人、韦韦人、阿雷库纳人等。印第安人语言在圭亚那文化中影响很深。现在，圭亚那的国名以及许多地名、山脉、河流、植物、动物、节日、服饰、饮食、用具、企业名称等无不源自或沿用印第安语。

人们从沿海前往内地，所遇到的各种名称几乎没有不是印第安语的。

四 宗教

亚那是一个多宗教国家，宪法规定居民有信仰宗教的自由。现在，国内主要宗教有基督教、印度教、伊斯兰教，其次还有一些土著人信仰原始宗教等。居民中大约50%的人信仰基督教，35%的人信仰印度教，10%的人信仰伊斯兰教，5%为其他宗教信仰者。圭亚那宗教一般依民族界限划分。印度人中绝大多数信仰印度教，一部分人信仰伊斯兰教，少数人出于就业等原因皈依基督教等。皈依者中主要是城镇居民，许多人在参加基督教活动的同时仍然参加印度教或伊斯兰教的宗教仪式。黑人绝大多数信仰基督教，但也有少数人信仰欧比亚即伏都教或皈依印度教。印度人和黑人之外的其他民族成员多为基督教徒。

基督教是随着欧洲人传入圭亚那的。在历史上，圭亚那埃塞奎博、伯比斯和德梅拉拉3块殖民地几乎从一开始就设有基督教堂，或者至少设有一些牧师。欧洲宗教人员除为欧洲人提供宗教服务外，同时在黑人奴隶和印第安人中间进行传教活动。其目的是让黑人奴隶和印第安人同欧洲社会的理念和习俗有更密切的接触，以此作为使黑人和印第安人变得更加易于驾驭的手段。1808年2月约翰·雷（John Wray）牧师作为伦敦布道会（The London Missionary Society）最早派往黑人奴隶中的传教士到达德梅拉拉的斯塔布鲁克（乔治敦前身），一年后建起贝塞尔小教堂（Bethel Chapel）。

种植园主等最初是反对将黑人奴隶皈依基督教的，他们担心黑人奴隶皈依基督教后会不断地要求获得自由等权利，变得更加不顺从。所以，种植园主要求政府驱逐伦敦布道会派来的所有传教士。但政府认为，全部撤出传教士将会在黑人奴隶中进一步引起动乱，故决定建立一个定期委任英国国教牧师去给黑人以宗教指导的制度。从 1823 年起圣公会和苏格兰长老会两教传教人员薪水由政府税收支出，绝大多数布道团都建立了学校并得到政府的资助。1826 年德梅拉拉和埃塞奎博划分为 12 个教区，1836 年伯比斯划分为 6 个教区，均分属英格兰圣公会和苏格兰长老会。与此同时，伯比斯还为荷兰归正会（Dutch Reformed Church）和罗马天主教委任了圣职，1838 年伯比斯设置了副主教职位。长期以来，基督教一直在圭亚那占据重要地位。

现在，基督教是圭亚那的最大宗教。教派甚多，主要包括英国圣公会（Anglicanism）、罗马天主教（Roman Catholicism）以及为人熟知的长老会（Presbyterians）、卫理公会（Methodists）、路德教（Lutheran Church）、浸礼会（Baptist Church）、基督复临会（Seven Day Adventists）、上帝教（Church of God）、拿撒勒教（Church of Nazarene）、埃塞俄比亚东正教（Ethiopian Orthodox Church）、摩拉维亚教派（Moravian Church）等。1967 年基督教社会大会（The Christian Social Council，1937 年建立）、福音派大会（The Evangelical Council，1960 年建立）等教会合并组成圭亚那教会大会（The Guyana Council of Churches）。会员包括 15 个教会和 1 个教会联合会。主席是胡安·A. 埃奇希尔（Juan A. Edghill）主教，书记是基思·黑利（Keith Haley）牧师。

据 1946 年人口普查，圣公会发展成为圭亚那最大的基督教派，成员达到 85329 人，1986 年成员增加到 125000 人。圭亚那圣公会教徒属西印度群岛大主教辖区（由 8 个主教管区组成），大主教是归属安提瓜圣约翰教会的东北加勒比和阿鲁巴的主教。圭亚那主教管区除辖本国外，还包括法属圭亚那和苏里南。罗马天主教在圭亚那也是有相当影响的教派，自 1850 年以来即成为圭亚那第二大基督教派。1946 年成员达到 43594 人，1997 年末成员增至 84482 人，约占总人口的 10.9%，主要分布在首都乔

治敦。^① 圭亚那的罗马天主教仅有 1 个乔治敦主教管区，副主教属于特立尼达和多巴哥太子港大主教管区。主教参加了目前设在太子港的安的列斯主教联合会秘书处。华人、印第安人、葡萄牙人和其他欧洲人等各民族成员中都有天主教徒，但以葡萄牙人为最多。长老会为圭亚那的第三大基督教派，1946 年时成员已多达 25262 人。但 2000 年资料显示，成员降为 14147 人。另外，美以美会（Wesleyans）和公理会（Congregationalists）也有相当的势力，1946 年两者教徒达到 38555 人。^②

生活在城镇的黑人，无论是参加宗教活动还是在财政上资助教会，一般都要比生活在农村地区的黑人态度积极。19 世纪末期小型农村的宗教活动出勤率达到高峰，但此后随着人口的增长而出现下降，教士们经常与当地人在关于他们的宗教信仰和松散的生活方式方面发生冲突。大型农村和城镇的宗教活动出勤率较高，因为一个正规的教徒是赢得社团尊重的一种途径。今天，一些农村有组织的宗教活动不太盛行。尽管如此，但绝大多数的黑人还是由教会为其洗礼，举办婚礼和丧葬仪式。第二次世界大战后特别是 50 年代中期以来，圭亚那黑人中还曾风行乔丹教（Jordanites）和科普特教会（Coptic Church）等教派。另外，还有一些人信仰非洲卫理公会主教派教会（The African Methodist Episcopal Church）、非洲卫理公会主教派天国教会（The African Methodist Episcopal Zion Church）、埃塞俄比亚东正教会（The Ethiopian Orthodox Church）、复兴者宗教（Revivalist Churches）等，活动主要限于城镇。这些教派多有非洲背景，但还都属于基督教派。

---

① *The Europa World Year Book*, Europa Publication Limited, London, 1997, p. 1529 and 2000, p. 1712.

② 〔英〕雷蒙德·T. 史密斯：《英属圭亚那》，吉林人民出版社，1974，第 202 页。

印度教代表另一种宗教信仰体系，渗透印度人的经济和社会生活的各个方面，最初随印度契约劳工传入圭亚那。印度契约劳工多数来自印度北方邦的东部省份，属于农业种姓。其中大部分人为印度教徒，主要信仰毗湿奴印度教（Vaishnavite Hinduism）。印度人因种姓和地位不同，参加的宗教仪式也不相同。高种姓的人崇拜毗湿奴（Vaishnu）和湿婆（Shiva）。湿婆为婆罗门（Brahmins）所喜爱。非婆罗门一般崇拜毗湿奴，对毗湿奴以及他的化身（Avatar）罗摩（Ram）和克里希纳（Krishna）奉若神明。现在，尽管毗湿奴印度教教义已经有了很大的修改，但仍然是圭亚那印度人的主要宗教。在做契约劳工期间，生活条件之残酷迫使印度人不得不聚族而居，吃饭、睡觉、工作等都在一起。于是，印度教原来的教义发生了一些变化，等级森严的种姓制度便随之土崩瓦解，所有的人参加同一种宗教活动，毗湿奴教会则变成了印度人的一种凝聚力量。后来作为毗湿奴印度教的一个新教派即正统印度教大会（Sanatan Dharm Maha Sabha）在圭亚那出现并为绝大多数印度人所接受。

19世纪末印度教最终被制度化，种植园主允许印度契约劳工举行宗教聚会，并帮助他们建筑庙宇等，目的是想以此挽留印度人在契约期满后继续在种植园工作。1890年印度教庙宇由1870年的2座增加到33座。随后，印度教大会与学者评议会（Pandit's Council）一起控制了圭亚那的正统印度教。一般来讲，印度教在每个社团都有一个分支、一座寺庙，并且委派一名学者和举办一个印地语学校。1934年圭亚那成立印度教会中心（The Hindu Religious Center），设主席和秘书长。据1946年人口统计，印度教徒为115544人，占全国总人口的31%。另据2000年资料，印度教徒发展到255771人，约占全国总人口的1/3。

20世纪40年代以来印度教内部出现改革运动。改革运动的中心特征是强调社会的需求和价值，反对使婆罗门具有特权、精心安排的婚礼和葬礼的种姓制度，呼吁人道主义作为宗教信仰的基础等。改革派中首推雅利安会（Arya Samaj）。雅利安会于1875年在印度本土建立，第一个雅利安传教士盖·帕马南德于1910年进入圭亚那。雅利安会作为改革派，在圭亚那自称"美洲雅利安团"（The American Aryan League）。它不接受印度教中"上帝化为罗摩和克里希纳等大神来到人间"的基本教义，并抛弃圭亚那正统的印度教仪式，向只有婆罗门才能举行的宗教仪式进行挑战。该教派人数虽少，但在圭亚那很有影响。紧随其后的改革派是印度服务协会（Bharat Sevashram Sangh）。它虽然不同意传统的印度教的许多教义，但它并未与其公开决裂。它实际上是介于印度教大会与雅利安会之间的一种妥协。另外，祖先来自印度南部地区的印度人，其宗教信仰往往是以地区而不是以教派为基础。这些人现在主要集中居住在伯比斯地区，在新阿姆斯特丹西边的布莱蒙特（Blairmont）有五分之一的家庭仍信仰印度教马德拉斯教派（Madras）。但在新阿姆斯特丹东边的莫兰特港信仰马德拉斯教派的人不足半数，皈依基督教的主要是这些印度人。由于印度教在圭亚那也具有重要的地位，印度教徒皈依基督教者日益减少。

圭亚那绝大多数的穆斯林是印度人。因此，穆斯林和印度教徒在信仰方面常混合在一起，往往将安拉和罗摩视为同一个神。印度教徒相信穆罕默德是一个神的化身，穆斯林则相信罗摩是预料穆罕默德到来的人中之一。另外，两教的仪式也相似，在社会上两教的摩擦最少，甚至两教之间还有互相不做皈依工作的默契。另外，穆斯林对基督教也能容忍，因为基督教的传统与伊斯兰教的传统之间也有着密切亲缘关系。圭亚那现有圭亚那中央伊斯兰组织（The Central Islamic Organization of Guyana）和圭亚那联合沙德尔伊斯兰安居曼（Guyana United Sad'r Islamic Anjuman）两大伊斯兰教组织。据 2003 年的资料，圭亚那穆斯林为 106814 人①。现在，伊斯兰教分为正统派逊尼派（Sunnatival Jamaat）和改革派艾哈迈底亚派（Ahmediyya），但两派举行的宗教仪式相似，都承认《可兰经》和《圣训》的权威。逊尼派原意为大众派；艾哈迈底亚派是由一个自称先知名叫米尔扎·吴拉姆·艾哈迈德（Mirza Ghulam Ahmed）的穆斯林改革者于 1908 年在印度创建，1950 年该派传教士首次到达圭亚那。之后，改革派取得了相当的成就，拥有不少信徒，并且使一些黑人皈依伊斯兰教。当然，正统派在教规等方面也有一些改进，比如允许用英语诵读《古兰经》和妇女可以进入清真寺的某些特殊区域等。

此外，圭亚那还有一些民间宗教，如波斯泛神教之一派的"巴哈伊教"（Baha'i Faith），实为早期的穆斯林教派之一，流传至今。1976 年圭亚那有很多团体，合并一起成立了"全国神圣大会"（National Spiritual Assembly），1998 年时大会已有 68 个团体。又如"欧比亚（Obeah）"亦称"伏都教"，源于西非国家，现在广泛流行于西印度群岛地区，曾被圭亚那及其他一些国家视为非法。② "欧比亚"在西非阿散蒂族语言中意为"术士"，开业者所用道具为骨头、羽毛、旧布片或其他破烂废品等。欧比亚从奴隶制时期开始传入圭亚那，一直被用于驱魔、医病、复仇、寻找盗贼、婚姻指导、寻求工作等各种活动，成为人们实现自己愿望的一种求助途径。欧比亚开业者还扮演家庭生活纠纷的调解人并在人们处于困苦期间给予帮助。现在，欧比亚的传说已经将非洲人、欧洲人、印度人的信念结合在了一起。信仰者有黑人，

---

① http：//www.cia.gov/cia/publications/factbook，但据 2000 年《欧罗巴年鉴》，圭亚那一穆斯林组织的成员即为 12 万人。因此推定，穆斯林总数肯定多于106814 人。

② Colin Baber and Others, *Guyana Politics*, *Economics and Society*, London, Frances Pinter Limited, 1986, p.161.

也有印度人、葡萄牙人、印第安人等。此外，加勒比族印第安人
中还流行一种半基督教的宗教"哈利路亚"（Halleluja），意为
"要赞美主"。它将某些基督教义和土著信仰结合在一起，实际
上是一种混合宗教。地处边远内地的印第安人还保留了万物有灵
等原始宗教活动。一些华人还崇信佛教、儒教等。

第四节　民俗与节日

一　民俗

圭亚那民族众多，民俗亦丰富多彩。尽管各种民族长期
生活在一起，相互之间在衣食住行等方面不可避免地
发生了同化现象，但不同的民族或多或少地还保留了各自的一些
风俗习惯。

服饰　圭亚那地处热带，紧靠赤道，一年到头气温较高。因
此，人们衣着比较简单，无需穿戴太多，且颜色多浅淡。西方的
服装样式已广泛流行，尤其是在城镇地区。从整体来看，圭亚那
人的服饰有两大特点：一是衣着比较随便，穿什么的都有，并不
太讲究样式；二是各民族之间差别不大，衣着标准和款式逐渐趋
同。平时走在乔治敦的大街上，人们可以看到，男人穿短衣、短
裤、T恤衫，女人穿T恤衫、裙子或连衣裙，很普遍。由于天气
炎热，所有人的衣着都比较宽松。但在正式场合，比如会见外
宾、参加国际会议或其他重大活动，有关人士衣着都比较讲究。
女人一般喜欢穿裙子；男人多穿西装，当然也有的人喜欢穿猎
装，严肃中透着宽松。圭亚那前总统（总理，印度族人）贾根
等人喜欢穿西装，前总统（总理，黑人）伯纳姆和其他的一些
领导人则喜欢穿猎装。从1980年开始，圭亚那幼儿园、小学、
中学等各类学校学生一般都实行统一的校服。

当然，各民族都有人仍保留自己的服装样式。印度族妇女还有披缠由几米绸布做成的莎丽之习惯，但传统的印度人服装一般只有在宗教仪式上才穿。在农村地区，印度族妇女一般穿着简单的连衣裙，头部包一块浅颜色的头巾。男子一般穿裤子和宽松的白衬衫。在甘蔗种植园，老年职员穿土黄色或白色的衬衫、短裤和长袜，戴宽边帽子。劳动者可以穿短裤，但很少穿鞋袜，也有些人穿布鞋，为着方便。

内地印第安人的衣着已逐渐与主流社会的各民族成员趋同。但少数地处边远的印第安人，由于生活多处于封闭状态，仍保留了原始的服饰。他们无论男女一般在腰间缠挂围裙或遮羞布，穿凉鞋或光脚。男人喜爱文身，用植物染料和动物油涂抹面部和身体，或戴羽毛头饰。据信，文身后外出打猎会有好运。女人除喜欢涂抹各种染料外，还喜欢戴耳环、鼻环、项链、臂带等饰物。

饮食 圭亚那盛产大米、鱼虾和各种各样的热带蔬菜和水果，大米自给有余尚大量出口。圭亚那人基本食品主要是淀粉类，以大米为主食，兼食其他五谷杂粮，其中包括玉米、黑眼豆、面粉、木薯（Cassava）、番薯（Sweet potato）等。副食有热带蔬菜、瓜果及海产品、禽蛋类、畜牧肉类等，饮咖啡或一些酒精饮料等，用甘蔗汁制作的朗姆酒深为人们喜爱。城乡之间、贫富之间、不同民族和不同宗教之间、内地和沿海之间的饮食内容和档次存在着不同程度的差别。印度教教徒和穆斯林传统的饮食禁忌逐渐被打破，印度人像其他民族成员一样饮酒，肉食也很随便。

内地印第安人实行自给自足经济，饮食主要来自当地农、林、牧、渔和狩猎产品，生活方式颇具特色。他们以大宗农产品木薯为主食，辅以其他薯类、蔬菜和水果，如香蕉、大蕉、鳄梨、菠萝及其他野果、蜂蜜、昆虫和爬行动物等。饮用由水果和其他发酵物制作的软饮料。印第安人食用的木薯有两种，一种是甜木薯，可以当蔬菜或水果食用；另一种是苦木薯，本身含氢氰酸等有毒物质，但淀粉含量高，须加工后方可食用。人们食用苦木薯时，首先将其去皮、摩擦成糊状，然后装入马塔皮（Matapee，一种以芦苇为材料的细长管状形编织物），挤出带有毒性的汁液，将糊状木薯晒干、烤制面包（饼）等。汁液经加热处理后毒性消失，可制作卡萨里普（Cassareep，即木薯酱）；木薯面包加工发酵后可制成饮料派瓦里（Paiwari，即木薯酒）。印第安人的一道名菜"胡椒罐（Pepper-pot）"，即是把捕获的兔、鹿、野猪等野生动物肉类或鱼类放到一个陶罐里，添上水和各种作料特别是大量胡椒以及卡萨里普，架在火上煨炖而成。此菜清香扑鼻、辛辣开胃，配以派瓦里酒是宴请宾朋的上等菜肴。胡椒罐中食物随吃随续，而且每天加热煮沸，保持食物鲜美不变质。据介绍，卡萨里普对食品有防腐保鲜作用，胡椒对人有防湿防病的功效。另外，印第安人普遍有抽吸或咀嚼烟草的习惯。

居住 圭亚那人住宅的显著特点是木质结构建筑比较多，但因城乡而略有差异。乡村一般沿道路分布，规模有几百人或几千人，大小不等。居民的住宅一般为土木结构，多以茅草、木材、泥土为主要建筑材料。有一些很典型的木质结构房屋，它不是建在地面上，而是建在几根木桩上，成为与地面有一定距离的高脚屋，房子外墙和屋顶多涂以白色油漆等。这样的房子通风、隔潮，还可以减少虫、兽的袭扰。在多数地区，房屋前后都辟有菜园，其产品主要供家庭消费。街道一般与排灌渠道相平行，有些房屋的进出需要靠小桥（the small foot - bridges）方可。在黑人村庄里，绝大多数房子不粉刷，屋里墙上用旧报纸或杂志裱糊一下，不太讲究。但在印度人村庄里却是另一种情况，绝大多数房子要粉刷干净，而且房子还经常维修，以便在宗教活动时接待客人。

在城镇如乔治敦、林登、新阿姆斯特丹等地，房屋建筑仍有

许多木质结构的高脚屋，但钢筋水泥建筑显然较农村地区要多一些。乔治敦的房屋建筑多有英国风格，市内至今仍保留了许多19世纪维多利亚时代的建筑，如市政厅、议会大厦、总统府以及世界上最高的（44 米）木质建筑之一的圣乔治教堂等。新阿姆斯特丹的房屋建筑多有荷兰风格，城内仍存有许多荷兰殖民统治时期的建筑。林登是一座铝土工业城，自有"矿城"建筑风格，水泥房、木板房很普遍。在各个城镇中，民居住宅的结构、样式参差不齐，有高脚木板房屋，有砖石建筑，也有木板、铁皮、纸板等搭建的简易房屋，反映出人们不同的生活水准。

内地森林和草原地区的印第安人的住宅则别有特色。居民点一般较小，仅几十口人。房屋基本形式是矩形的，屋顶多为茅草或树叶，有的屋顶为刷过沥青的木板；也有一些房屋是圆锥形的，直径可达 15 米多。一个房子一般住一户人家。屋内有简单家具，如用来坐的圆木、雕有花纹图案的长木凳，用来休息和睡觉的吊床等。其他工具一般都悬挂在房屋的梁、柱上。在房屋附近种植一些供制作吊床用的木棉、供制作弓弦和吊床绳子用的龙舌兰、供制作箭杆用的弓木以及供文身和画脸用的颜料植物胭脂树等。

婚姻　圭亚那家庭实行一夫一妻制。据当地生活习惯，人们一般实行早婚，婚姻形式分为法律婚姻和习惯法婚姻。不同民族在婚姻和家庭生活方面略有差异。

印度人男子的结婚年龄为 20～25 岁，女子为 16～18 岁。女儿过了 15 岁生日，儿子到了将近 20 岁时，父母就开始为他们物色对象。初婚对象一般都到外村去找。再婚则可以选择同村的伙伴。未婚先育的情况在印度人中是很少见的。父母出于为子女的前途考虑，希望婚姻要门当户对，但现在子女择偶的自主因素日益增强。如果父母拒不同意子女的选择，那么，年轻恋人可能会私奔，通过短期的同居迫使父母同意。父母现在也不强迫子女违

反自己的意愿去结婚。尽管如此,但一般认为,安排子女的婚姻仍是父母的一项重要责任,旨在避免婚姻双方出现社会地位过于悬殊的现象。作为印度教徒,结婚可以有4种选择形式:一是举行正统的或改革的印度教仪式成婚;二是通过法律结婚并举行宗教仪式;三是通过法律结婚不举行宗教仪式;四是按习惯法结婚不公开庆祝。但无论印度教徒还是穆斯林,初婚习惯上都要有宗教仪式。不过,婚姻的首选是不经过法律的,因为这样的结合一旦不满意便于结束双方关系。印度教视结婚为年轻人向成年人转变的一个重要的过渡仪式,同时又是一个印度教徒家庭显示其社会威望的必要机会,也是父母诸多重大责任中最能释放光彩的一项。所以印度教徒对子女的婚礼安排得非常精心,除了有公共仪式外,还有任何人都可以参加的喜宴。穆斯林对子女的婚礼也有类似看法,但举办婚礼的精心程度则要较印度教徒略差一些。印度族妇女很少有和外族人结婚的情况。尽管印度教禁止寡妇再婚,但据知寡妇与黑人组织家庭的现象也不少。这些习惯法婚姻后来也被基督教予以合法化,印度人社团通常也逐渐予以承认。

印度人家庭观念比较强,喜欢多代同堂的大家庭。在家庭生活中,男人要担负供养妻子和儿女的责任。但在多数情况下,儿子结婚后仍和父母居住在一起,或者居住在距离父母家不远的地方。这样,家庭生活可以互相照应,又可解决农业生产中的劳动力问题。特别是在印度人文化习惯中,父母不仅有抚养子女的责任,而且还有指导新婚夫妇生活的责任。然而,年轻的夫妇与父母一起生活6~7年后,总会逐渐地离开父母,最终建立自己的小家庭。如果新娘没有兄弟或姊妹,而新郎家里又太穷,不能提供可继承的财产,那么,新婚夫妇也可住到女方的父母家里。

黑人女孩子结婚年龄平均25岁,男子稍大一些。与印度人形成鲜明对照的是,黑人喜欢从本社团中择偶。但是,暂时的结合也可以从相邻的社团中物色对象。男子结婚后一般都要远离父母，此举并非是选择而是必须，因为当地一般就业机会较少，男子必须移往城镇或内地安家和寻找工作。但最终农村的黑人还会回到父母所在的村庄。黑人似乎接受一种相互矛盾的价值观念，一方面他们视一夫一妻的基督教家庭为完美的典范，但另一方面他们实际上又接受许多形式的非正常的婚姻。像在绝大多数的社会中发生的情况一样，黑人中产阶级对乱婚现象是不满的。他们的价值观念似乎还是紧跟社会的发展，所以，近些年来社会上的倾向是要正经地结婚，避免非婚子女的产生。

习惯法婚姻虽背离国家规范，然而人们可以接受，也不会受到非议。社会对非婚生子没有歧视现象。尽管父母想方设法避免年轻女子与异性接触，但女子在建立固定家庭之前生有一个或两个孩子的事情是很平常的。女子未婚先孕后时常受到父母的谴责甚至被逐出家门。可是，一旦发生这种情况，女方只好向亲朋好友有时向使其怀孕的男方家庭求助。然而，随着时间的推移，到婴儿出生前后女方通常会被父母宽恕并可以返回父母家里。婚前所生子女一般送到女方母亲家中抚养，母亲因抚养责任而赢得威望。女方可以继续与致其怀孕的男方保持联系，一起建立家庭，最终在几年后与男方结婚。当然，也有的男女双方相互分离另找心仪，最终到 30 岁甚至 40 岁结婚成家。女子婚后可以继续照常与父母生活在一起，直到夫妇俩决定另立家庭为止。但是，在许多情况下，由于男人离开本地区寻找就业机会，双方关系发生破裂，孩子通常留给女方。一旦女方决定建立家庭或另嫁他人，她们可以将孩子带走或留给父母。因此，在任何时期，黑人社区的家庭类型都是多种多样的，其中有包括一对夫妇和其子女组成的一夫一妻的核心家庭，也有包括祖父母、父母、孙辈和其他亲属组成的延伸大家庭。黑人家庭由于男子经常不在家，一般以母亲为中心。女子结婚后，如果丈夫长期出门在外工作或没能力另立门户，妻子将留在母亲家中生活。在农村，黑人三代同堂的家庭中，常常由女人担任家长，主持家务。

圭亚那宪法规定男女一律平等，任何以性别为基础的歧视妇女的现象都是非法的。但是，在实际生活中大男子主义现象还是存在的。在印度人的家庭中，家长一般都是男子，只有寡妇或离异妇女可以充任一家之长。虽然妇女可以管理家庭的经济和财产，但妇女做一家之长则多有不便。比如妇女在正宗的穆斯林的宗教协会中没有发言权，也不能进寺做祷告；在印度教中某些宗教仪式只有男人才可以主持。由此可见妇女所处地位的低下。

印第安人作为一个远离主流社会的民族，其居民区一般规模不大，由首领（酋长）根据本集团年长者的建议、忠告进行管理。各个印第安人集团内部关系松散，仅仅靠婚姻和语言维系在一起。婚姻、生育和家庭组成自有其特别之处。印第安人一般是一夫一妻制，但也可以多妻，主要是酋长。一是显示其尊严，婚姻方面与众不同；二是酋长有时必须招待客人，需要有足够的劳动力提供更多的食物。印第安人结婚后，夫妇通常居住在新娘家。在印第安人社团中几乎没有寡妇或老处女，因为印第安人在承认一夫一妻制的同时，也接受多妻（多夫）制。婚后，由于缺乏避孕知识和工具，有些民族如鲁普努尼草原地区的马库西族和瓦皮夏纳族平均每户有7个孩子。有的民族孕妇临产时，一般独自一人或有人陪同到野外森林或草原中将孩子生下来，而后返回家中。印第安人中至今还流行"男子坐褥"习俗。妻子生产后继续日常劳作，而丈夫则必须卧床休息，停止一切工作，甚至还必须忌口，不能吃肉和某些食物，一直到新生儿脐带干掉为止。婴儿出生第九天，所有亲朋好友聚会一起，喝派瓦里酒庆贺一番。印第安人不喜欢双胞胎，认为双胞胎与某种邪恶神灵有联系，属不祥之兆，需要谨慎行事。如果产妇生下孩子几天后死亡，那么，婴儿则要和母亲一起埋掉，否则于全家不吉利。当然，随着医疗卫生设施的发展，这些婚姻、生育习俗也在不断发

生变化。

华人、葡萄牙人及其他欧洲人等都有自己的择偶标准和婚姻仪式。华人等东方民族后裔的婚姻方式已西方化。除婚姻自主、自由之外，结婚仪式亦趋同，如到教堂举行典礼等。随着社会的不断发展，各民族之间通婚的现象日益增多。因此，圭亚那的混血种人占有相当高的比重。

二　节日

圭亚那民族、宗教繁多，节日随之亦多，一年到头总有节庆活动。公共节日可分为宗教性的、政治性的、国际惯例性的等几种类型，以宗教节日为多。各民族成员届时不分彼此，都以一种方式或另一种方式参加庆祝活动，一般情况下无人会置身其外。下边按照时间顺序，作简要介绍。

元旦（New Year's Day，1月1日）　全国法定公共假日，放假一天，如与公休日重叠可顺延。

开斋节又称"尔德·菲土尔"（Id al-Fitr，End of Ramadan，在公历1月）　伊斯兰教主要节日之一。该教规定，穆斯林每年在伊斯兰教历太阴年9月戒斋一个月，即阿拉伯语 Ramadan，音译"莱麦丹"，俗称"斋月"。斋月最后一天看月，见月后的次日，即伊斯兰教历太阴年10月1日为开斋节。当日穆斯林沐浴盛装，到清真寺集合做礼拜，互相祝贺，亲朋好友盛宴聚会。

共和国日（Republic Day，2月23日）　又称"马什拉马尼"（Mashramani）或简称"马什"（Mash）。"马什拉马尼"源出印第安语，意为"工作成功之后的欢庆"。1970年2月23日圭亚那成立"圭亚那合作共和国"。为纪念共和国诞生，政府将这一天定为共和国日，每年举行大型庆祝活动。庆祝活动的名称叫"马什拉马尼"，类似欧美国家狂欢节，是圭亚那所有庆祝活动中最为隆重和丰富多彩的。活动包括场面富丽的服装展示、彩

车游行、化装乐队表演、伴随着钢鼓音乐和民间小调的街头舞蹈、杂技、高跷舞、化装舞蹈等，具有纵情狂欢的特征。其规模宏大，热闹非凡，每年此日万人空巷。民间小调的比赛加上妙语连珠的社会评论是"马什拉马尼"的另一个组成部分。特定年份的庆祝活动在扮演的"国王"或者"王后"的加冕典礼中达到高潮。圭亚那选择2月23日成立共和国，是为了纪念1763年2月23日科菲（Cuffy）领导的黑人奴隶起义这一重要历史事件。

好利节（Phagwah 或 Holi Festival，公历3月21日或22日） 即颇勒篓拿月望日，又音译胡里节或意译洒红节等，是印度教的宗教节日，意在庆祝善美战胜邪恶、真理战胜不公正和黑暗。同时，庆祝大地母亲的苏醒和丰腴，标志着印度历新年的开始和春天的到来。据印度教传说，古代有个国王叫基兰尼亚（Kiranya），暴虐无道，百姓深受其苦。国王的儿子普拉哈拉德（Prahalad）王子决定为民除害，下令将其活活烧死。印度教徒为庆祝和纪念这一事件，每年举行活动。3月21日或22日的前一个周五晚上人们走出家门载歌载舞，象征性地焚烧"好利卡"（Holika）等物。节日早上，印度教徒前往教堂做祷告，祈求新的一年平安与兴旺。之后，印度人家庭成员、亲戚朋友、街坊邻居等一般身着白色服装，成群结队涌上街头尽情欢乐。大家不分男女老幼、尊卑贵贱，互相泼洒、涂抹象征暴虐无道的国王基兰尼亚鲜血的红色液体、红色染料以及香水或自来水等物，同时送上真挚的祝福。届时，还有专业歌手高唱赞美印度教中克里希纳和普拉哈拉德等英雄人物的颂歌。节庆活动进入高潮时，街上人集如云，笑声如潮。大花脸者、衣着斑斓者、身如雨淋者比比皆是，不仅印度教徒而且非印度教徒都会沉浸在这种有趣的、善意的和愉快的狂欢之中。节日当天，人们还要走家串户互致问候，共话家常。印度人家中特备节日甜肉等食品招待来访的亲朋好友。1965年政府将好利节规定为全国公共节日。

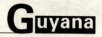

复活节（Easter，在 3、4 月间） 基督教的重大节日，纪念耶稣基督在十字架上受刑死后第三日复活。圭亚那复活节一般于节前一周开始，于复活节后的星期一（Easter Monday）结束。具体日期要根据基督教历而定，但是一般紧随四旬节。耶稣受难日（Good Friday）的当天，商店停业，影院关门，是圭亚那一年中最庄重和肃穆的日子之一。绝大多数的基督教家庭吃用事先准备好的"十字形面包"（Crossbuns）并去教堂做礼拜。复活节后的星期日和星期一各种娱乐活动开始，人们倾家出动去进行全天的踏青、野餐活动，其中包括放风筝等，寓意耶稣复活升入天堂和热烈庆祝。届时，天空飞满数以百计的五颜六色和形状各异的风筝，并且伴随着阵阵的嗡鸣声，真乃别有一番情趣。放风筝活动一般在复活节前几天即已开始。对所有参加人来讲，如果拥有一个飞得最高、鸣响声音最大的好风筝，那将是一件荣耀至极的大事。但也有一些调皮的孩子为了搞笑，竟在自己风筝的尾部装上剃刀片。当他们的风筝飞向空中时，尾巴不停晃动以至于将邻近的风筝线给割断，使其坠落或随风飘去。孩子们这样做尽管有些恶作剧，但总归还是人们可以接受的一种逗乐方式。乔治敦市民放风筝一般都在海堤上，那里风大而且空中没有障碍物。耶稣受难日和复活节均为圭亚那公共节假日。

古尔邦节（Id al-Adzha 或 Eid-ul-Azha 的意译，在公历 3、4 月间） 伊斯兰教的主要节日之一，又称"宰牲节"、"忠孝节"等，即伊斯兰教历太阴年 12 月 10 日。古尔邦为阿拉伯语 Qurban 的音译，意为"牺牲、献身"。每逢此节，穆斯林沐浴盛装，到清真寺集合做礼拜，并宰杀牛、羊等作为献祭和待客、馈赠之用，以此纪念先知亚伯拉罕（Abraham，亦称伊卜拉欣 Ibrahim）对安拉的忠诚。宰牲献祭起源于古代阿拉伯宗教传说，亚伯拉罕夜梦安拉，安拉命他宰杀亲生儿子伊斯玛仪勒（Ismael）献祭，以考验他的忠诚。当亚伯拉罕遵命执行时，安

拉又命以羊代替，此后形成习俗，并为伊斯兰教所继承。

劳动节（Labour Day，5 月 1 日） 即国际劳动节，也是圭亚那的公共节日。全国放假一天。

独立日（Independence Day，5 月 26 日） 为纪念圭亚那国家独立而设。19 世纪初圭亚那沦为英国殖民地，称英属圭亚那。1966 年 5 月 26 日，它摆脱英国殖民统治，宣布独立，恢复原称圭亚那。

加勒比日（Caribbean Day） 7 月的第一个星期一，又称加勒比共同体日（CARICOM Day）。为纪念有关成立加勒比共同体和共同市场而签订的"查瓜拉马斯条约"（Treaty of Chaguaramas）而设立。1973 年 4 月，在圭亚那首都乔治敦举行的第 8 届英联邦加勒比地区政府首脑会议上，决定成立地区一体化组织加勒比共同体和共同市场（简称加勒比共同体），取代 1965 年成立的加勒比自由贸易协会。1973 年 7 月 4 日，圭亚那、巴巴多斯、牙买加、特立尼达和多巴哥四国总理在特立尼达和多巴哥签订"查瓜拉马斯条约"，8 月 1 日加勒比共同体正式成立。翌年伯利兹等八国也签约加入。秘书处设在圭亚那首都乔治敦。共同体首脑或外长会议多在此召开。

自由日（Freedom Day） 又称"解放日"（Emancipation Day），8 月的第一个星期一，为纪念历史上黑人奴隶获得自由而设立。圭亚那的黑人最初是作为奴隶被欧洲殖民者从非洲贩运而来的。经过长期的反抗和斗争，英国殖民当局于 1833 年 8 月通过"在整个英属殖民地废除奴隶制"的法案。法案于 1834 年 8 月 1 日正式生效。所有黑人奴隶经过四年的见习期，至 1838 年 8 月 1 日在法律上均成为自由人。

灯节（Hindu Divali 或 Deepavali，Festival of Lights，在公历 10 月或 11 月） 印度教最有色彩的节日之一，是纪念和祝贺印度教中重要神灵之一的罗摩（Rama）结束流浪生活与恢复王位的节日。故事在印度史诗《罗摩衍那》（Ramayana）中有详细描述。传说王室宗人罗摩遭人暗算失去王储身份，携妻子悉多（Sita）和异母之弟罗什曼那（Lakshmana）一起退居森林，度过14年的流浪生活。其间，罗摩战胜包括曾抢走他妻子悉多的罗波那（Ravana）在内的许多恶魔，最终返国，回到热爱他的人民中间。是日百姓为罗摩归来非常高兴并隆重迎接。因时值傍晚，故家家户户点燃灯火为罗摩引路，从此传为佳话。之后每年这一天人们都要掌灯庆祝，遂形成节日。具体日期视月亮变化而定，一般在10月或11月。届时，印度教徒把房间犄角旮旯打扫得干干净净，悬挂新的窗帘，并准备好美苔（Metai）、哈尔瓦（Halwa）以及其他特别的节日食品，房前屋后用许多迪雅（Diyas，陶制的油灯）摆成美丽的图案。节日晚上家家户户灯火通明，公共建筑彩灯闪烁。印度教徒通常前往教堂做祈祷，其他人喜欢外出散步、观灯赏景。节日期间首都乔治敦常常举行灯车游行和比赛活动等。

圣诞节（Christmas Day，12月25日） 基督教的重要节日，是为纪念基督耶稣的诞生日而设立。整个节日一般延续12天直至来年的新年。节日来临，人们通常要进行大扫除，整理和装饰房间。妇女挂起干净的窗帘、擦洗地板。街上张灯结彩，商店里摆上圣诞老人像等。家家户户提前几天将水果浸泡在朗姆酒中，供过节时烤制"黑糕"（Black Cake）使用。"黑糕"是当地著名的应时食品，很受欢迎。当地另一种著名圣诞节菜肴是"大蒜猪肉"（Garlic Pork）。圣诞节前的几个晚上，老年人便开始走家串户唱圣诞颂歌。过节期间男人们非常惬意，聚在一起尽情吃喝玩乐。另外，父母带着孩子到商店里观看圣诞老人，孩子们通常还可以得到一份小小的礼物。在节日期间，电台还要播放警句名段，如"圣诞节一年来一次"，"每个人都有自己的一份儿"，"唯有穷苦的威利蹲在牢狱中饮腐臭的姜汁酒"等。庆祝

活动还包括许多聚会、舞会。教堂还要举行礼拜活动，基督教徒前往参加祈祷。其他人不管是什么宗教信仰者，也都庆贺这一节日。届时，和睦与快乐的气氛超越一切民族、宗教和社会屏障。

节礼日（Boxing Day，12 月 26 日，即圣诞节第二天） 原本英国法定假日。按英国俗例，这一天向邮递员等赠送"节礼"，故称"节礼日"。圭亚那长期为英国殖民地，受其文化传统的影响沿用此习俗。

第五节 国家的象征

一 国旗

"**金**色的箭头旗"。由美国佛罗里达旗帜中心主任惠特尼·史密斯（Whitney Smith）所设计。长宽比例：陆地上用旗为 5 比 3，海洋上用旗为 2 比 1。旗面为绿色，上有一个带白边的黄色等腰三角形，形似箭头，由旗左边起向右延伸，顶角至旗右边中点。该三角形内套有一个带黑边的红色等腰三角形，由旗左边向右延伸，顶角至旗中心。旗上绿色代表圭亚那的农业和森林资源；黄色代表圭亚那的矿业资源；白色代表圭亚那的河流和水电潜力；黑色代表圭亚那人民在革命和建设的道路上向前冲刺的耐力；红色象征圭亚那人民在建设年轻和独立的国家中所表现出来的热情和能动性。

二 国徽

多种图案组成的集合体。由爱德华·巴罗斯（Edward Barrowes）、斯坦利·格里夫斯（Stanley Greaves）和阿尔文·鲍曼（Alvin Bowman）等三位圭亚那艺术家共同设计，经圭亚那国家历史和艺术委员会推荐入选和英国皇家纹章学院修改，于 1966 年 2 月 25 日为立法机构下院（The House of Assembly）所通过。最上方是印第安人羽毛头饰，代表圭亚那最古老的民族印第安人。头饰两侧各有一颗钻石，象征圭亚那富饶的矿藏。头饰下边是一顶君主头盔，代表圭亚那独立后的四年君主政治体制（1966～1969 年英国女王仍为圭亚那名义上的国家元首）。头盔下边是一块盾牌，代表圭亚那人民保卫国家的独立和尊严不受侵犯。在盾牌上面自上而下的图案是一棵维多利亚·雷加王莲、三条蓝色波浪线和一只鸟。王莲为一根短茎上长着一个硕大的莲叶，叶子两侧各长着一个含苞待放的花朵，为圭亚那的国花。三条蓝色波浪线和一只鸟分别代表圭亚那三大河流和珍稀动物。盾牌两侧各有一只美洲虎，扶盾而立。左边的一只握着一把镐头，右边的一只握着一根甘蔗和一棵稻子。美洲虎象征圭亚那人民勤劳和勇敢，镐头代表圭亚那的采矿业，甘蔗和稻子代表圭亚那两大农作物。国徽最下方为一条折成三段的绶带，由左至右写着圭亚那的国家座右铭"一个民族、一个国家、一个命运"。

三 国歌

圭亚那国歌是人们所知的《绿色的圭亚那土地》。歌词由英国牧师 A. L. 卢克（A. L. Lucker）所作，共分四段。每段首句分别为"亲爱的圭亚那土地"、"绿色的圭亚那土地"、"伟大的圭亚那土地"和"亲爱的圭亚那土地"。内容主要为赞美圭亚那的壮丽河山，歌颂为圭亚那而献身的先烈，表达各民族人民的团结和牺牲精神以及对圭亚那的美好祝愿等。曲作者是圭亚那罗伯特·西里尔·格拉德斯通·波特（R. C. G. Potter），任教育官员 40 余年，1981 年 5 月在居所遇害。为表彰他对国家教育方面所作的贡献，政府将教师训练学院改名西里尔·波特教育学院。

四 国花

维多利亚·雷加王莲（The Victoria Regia Lily）为圭亚那国花。1837 年德国植物学家罗伯特·尚伯克（Robert Schomburgk）率探险队在当时的英属圭亚那内地探险时首次发现。王莲属多年生植物，生长在 1.2 ~ 1.8 米深的水中，根植于松软的泥淖里。每株叶子很少超过 4 或 5 片。叶子巨大，直径可达 1.2 ~ 1.5 米，呈圆形浮在水面，叶脉粗壮，叶缘向上翻卷呈浅盘状，俗称"水盆"。上面坐一个婴儿不至于沉下去。花朵硕大，雍容华贵，最大者直径 20.5 ~ 30.5 厘米。花初开时为白色，有甜味，很像成熟的水果，次日，花朵完全绽开，呈深粉红色，第三天开始枯萎。圭亚那独立后将其确定为国花。

五 国鸟

圭亚那国鸟是何爱青鸟（The Hoatzin），又称麝雉，是一种稀有鸟类，据称为圭亚那所独有。常年生活在圭亚那伯比斯河沿岸和坎吉河（The Canje River）沿海沼泽地区，故当地人又称坎吉雉（The Canje Pheasant）。但在阿巴里河、马海科尼河和马海卡河地区也有发现。体长（喙至尾）约50 多厘米，体重不及 1 公斤，尾长。红褐色羽毛带绿色条纹，胸部白色或淡黄色，具蓬松羽冠，呈一副威严相。喙短小而厚，眼睛深红，眼周围皮肤淡蓝色。如同史前与爬行动物有密切联系的鸟类一样，幼雏的两个翅膀内侧弯处各生有一个小爪，借以攀爬芦苇、树枝等物，成鸟时小爪自行脱落。它以水生植物叶子为食。常有蹲卧习性，能笨拙地短距离飞行，但善长游泳和潜水。筑窝产卵期一般在 4 ~ 9 月。圭亚那独立后将其确定为国鸟。

六　国民誓言

为规范圭亚那国民言行，政府颁布"国民誓言"，内容如下："我保证自己永远尊敬圭亚那国旗，忠诚于我的国家，服从圭亚那各项法律，热爱我的同胞，为圭亚那的幸福和繁荣贡献我的力量。"

七　共和国之歌

由克利夫兰·W.汉密尔顿（Cleveland W. Hamilton）作词，弗兰克·丹尼尔斯（Frank Daniels）作曲。歌词分为三段，每段八句。主要内容是：圭亚那人民保卫国家美丽河山和随时准备还击侵略者，圭亚那人民要像过去的英雄们那样勇敢地不停顿地铸造国家的强大灵魂、建设国家的躯体，追求自由、真理与和平，圭亚那要攀登世界上光荣的位置，取得名望和繁荣，圭亚那人民无论是哪个种族都有一个坚定不变的信念：国家的团结。

第二章

历　史

第一节　欧洲人到来之前的圭亚那

一　圭亚那出现人类的时间

1498 年，意大利航海家克里斯托弗·哥伦布（Christopher Columbus）第三次远航美洲时曾沿现在的圭亚那海岸航行，此乃圭亚那首次为欧洲人所"发现"。

由于史料欠缺的原因，对于圭亚那史前时期的情况，学者们只能进行一个大致设想和推测。据此一般认为，欧洲人到来之前，圭亚那为美洲土著居民印第安人聚居地之一，早期圭亚那海滨的人口比现在南美洲任何地方的人口都稠密得多。根据对史前时期的考古发掘与考察，以及对有史时期的语言和文化分布情况的研究，现在对圭亚那各个时期的顺序已经能够初步加以确定。

关于圭亚那出现人类的年代，诸说不一。圭亚那作家维尔·T. 戴利（Vere T. Daly）在其著作《圭亚那的形成》（1974 年初版，1975 年、1976 年、1978 年和 1979 年四次再版）中指出，在白令海峡的冰桥断裂后，北美洲印第安人不断向南迁移，到达墨西哥和佛罗里达，而后经巴拿马地峡进入南美洲，或走向海洋，开始在西印度群岛进行繁衍，然后继续南移。到达南美洲的一些印第安人群体大约在"1500 年以前"到达圭亚那海岸，成为第一批圭亚那人。这些印第安人群体分属加勒比人（Caribs）、阿卡沃伊人（Akawois）、阿拉瓦克人（Arawaks）和瓦劳人（Warraus）等四大部落。[1] 如果按该书出版年代 1979 年计算，那么第一批圭亚那人定居的时间应该大约是公元 400 年。但欧文·劳斯（Irving Rouse）却认为，圭亚那以及苏里南和法属圭亚那地区是在公元 900 年以前某一个时期由印第安人定居下来的，这些印第安人所用的语言不同于后来的阿拉瓦克语和加勒比语。[2] 如果按劳斯著作的出版时间 1953 年计算，第一批圭亚那人距今的时间大约是 1000 年。另外，还有人持有与劳斯类似的观点，认为圭亚那地区最早的居民用的不是阿拉瓦克语和加勒比语，他们具有逐水草而居的简单的采集和渔猎文化，而且不能制造那种可以区分以后各时期的任何陶器；使用阿拉瓦克语的部族是在公元 900 年左右迁入圭亚那地区的，他们可能由奥里诺科河地区南部迁移而来，并具有建立在从事流动的农业与制造特殊类型的陶器基础之上的比较复杂的文化；使用加勒比语的集团可能是同时或先期到达那里的，过着早期的简单的游牧文化生活。[3] 显然，劳斯等人提出的有关圭亚那出现人类的年代比戴利等人提出的要晚大约 500 年。然而，戴利在其后来的著作《圭亚那民族简史》（1975 年初版）中，却删去了"1500 年以前"这一明确的时间概念，而是引用了劳斯的设想，即圭亚那曾处于旧印第安人（旧石器）时代，随后经历了中印第安人（中石器）时代

---

[1] Vere T. Daly, *The Making of Guyana*, London, Macmillan Education Limited, 1979, p. 5.

[2] 转引自〔英〕雷蒙德·T. 史密斯《英属圭亚那》，吉林人民出版社，1974，第 20 页。

[3] 转引自〔英〕雷蒙德·T. 史密斯《英属圭亚那》，吉林人民出版社，1974，第 21 页。

和新印第安人（新石器）时代；根据邻国委内瑞拉发生的情况判断，印第安人在雕齿兽、乳牙象和其他大型动物灭绝后开始转向较小的猎物。他们也以海洋谋生，可能在公元前5000～前1000年间发明了独木舟，在公元前大约1000年至公元300年间发展起以种植木薯为基础的农业①，等等。在这里且不说劳斯的观点前后不一，但仅就戴利而言，这个时间概念与他本人"1500年以前"的提法明显是矛盾的。如果前边"1500年以前"是不准确的话，那么，戴利在其后来的著作中应该是有机会进行修正的。但是，《圭亚那的形成》一书连续再版多次，特别是第四次再版的时间是在1979年，比《圭亚那民族简史》一书的首版时间1975年要晚好几年，戴利却仍保留了"1500年以前"的提法，使其前后两部著作在有关圭亚那出现人类的时间方面存在着明显差异。

当然，有的史书等也提出，圭亚那最初的居民似乎是一个或几个流动的部族，它们可能是从墨西哥经由中美洲而来的，处于新石器时代，因为考古发现，其工具都属于发展水平很高的经过磨制的形状精美的石器；这些石器现在圭亚那各地屡有发现，而且在奥里诺科河与埃塞奎博河之间的沙丘贝冢中发现了许多原始居民的遗址，出土了人骨、兽骨、软体动物的甲壳、陶器碎片、石器工具等历史遗物，在马海卡河与科兰太因河之间也发现了几处重要的原始居民遗址。② 另外，在内地还发现许多岩石上都有古代雕刻的"蒂梅里"（Timehri，印第安语，意为岩画、象形文字）遗迹，至今尚未被人破译。据称，它们可能与稍远一点的

---

① Vere T. Daly, *A Short History of the Guyanese People*, Macmillan Education Limited, London, 1978, p. 14.

② 〔英〕詹姆士·罗德韦：《英、荷、法属圭亚那》，吉林人民出版社，1974，第19页。

安第斯文明有联系。① 还有的史书等提出，圭亚那最早的陶器是在西北地区马巴鲁马（Mabaruma）发现的，其制作时间暂时可以上溯到公元 1200～1400 年，此外尚未发现年代确切早于这一时期的陶器制品。② 另据来自圭亚那驻华使馆的由圭亚那贸易、旅游和工业部所辖旅游局出版的一份材料讲，加勒比人、阿拉瓦克人和瓦劳人是在大约公元 1200 年到达圭亚那的，之前是否有人类生存没有讲。③ 当然也不否认，在上述观点中有的是讲早期人类出现的时间的，距今遥远。有的可能是讲早期人类的经济文化水平所处的发展阶段的，时间倒不一定很远古。但不管怎么讲，所有这些观点都应该而且可以作为研究圭亚那历史时的重要参考。

鉴于上述众说纷纭的情况，笔者认为，人们在谈及圭亚那早期人类出现的年代时，则应该根据现有资料并参照邻国的情况，进行综合与分析，从中得出一个大致准确的结论。例如，邻国委内瑞拉出现人类的时间大约是在公元前 5000 年，苏里南大约是公元前 3000 年，加勒比岛国古巴在哥伦布到达之前约 4000 年已有人类生存。那么，圭亚那和上述国家处于相类似的地理环境和气候条件下，特别是与委内瑞拉和苏里南之间没有高山巨川相隔，它们之间早期人类群体的流动则应该是完全可能的，而且也是正常的。所以，圭亚那最早出现人类的年代也应该相似或相近于上述邻国，时间确定在公元前 5000～前 1000 年之间似乎是可

---

① *Encyclopaedia Britannica*, Vol. 10, Encyclopaedia Britannica Inc. Chicago, 1964, p. 1004.

② *Encyclopaedia Britannica*, Vol. 10, Encyclopaedia Britannica Inc. Chicago, 1964, p. 1003.

③ The Tourism Division of the Ministry of Trade, Tourism & Industry, *Guyana*: *Facts & Figures*（无出版年代，其中的经济数字为 1994 年和 1995 年的，旅游局长为 T. Fraser）。

信的。所以，戴利在《圭亚那民族简史》中也曾提到，圭亚那国家博物馆前馆长罗思（Dr. Roth）博士在一堆古代雕齿兽的遗骨下面曾发现一具旧石器时代的人。他同时还指出，尽管证据不充分，但仍有可能旧石器时代的印第安人已生活在圭亚那西北和鲁普努尼地区。① 另外，据加勒比中心网的资料，圭亚那土地上最早有人居住的时间是在公元前 1000 年，瓦劳人先来，随后是加勒比人和阿拉瓦克人。因此，所有这些情况似可证明，圭亚那的人类历史并不是一个仅约千年左右的短暂过程。

二 土著人早期的生活

现在，尽管对早期各个印第安人部落的分布区域尚不十分确切地了解，但据有关专家推论，其中人数最多而且势力最强大的部落是加勒比人。他们由奥里诺科河三角洲南部向外迁移，翻越山地和沼泽进入圭亚那沿海地区，后占据圭亚那中、西部地区的埃塞奎博河上游、马扎鲁尼河、库尤尼河上游、波梅隆河和巴里马河地带，但也随时流动于整个森林地区。加勒比人性格强悍凶狠、勇猛好战，甚至可能食人肉。阿卡沃伊人的居住地大约在圭亚那中部的埃塞奎博河与锡帕鲁尼河汇合的地区，不过在库尤尼河上游、德梅拉拉河和波梅隆河地区也能发现他们的踪迹。像加勒比人一样，他们还星散地分布在埃塞奎博河、德梅拉拉河以及伯比斯河三大河流地带。阿拉瓦克人以奥里诺科河盆地为故乡，性情温和幽默、待人宽厚友善，可能早于加勒比人到达圭亚那沿海，并占据德梅拉拉河和埃塞奎博河地区。这两大集团之间互为仇敌，不断发生冲突。另外，阿拉瓦克人像阿卡沃伊人一样，也星散地分布于三大河流地带。瓦劳人最初生

---

① Vere T. Daly, *A Short History of the Guyanese People*, Macmillan Education Limited, London, 1978, pp. 13 - 14.

活在奥里诺科河入海处的沼泽地区，后来迁移至圭亚那西北部的巴里马河地带，随后的活动范围大概没有跨越埃塞奎博河。圭亚那西北部地区发现的大量贝冢可能多与他们有关。该族骁勇好战，能够与加勒比人抗衡。男子擅长制造独木舟等，是出色的渔民。妇女是编织能手，善用艾塔棕榈叶子编织筐篮和吊床等生活用具。

　　加勒比人、阿卡沃伊人、阿拉瓦克人和瓦劳人等初到圭亚那时，均以渔、猎、采集为生，流动性强。之后他们开始了耕种土地，出现了简单的农业，游牧状况较前有所减少。随着时间的推移，农作物种类不断增多，人们对农业的依赖性亦逐渐增强。但是，当时印第安人的种植活动尚处于"刀耕火种"的阶段，并不懂得对土地的灌溉和排水。生产工具为石器，所种农作物主要是木薯、烟草、棉花、玉米、皮塔麻、胭脂树及一些蔬菜、水果等。比如，人们种植木薯时，首先要砍掉灌木、烧掉杂草，清理出一块空地，然后插种木薯枝条等。作物种植以后任其发芽生长，中间不做任何管理，收成好坏听天由命。一块土地收获 2~3 次后，土地肥力耗尽，人们便弃之一边，再用同样方法清理出一块新的土地，重新种植作物。因此，人们的生活处于不定居或半定居状态，村庄需要不断搬迁。日常生活中的锅、碗、坛、罐、盘等用具都是用泥土烧制而成的陶器。陶器由若干碎片组成，有的上面甚至还绘有花纹图案。人们的衣着非常简单，加之天气炎热，身上除了用植物种子、珠子等穿制的小小遮羞布外，没有其他任何衣服，一年到头基本上赤身裸体。节庆、打仗时喜欢用红色或橙黄色染料涂身，用作装饰或借以吓唬人；打仗时可壮胆生威，有利于战胜对方。他们的主要食物是木薯饼和"胡椒罐"，饮料是派瓦里。他们所住的房子叫做贝纳布（Benabs），圆锥形或长方形木质结构茅屋，即用树干、树枝搭好房架，房顶盖以特鲁里棕榈叶子等。房子不高，房顶棕榈叶子几乎垂接地面。

　　当时印第安人社会组织形式比较简单，各个部落均由酋长管辖；每个部落的成员按不同血缘、文化和语言形成许多较小的集团，由集团的首领管辖，建立许多小村庄。家庭成员一般有明确分工，男人外出打猎、捕鱼等，女人在家负责种植作物、饲养家禽、制作饮食、编织等。当然也有男女同出渔猎，女人当助手，帮男人背扛猎物等。印第安人由于经济活动上的差异，遂形成两大文化集团：热带草原文化和森林文化。热带草原文化亦即简单的游牧文化，以加勒比人为代表。但是，关于加勒比人的早期文化，人们现在知之甚少，加勒比人的许多技能可能来自阿拉瓦克人。森林文化亦即定居农业文化，以制陶和较为发达的农业为特征，阿拉瓦克人为代表。圭亚那地区的此种文化较加勒比四周其他地区的文化出现得要早一些。当时的阿拉瓦克人有了基本固定的村庄，部分食物依靠打猎获得，但他们较重视捕鱼活动。为此，他们制造相当大的独木舟，可以出海远一点从事更为冒险的渔业。在农业方面，他们大量种植木薯并发明了一种清除木薯块茎中毒汁（氢氰酸）的方法。此外，阿拉瓦克人还种植烟草，并把烟草当做药物、礼品、甚至交换手段。阿拉瓦克人可以编织精美的筐、篮、吊床，制作耐用的陶器并饰以雕刻的各种图案。他们使用的工具为磨光的石器，其中刀子、斧子、刮具等堪称新石器时代的杰作。上述两大文化到了有史时期还持续了很长一段时间，但是，它们都没有能够发展成为一种很复杂的文化，比不上玛雅族或阿兹特克族印第安人拥有的文明水平。尽管如此，两大文化仍不失为圭亚那古代文明的奇葩。

第二节　欧洲人的征服与殖民统治

一　欧洲人的征服

在哥伦布 1498 年第三次远航美洲"发现"圭亚那海岸后的大约 100 年时间内，圭亚那地区并没有引起当时西班牙人和葡萄牙人的重视。原因是没有听说那里有黄金宝藏，而且该地区森林茂密不易进出。16 世纪初，传说圭亚那地区（即从奥里诺科河口至亚马孙河口的整个地区，包括现今的圭亚那、苏里南、法属圭亚那以及巴西和委内瑞拉的一部分）有一个黄金国王"埃尔多拉多"（El Dorado）和黄金国"马诺亚"（Manoa），遂引起西班牙、葡萄牙、荷兰、英国、法国等国冒险家的浓厚兴趣。

　　其实，"黄金国"纯系子虚乌有之事，不过欧洲人宁信其有，不信其无，遂纷纷前往探险和寻求好运。但是，当时的探险活动尚仅局限在沿海地区，因为内地环境险恶，人们一般不敢贸然前往。1530 年西班牙人佩德罗·德阿科斯塔（Pedro de Acosta）来到圭亚那西部地区巴里马河畔探险并试图在那里殖民，结果被加勒比印第安人所驱逐；后为搜掠木薯面包等食物又曾向印第安人发起两三次侵袭。[①] 荷兰人于 1581 年来到圭亚那西北部地区探险，开始在波梅隆河附近定居和修建炮台等，建起了欧洲人最早的居民点，并与西班牙人在有关埃塞奎博河以西沿海地区的权利问题上曾长期存在争端。1609 年西班牙与荷兰签约休战 12 年，退出争夺。[②] 但是，直到 1595 年著名的英国探险家沃尔特·罗利（Walter Raleigh）爵士、1596 年英国劳伦斯·基米斯（Lawrence Keymis）船长、1597 年英国伦纳德·贝里（Leonard Berry）船长以及荷兰航海家卡贝利奥（Cabeliau）等远航南美洲，广泛进行实地考察后，特别是雷利爵士的著作《广阔、富饶、美丽的圭亚那大帝国的发现》、基米斯船长和贝里船

---

① 〔英〕詹姆士·罗德韦：《英、荷、法属圭亚那》，吉林人民出版社，1974，第 24 页。

② 〔苏〕维·沃尔斯基主编《拉丁美洲概览》，中国社会科学出版社，1978，第 481 页；*Encyclopaedia Britannica*, Vol. 10, Encyclopaedia Britannica Inc. Chicago, 1964, p. 1004.

长的航海记录以及卡贝利奥航海家的著作《······航行美洲纪事》等出版发表后，圭亚那地区才真正引起了欧洲人的重视。荷、英、法、西、葡等国探险家、冒险家、殖民者、商人等遂蜂拥而至，涌向曾被人们称作"荒凉海岸"的圭亚那广大地区，从事探险、殖民和航海贸易活动，寻求金、银、珠宝和开拓领地。16 世纪在圭亚那海岸从事探险和殖民活动的主要是荷兰人、法国人和英国人。然而，直到 17 世纪初他们的努力几乎都未获得成功。17 世纪中期以后和 18 世纪期间上述三国才基本上完成了对今天圭亚那至法属圭亚那沿海地区的征服和瓜分，各自建起"永久性"殖民地。其中荷兰人成为该地区特别是圭亚那海岸的主要殖民者，也是在圭亚那海岸成功地建立第一个"永久性"殖民地的欧洲国家。[①] 但是，荷、英、法等国之间对圭亚那地区的争夺却一直持续了相当长的时间，直到 19 世纪初才最后结束。

当初，荷兰人等欧洲人建立殖民地的目的主要有两个：一是作为搜寻黄金和其他贵重金属的基地，供来往人员落脚；二是作为贸易站，在那里用自己的制成品与印第安人的胭脂树红、烟草等土产品进行交换。后来，随着时间的推移，第一个目的已变得越来越不重要了。第二个目的作为贸易站延续了很长时间，但在商品的交换方式方面也有了改进，由原来的欧洲人来到后现收购印第安人的产品，变成了在当地定居的欧洲人事先向印第安人收购产品，存放在贸易站。欧洲人船队来到后即可将货物装船，无须停留很长时间即可返航。当然，印第安人也可以带上产品来贸易站进行交换。殖民地后来应运而生的第三个目的是直接发展种植业。殖民者大规模种植欧洲人所需的烟草、染料植物等土特产

---

① Vere T. Daly, *The Making of Guyana*, Macmillan Education Limited, London, 1979, p. 37.

品，既可减少对印第安人的依赖又可满足欧洲人的需求。早期的
殖民地大都建在江河流域，位置稍微远离海岸。那里土地肥沃，
交通方便，同时有利于躲避海盗袭击，也便于和内地印第安人进
行以物换物的原始贸易。欧洲人的到来伴随着刀光剑影和血与
火，给当地印第安人造成了灭顶之灾。印第安人被屠杀，被奴役
虐待致死，被殖民者带来的疾病感染而丧命，或被迫逃亡边远丛
林地区无以为生或遭虫兽伤害而死亡，因此人口急剧减少。后来
殖民者为了生存和发展，调整了对印第安人的政策，在一定程度
上表示友善。但圭亚那印第安人口减少的状况仍然持续了相当长
的时间，直到 1930 年才结束长达三个多世纪的衰退，开始出现
缓慢增长。

二　荷兰殖民统治时期（1648～1803 年）

（一）荷兰人的征服过程

据史载，关于 16 世纪结束之前荷兰商人是否在圭亚那
海岸建立贸易站的问题，至今没有得到确证；如果建
立了贸易站的话，那么也仅是临时性的。但有证据表明，1596
年荷兰商人曾在埃塞奎博河、马扎鲁尼河和库尤尼河汇合处的一
个小岛上，建立一个名曰"泰尔·霍赫"的要塞（Fort Ter
Hoog），而后可能于当年被摧毁。[①] 另据西班牙资料记载，大约
至 1613 年时，荷兰人在奥里诺科河至亚马孙河之间沿海地区的
许多地点定居，其中包括科兰太因河，而且可能还有埃塞奎博河
和波梅隆河等。同年，西班牙人袭击并摧毁了荷兰人在科兰太因

---

① Vere T. Daly, *A Short History of the Guyanese People*, Macmillan Education
　Limited, London, 1978, p. 38. 一说 1580 年荷兰人在此定居，见 *New Nation*,
　Georgetown, August 24, 1980, 但亦说 1581 年荷兰人在此定居，见 Henry
　B. Jeffrey and Others, *Guyana Politics, Economics and Society*, Frances Pinter
　(Publishers), London, 1986, p. 4。

河的一个定居区。据其作战报告讲，荷兰人在那里有三四个定居区，他们的种植园很可观，并且占据了埃塞奎博河和科兰太因河两大河的入海口，使自己成为土著人产品和土地的主人。①

荷兰人第三次试图在埃塞奎博河定居大约是在 1616 年，当时英国和荷兰关系处于友好阶段。英、荷两国公民合资的考廷公司（Courteen and Co.）派遣荷兰资深水手阿德里安·赫鲁内威根（Adrian Groenewegen）率领人马前往埃塞奎博河建立殖民地，与印第安人进行商品交换式贸易。赫鲁内威根选择该河与马扎鲁尼河、库尤尼河汇合处的上述小岛为基地，建起一座要塞，起名曰"基科弗拉尔"（Kykoveral，意为可以看到所有地方）。由于他对当地印第安人实行友善政策，学习印第安人的语言，甚至娶一位加勒比族酋长的女儿为妻，遂得到印第安人的支持，成为"第一个被印第安人真正喜爱而在圭亚那地区站稳脚跟的人"，甚至还"可以被正当地视为圭亚那的奠基人"②。他领导的私商似乎颇具事业心，深入内地同印第安人开展贸易，以至生意很快兴隆起来，使后来的荷属西印度公司（The Dutch West India Company，1621 年成立，后详）的殖民者无法相比。1644 年赫鲁内威根的私商由西印度公司管理，他本人成为整个殖民地的司令官。1627 年赫鲁内威根帮助英国人建立巴巴多斯殖民地，并劝说埃塞奎博印第安人前往巴巴多斯教授英国早期殖民者种植木薯、山药等技术；1637 年他还率领由荷兰人和印第安人组成的混合远征队攻击并摧毁西班牙在南美的圣托梅（San Thomé）哨所。据史载，基科弗拉尔要塞存在了很长时间，在 1718 年以前，一直是埃塞奎博殖民地的荷兰行政机构所在地。之后，行政机构

① Vere T. Daly, *A Short History of the Guyanese People*, Macmillan Education Limited, London, 1978, p. 44.

② Vere T. Daly, *A Short History of the Guyanese People*, Macmillan Education Limited, London, 1978, p. 45, p. 50.

迁至埃塞奎博河岸上，大约 20 年后又迁至河口旗帜岛（Flag Island，1744 年起改称泽兰迪亚要塞 Fort Zeelandia，岛随之称要塞岛 Fort Island）。

1627 年荷兰人亚伯拉罕·范皮尔（Abraham van Pere）经西印度公司泽兰股东会授权前往伯比斯河地区建立殖民地，通过与印第安人进行贸易、种植经济作物和探寻矿藏，开发伯比斯的资源，条件是不准他进入当地其他的荷兰贸易区。范皮尔带去首批定居者 40 名男人和 20 名青年，并在距海 80 公里的河岸边上建起拿骚要塞（Fort Nassau），后来被证实是一个很成功的贸易站。但是，有证据表明，范皮尔的父亲在此之前已经在伯比斯河地区与印第安人进行贸易活动。于是，由此流传一种说法，即"伯比斯的殖民活动早于埃塞奎博，是一个古老之郡"。此后，范皮尔家族实际上经营该殖民地长达一个多世纪，还曾一度为基科弗拉尔移民区提供赖以生存所必需的经济援助。[①] 至 1720 年时，该殖民地在拿骚要塞和伯比斯河口之间又修建一个哨所，内地已有四个贸易站。1745 年在坎吉河口处建起圣安德里斯要塞（Fort St. Andries），后发展成为今天的新阿姆斯特丹。

1648 年西班牙与荷兰签订《敏斯特条约》（Treaty of Münster），西班牙承认荷兰从其统治下获得独立，并确定圭亚那的埃塞奎博（包括德梅拉拉河地区）和伯比斯为荷兰殖民地。因此，《敏斯特条约》的签订对所有圭亚那人来讲，被认为是一个值得铭记的重大历史事件。[②]

---

① Vere T. Daly, *A Short History of the Guyanese People*, Macmillan Education Limited, London, 1978, p. 47, Vere T. Daly, *The Making of Guyana*, Macmillan Education Limited, London, 1979, p. 40, *Encyclopaedia Britannica*, Vol. 10, Encyclopaedia Britannica Inc. Chicago, 1964, p. 1004.

② Vere T. Daly, *The Making of Guyana*, Macmillan Education Limited, London, 1979, p. 45.

另外，大约在 1651 年，一些被葡萄牙人从巴西驱逐出来的荷兰人进入圭亚那，在西北地区波梅隆河与莫鲁卡河（Moruka River）附近定居和建立殖民地"诺瓦泽兰迪亚"（Nova Zeelandia），运用在巴西学会的生产技术种植甘蔗和制糖。1657 年殖民地得到了进一步发展，因为荷兰的泽兰省三大贸易市镇承担对埃塞奎博殖民地的财政等责任，波梅隆地区乃是埃塞奎博殖民地的一部分，自然也在受益之列。后经荷属西印度公司同意，三大贸易市镇决定在波梅隆地区殖民，并任命科内利斯·戈利亚特（Cornelis Goliat）为司令官，负责设计建立一个名为新米德尔堡（New Middelburg）的小镇和其附近的诺瓦泽兰迪亚要塞。至 1665 年时，波梅隆殖民地（亦即诺瓦泽兰迪亚）因其甘蔗种植兴隆而成为荷兰在圭亚那海岸的殖民地中最重要的一个。然而，该殖民地无奈命短，同年被英国人征服和解散；[①] 后来荷兰人重建，但在 1689 年又最终为法国人所摧毁。[②]

1700 年荷兰人在德梅拉拉河地区建起一个贸易站。至 1704 年时，荷兰人在该地区已有两个贸易站。1745 年后该地区殖民活动有了进一步发展，英国种植园主在其中起了重要作用。1746 年该地区宣布向移民开放，吸引了不少来自土地肥力耗尽的巴巴多斯、圣基茨、安提瓜等岛屿的英国人，新的殖民活动从此开始。德梅拉拉地区面貌迅速改观，最终成为圭亚那最重要的地区。1748 年荷兰人在德梅拉拉河口东岸建起了一个小哨所（Watch-house or Brandwagt），作为来往圭亚那船

---

① Vere T. Daly, *The Making of Guyana*, Macmillan Education Limited, London, 1979, pp. 40 – 41, *A Short History of the Guyanese People*, Macmillan Education Limited, London, 1978, p. 50. 〔英〕雷蒙德·T. 史密斯:《英属圭亚那》，吉林人民出版社，1974，第 27 页。

② Vere T. Daly, *The Making of Guyana*, Macmillan Education Limited, London, 1979, pp. 64 – 66.

只的信号站和监视哨。小哨所周围建起了一个小村庄，后来发展成为今天的首都乔治敦。从 1753 年起德梅拉拉殖民地在距河口约 32 公里处的博尔塞兰（Borsselen）小岛上设立首府。荷兰人之所以注重德梅拉拉的发展，除了它距离埃塞奎博殖民地近在咫尺、便于照管之外，还考虑了两个重要因素：一是该地区土壤的肥力，二是该河的水流深度。无疑，德梅拉拉在这两方面对殖民活动都十分有利，特别是德梅拉拉河口水深，建立港口较埃塞奎博河更好一些。这一点已为后来的殖民活动所证实。

　　17 世纪和 18 世纪，尽管荷兰人是圭亚那地区的主要殖民者，但英、法、葡等欧洲国家并没有放弃对该地区的争夺。特别是英国移民大量地从西印度群岛流入圭亚那，改变了当地的人口组成，尤其是在德梅拉拉殖民地。据 1753 年殖民地总监（Director-General）劳伦斯·斯托姆·范斯赫拉弗桑德（Laurens Storm van's Gravesande）的一份报告称，德梅拉拉地区的种植园主中绝大多数是英国人或者是懂得英语的人。到 1760 年时德梅拉拉殖民地的人口中英国人占据了绝大多数。1781 年 10 月英国人在与荷兰人的战争中夺取了圭亚那地区埃塞奎博、德梅拉拉和伯比斯三块殖民地。罗伯特·金斯敦（Robert Kingston）中校出任殖民地总督，在德梅拉拉河口原小哨所处建起"圣乔治要塞"及房屋，并计划将政府办公处和总督驻地由博尔塞兰小岛迁往该处。但几个月后，法国人和荷兰人结成联盟对英国人在圭亚那地区的殖民地发起攻击，1782 年初将其重新夺回并由法国人控制到 1784 年。法国人在德梅拉拉河口的"圣乔治要塞"处建立市镇，作为殖民地首府驻地，将其命名为"隆尚普斯"（Longchamps，即新镇），还在河口东、西两岸分别建立勒热纳多芬要塞和拉雷内要塞。此外，法国人创办了一个地方邮政局，并在德梅拉拉河上建起渡口，进行日间定时轮渡服务。1784 年根据《凡尔赛条约》

(Treaty of Versailles)，荷兰人又从法国人手中夺取了这些殖民地，决定"隆尚普斯"为殖民地首府，并仿照荷属西印度公司董事长的名字将其改名为"斯塔布罗克"，即后来人们所知的乔治敦前身。荷兰人的统治一直延续到1796年。此后，英国人实际上已开始有效地控制圭亚那。但圭亚那殖民地的地位并不稳定，而是在英、荷两国之间被争来夺去，1796~1802年为英国人所占领，1802年3月，根据《亚眠条约》（The Treaty of Amiens），又回归荷兰。

（二）荷兰人的殖民统治

1621年荷、西之间12年休战期结束。同年，荷兰国会同意成立荷属西印度公司，并授予它对圭亚那地区进行殖民统治的特许权以及荷兰与整个美洲和非洲西部海岸从北回归线至好望角之间广大地区进行贸易（主要是奴隶贸易）的垄断权。之前，圭亚那没有正式的殖民行政机构。

荷属西印度公司由荷兰7个省份的5个"股东会"（Chamber of Shareholders）组成和领导，其中新阿姆斯特丹和泽兰两市镇的"股东会"势力最大。但是，每个"股东会"都有很大程度的自治权，并且根据股份多少选出董事参加公司的中心执行机构董事会，负责公司的管理工作。公司董事会初由19人组成，1675年公司重新组建后减至10人。公司最初的工作主要是在贸易方面。所以，公司的一些机构实际上只是贸易站，直到18世纪私人（自由种植者）定居活动扩大以后，公司才真正开始实现殖民化。殖民地政府体制的建立、机构的设置、人员变动都要得到10人董事会的认可。作为荷兰国会的托管机构，西印度公司与别的公司有所不同。它势力强大，旨在与西班牙领地打仗和进行非法贸易。为此，西印度公司被授予拥有陆海军、修筑要塞、作战签约等权利，辖区遍及大西洋两岸、非洲西岸和美洲东岸包括圭亚那在内。一个时期该公司还曾几乎占领整个巴西。为了争夺这块领地，它耗资大约 400 万英镑，西班牙人在这场战争中损失约达 1700 万英镑之巨。[①]

泽兰和新阿姆斯特丹两个股东会互为贸易竞争强手，其竞争活动在公司内部也很激烈。鉴于泽兰人希望与埃塞奎博的印第安人进行贸易活动，并选定基科弗拉尔作为最佳定居点，公司遂于 1624 年派遣贾恩·范德胡斯（Jan van der Goes）率领一批移居者前往该地，接管其要塞和贸易站。范德胡斯后被任命为荷兰在圭亚那第一个官方殖民地基科弗拉尔的第一位司令官。[②] 在大约 1690 年以前，埃塞奎博殖民地事务单独由公司任命的一名司令官来管理。之后，殖民地种植园不断增加，公司的经营重心遂由贸易转向更为有利可图的甘蔗等种植业。18 世纪中叶德梅拉拉殖民地亦建立起来。西印度公司作为一个荷兰商业集团，经营和管理埃塞奎博和德梅拉拉殖民地历时大约 170 年。

在圭亚那早期发展过程中，有一位曾经发挥过重要作用的人物，即前面提及的荷兰总监赫拉弗桑德。他在 1738 年被任命为西印度公司的秘书，1743 年升任埃塞奎博殖民地司令官，直到 1772 年退休。由于他在 1746 年对殖民地实行开放政策，积极引进移民和技术，使埃塞奎博和德梅拉拉殖民地迅速发展起来，开始了圭亚那历史上的"沿海发展阶段"。至 1750 年时公司不得不设置两套行政机构，将德梅拉拉与埃塞奎博分开管理。赫拉弗桑德的儿子乔纳森·赫拉弗桑德（Jonathan Gravesande）随之被任命为德梅拉拉第一位司令官，他本人晋升为两个殖民地的新设

---

① 〔英〕詹姆斯·罗德韦：《英、荷、法属圭亚那》，吉林人民出版社，1974，第 39、40 页。

② Vere T. Daly, *A Short History of the Guyanese People*, Macmillan Education Limited, London, 1978, p. 46, Vere T. Daly, *The Making of Guyana*, Macmillan Education Limited, London, 1979, p. 39.

职位"总监"和公司在圭亚那的首席监督人。① 1775 年 8 月赫拉弗桑德在他的泽斯戴克（Soesdyke）种植园去世，据称被埋葬在埃塞奎博河口的泽兰迪亚要塞岛上。

1738 年之前，殖民地政府的工作由司令官掌握，同时由一个叫"政策和司法院"（Council of Policy and Justice）的机构为其提供建议等。政策和司法院由司令官、公司秘书和殖民地种植园的两位经理人组成，每季度召开一次会议。1750 年赫拉弗桑德就任总监后，引入选民院（College of Kiezers）制度。选民院由 6 名民团军官组成（每个白人都是民兵），负责提出私人种植园主的代表参加政策和司法院工作，反映种植园主的意见和要求。1750 年政策和司法院的两种职能分离，设置"政策院"（Council of Policy）和"司法院"（Council of Justice）两个独立机构。前者主要负责处理公司事务，管理公司的财产，行使整个殖民地实际上的立法和执法任务，并且日益关注殖民地总的福利工作。后者负责管理司法，或在必要时组织法庭等。② 但是 在很长时间内两者的成员是一样的，即前者的成员也是后者的成员。1766 年德梅拉拉自主权扩大，独立设置司法院。殖民地政府机构上的变化反映出了两大重要趋势，即私人（自由）种植园主的影响日益增大和德梅拉拉殖民地的兴起。

大约在 1773 年，经荷兰国会批准，埃塞奎博和德梅拉拉两个殖民地各自设立一个议会机构"政策院"，之前各自均已设有一个法律机构"司法院"。据规定，政策院的职能主要是负责殖民地商业事务的，下设财政局、商业局、军务局和宗教事务局。每个政策院均由 4 名选民院推选的种植园主代表以及 4 名公司任

---

① William B. Mitchell and Others, *Area Handbook for Guyana*, U. S. Government Printing Office, Washington, D. C. 1969, p. 31.

② Vere T. Daly, *A Short History of the Guyanese People*, Macmillan Education Limited, London, 1978, pp. 87 – 88, etc.

命的代表组成。殖民地总监和其代表分别为两个政策院的主席并拥有决定性的一票裁决权，这样可以使公司票数总是胜出，拥有最终的控制权。[①] 财政局长、商业局长和军务局长等均为政策院的组成人员。司法院的职能主要是负责殖民地司法管理事务，成员组成与政策院基本相同。除了财政局长在司法院无席位外，政策院的成员还应该是司法院的成员。然而，两殖民地分设行政机构的管理办法，却遭到了公司内部具有重要影响的泽兰董事会的强烈反对。1795 年荷兰政府为缓和公司矛盾，决定另外建立一个"联合院"（Combined Council），其成员不定期地到泽兰迪亚要塞聚会，讨论有关埃塞奎博和德梅拉拉两殖民地的重大事务。但是，联合院的最初实践并不成功。[②] 1796 年政策院决定并经总督同意成立新的联合院，8 名成员中 4 名由选民院选出，4 名由政策院任命；同时还决定 6 人财政代表院（College of Six Financial Representatives，1796 年殖民者成立，当局认可后由德、埃两殖民地各选出 3 名财政代表组成）在政策院讨论税收事务时参加会议。

在美国独立战争期间，英、法两国轮番攻占圭亚那，造成当地局势一片混乱。随后圭亚那出现了机构改组和宪法改革的新时期。根据西印度公司的方案，两个政策院可以保留，但其中自由种植园主和公司代表的比例修改为 3 比 5，种植园主代表变为少数，而且由总监直接任命而不是由选民院推选；同时，为弥补改革过程所造成的财政过度支出，公司决定增加种植园主的奴隶人头税等。这些变革引起了种植园主的强烈不满。种植园主不仅拒绝政策院的工作和缴纳追加的捐税，而且还向荷兰政府呈交大量

---

① Vere T. Daly, *The Making of Guyana*, Macmillan Education Limited, London, 1979, p. 93, etc.

② Vere T. Daly, *A Short History of The Guyanese People*, Macmillan Educatioan Limited, London, 1978, p. 88, and p. 105.

请愿书和抗议书，要求政府考虑他们的苦处。在此情况下，荷兰政府决定任命一个特别委员会研究解决此事。委员会随之起草了一个报告，亦即"纠正观念方案"（The Concept Plan of Redress）。此方案对宪法进行了深刻的改革并且为后来的英属圭亚那宪法和政府结构奠定了基础。

方案规定，埃、德两个殖民地共有一个政策院（拼写改为Court of Policy），作为主要的政策制定机构，其成员由殖民地总监、埃塞奎博司令官、两殖民地的两名财政局长以及两殖民地的4名种植园主（公司代表和种植园主代表比例相等）共8人组成，总监拥有一票裁决权；至于司法机构，两个殖民地各设一个司法院（拼写改为Court of Justice），每个司法院有成员8人（6名种植园主，2名西印度公司官员即殖民地司令官和顾问）；政策院和司法院的成员均由总监从两个选民院提名的候选人中任命，等等。这些规定使种植园主在殖民地事务方面享有了比以前更多的发言权，两院的成员已经不再是相同人选了。另外，每个殖民地选民院的成员增至7人，由拥有25名或更多奴隶的种植园主中选出，并终身任职。选民院每年至少开会一次，尽管其权力极其有限，但已成为种植园主政治活动的核心。它的存在表明了对与公司或官方利益相抗衡的种植园主的利益的承认。这项方案受到种植园主的欢迎并为公司"10人董事会"所接受。

1789年由特别委员会的两名成员前往圭亚那殖民地负责实施方案，德梅拉拉和埃塞奎博合并为联合殖民地（United Colony of Demerara-Essequibo）。在建立共有的政策院时，西印度公司遵循了英、法殖民者在1781～1784年间统治圭亚那时的政策，把德梅拉拉作为主要殖民地和政府所在地，将斯塔布鲁克作为联合殖民地首府。负责实施方案的委员返回荷兰后，向国会做了对西印度公司的行政管理极为不满的报告。加之殖民地的种植园主亦不欢迎西印度公司，认为它只是一个贸易公司，只追求自身利益，不适合管理一个农业性殖民地，所以希望荷兰王国管理等。于是，荷兰国会拒绝了西印度公司有关延长特许状的申请，旧的特许状至 1791 年期满后废止。从 1792 年起联合殖民地遂成为荷兰的国家财产。国会通过"殖民院"（Colonial Council）行使管辖权，殖民地原来所设总监由国会任命的总督（Governor）取而代之。[1] 1789 年前往圭亚那实施纠正方案的两委员之一的威廉·范西尔蒂马（Willem van Sirtima），于 1793 年出任联合殖民地的首位总督。

在荷兰殖民统治期间，伯比斯殖民地与埃塞奎博和德梅拉拉殖民地一直是分开进行管理的。1714 年之前伯比斯殖民地由范皮尔家族统治。范皮尔被准许以"特权地主"即封建地主的身份行使管理权，他可以任命自己在当地的司令官。随后该殖民地转入由三个阿姆斯特丹商人和他本人组成的范·霍恩斯公司（The Van Hoorn's Company）手中。[2] 但是，伯比斯殖民地并不繁荣，公司资金少，获利不大。

于是，公司在 1720 年决定成立一家新的联合股份公司"伯比斯殖民地所有者协会"（The Association of The Owners of The Colony Of Berbice，亦称伯比斯协会），负责经营该殖民地。不过，西印度公司仍拥有对伯比斯殖民地的管理权，同时享有对奴隶贸易的垄断权，伯比斯每年要向公司交纳贸易税等。实际上，伯比斯从来没有真正的代议制机构，而是以协会的名义对它直接进行管理。1732 年 12 月 6 日荷兰国会授予协会一份特许证，确认该协会是与西印度公司分立的团体，可以与所有荷兰居民进行

---

[1]　William B. Mitchell and Others, *Area Handbook for Guyana*, U. S. Government Printing Office, Washington, 1969, pp. 32 – 33, Vere T. Daly, *A Short History of Guyanese People*, Macmillan Education Limited, London, 1978, pp. 96 – 97；〔英〕雷蒙德·T. 史密斯：《英属圭亚那》，吉林人民出版社，1973，第 42、43 页。

[2]　〔英〕詹姆士·罗德韦：《英、荷、法属圭亚那》，吉林人民出版社，1974，第 71 页。

除奴隶贸易之外的各项贸易活动。殖民地由一位总督和一个政治院（Council of Government，即政策院）管理。随之，协会的董事们获权任命一个总督并有权征收人头税和关税等。总督负责管理殖民地的工作，但必须接受国会的委任并向国会宣誓，忠于国家，恪尽职守。政治院由总督（任主席）和由总督挑选的6名其他人员组成，负责行政和刑法实施。6名其他人员最初从所有殖民者、后从殖民地评议会提交的12名人员中选出。殖民地另设司法院，负责民法工作。司法院同样由总督和由总督挑选的6名其他人员组成。6名其他人员从政治院和常住居民提交的12名（各提交6名）人员中选出。伯纳德·沃特汉（Bernard Waterham）被任命为伯比斯第一任总督，1733年到任后所做的第一件工作就是建立政治院和司法院。① 1763年拿骚要塞被奴隶起义所摧毁，殖民地首府迁至圣安德烈斯要塞，即后来的新阿姆斯特丹。

协会在伯比斯的地产由首席种植园主经营，这些首席种植园主又受到总督的监督。伯比斯实际上长期保留了一个享有采地特权的地主的地位。1795年伯比斯协会的特许证被撤销，其行政和防卫的权力交由殖民院行使，但保留了对伯比斯地产的所有权，直至1818年最后售出。该殖民地遂置于殖民院的监管之下，成为荷兰的国家财产。②

（三）荷兰人殖民统治时期的经济状况

殖民者最初的农作物主要是烟草、棉花和咖啡等，生产水平可以达到自给自足。早在1722年德梅拉拉即引进咖啡种植。但

---

① Vere T. Daly, *A Short History of The Guyanese People*, Macmillan Education Limited, London, 1978, p. 120.

② Vere T. Daly, *The Making of Guyana*, Macmillan Education Limited, London, 1979, p. 110, Vere T. Daly, *A Short History of The Guyanese People*, Macmillan Education Limited, London, 1978, p. 124.

是，圭亚那的这些农产品作为商品，在市场上竞争不过美国南部地区的同类产品，因此无利可图。德梅拉拉随后即放弃咖啡生产，直到18世纪60年代初才又恢复生产。另外，随着欧洲人午后饮茶和喝咖啡习惯的不断增强，蔗糖的需求量大幅度增加，而当时西班牙殖民地的蔗糖生产供不应求。于是，甘蔗种植业逐渐成为荷兰人在圭亚那的选择，并且在埃塞奎博、德梅拉拉和波梅隆等殖民地发展起来。

17世纪30年代中期甘蔗逐渐取代烟草，成为欧洲殖民者种植的主要作物。然而，伯比斯殖民地继续从事以咖啡和棉花为主要作物的种植业，尽管有一些甘蔗种植园。殖民地的劳动力主要是当地印第安人以及来自西印度群岛的英国人等欧洲移民或契约劳工。然而，随着甘蔗种植面积的不断扩大，劳动力日见不足。荷兰殖民者遂从1658年开始由西非等地区向圭亚那贩运黑人奴隶，并首先在波梅隆地区使用黑人奴隶从事甘蔗生产。17世纪60年代黑人奴隶估计已达2500人。[①] 随后，黑人奴隶成为殖民地种植业的主要劳动力。他们的劳动为蔗糖工业的发展奠定了基础，蔗糖工业的发展从某种意义上讲造就了圭亚那。这一事实应该是作为奴隶后代的圭亚那人引以为自豪的。[②]

据荷兰史载，大约是在1636年，殖民者开始在圭亚那埃塞奎博河的基科弗拉尔岛以及周围地区小规模地种植甘蔗。由于当地没有制糖厂，1637年甘蔗收获后，殖民者将甘蔗榨汁运往荷兰加工制糖。大约20多年后至1664年时，诺瓦泽兰迪亚、基科弗拉尔和拿骚才有了小规模的制糖厂，开始向荷兰出口蔗糖。但是，当时殖民者的主要经济活动还仅限于和印第安人进行胭脂树

---

① Colin Baber and Others, *Guyana Politics, Economics and Society*, Frances Printer, London, 1986, p. 10.

② Vere T. Daly, *A Short History of The Guyanese People*, Macmillan Education Limited, London, 1978, p. 73.

红等产品的贸易，甘蔗种植并没有受到十分重视。17世纪50年代初，首批从巴西来的葡萄牙人带着技术和资金到波梅隆定居，在那里试种甘蔗和制糖成功，而且生产规模很快超过基科弗拉尔和伯比斯。波梅隆河的诺瓦泽兰迪亚殖民地亦因蔗糖生产成为圭亚那几个殖民地中最繁荣的一个。但在1665～1667年第二次英、荷战争期间，该殖民地遭到毁灭性打击，从此一蹶不振。

18世纪的50～70年代是德梅拉拉和埃塞奎博殖民地经济迅速发展的年代，其中主要原因是得益于蔗糖。据介绍，1750年甘蔗实际上成为埃塞奎博和德梅拉拉的唯一农作物。由于甘蔗种植业的发展，1742～1772年成为荷兰在圭亚那殖民统治的最重要的时期。英、法七年战争（1756～1763年）期间，糖价昂贵更加刺激了甘蔗种植业的发展。由于英国移民不断由西印度群岛移入，大大推动了德梅拉拉和埃塞奎博甘蔗种植业的发展。1762年英国人拥有德梅拉拉93个种植园中的34个、埃塞奎博68个种植园中的9个。其中最著名的一位英国种植园主是格德尼·克拉克（Gedney Clarke），1762年他已拥有7个种植园。1752年在德梅拉拉榨糖厂还处于初建时期，他就率先建起榨糖厂。当年他建立的水力榨糖厂，被赫拉弗桑德总监誉为"全美洲最出色的糖厂"。后来他又建立一座水力榨糖厂，技术水平更高，无论是德梅拉拉河涨潮还是退潮期间均可工作。1769年埃塞奎博殖民地的各类种植园增至92个，而德梅拉拉的种植园增至206个，两殖民地注册的黑人奴隶分别达到3986个和5967个。

德梅拉拉首船咖啡外运大约是在1759年，18世纪60年代埃塞奎博和德梅拉拉的咖啡种植园数量都有所增加，德梅拉拉的咖啡较埃塞奎博生长得好，但甘蔗仍是埃塞奎博最重要的作物。殖民地棉花种植规模较小，其引人注目的发展时期是18世纪80～90年代，在埃塞奎博和德梅拉拉沿海地区很为繁荣。咖啡和棉花主要为小种植园主所种植。两殖民地的其他主要出口产品主要是胭脂树红和可可。① 至 1775 年时，整个圭亚那地区大约有 300 多个甘蔗、咖啡、棉花等大型种植园，从事种植园劳动的黑人奴隶达 10 万人。1778 年蔗糖产量达到 4153 吨，是荷兰殖民统治时期蔗糖产量最高的一年。18 世纪结束时，从科兰太因河至波梅隆河之间广大地区分散的大型种植园达到 380 个。② 伯比斯殖民地自 1730 年起亦向外界所有人开放，其殖民者也纷纷离开内地前往沿海肥沃地区谋求发展。在 1781~1784 年英、法短期占领期间，当局对新来移民继续给予各种优惠政策，免费授予 500 英亩（合 202.3 公顷）沿海土地，5 年免征奴隶人头税等。荷兰人恢复统治后继续实行向沿海移民的政策。由于新辟的沿海农田含盐量高，开始时不适合种植甘蔗，而适合种植棉花。18 世纪 80~90 年代埃塞奎博、德梅拉拉和伯比斯海岸棉花种植业有较大发展。德梅拉拉和伯比斯在一个短时期内成为大量生产和出口棉花之地区。据史载，在 18 世纪末的一个短时间内圭亚那实际上是世界上最大的棉花生产者。③ 1791 年仅在伯比斯就新颁发占地面积为 500 英亩的棉花种植园特许状 46 个，奴隶数目由 1790 年的 5862 人增至 1792 年的 6709 人和 1795 年的 8122 人。1796 年伯比斯建立起大小棉花种植园 100 多个，棉花而不是甘蔗成为伯比斯的主要作物。在英国人随后占领的 1796~1802 年间，奴隶数目由 8232 人增至 17855 人。④ 但圭亚那的棉花种植最终竞争

① Vere T. Daly, *A Short History of The Guyanese People*, Macmillan Education Limited, London, 1978, pp. 76 – 77.

② Simon Collier and Others (General Editors), *The Cambridge Encyclopedia of Latin America and the Caribbean*, Second Edition, Cambridge University Press, New York, 1992, p. 317, *New Nation*, Georgetown, December 16, 1979.

③ Chaitram Singh, *Guyana Politics in a Plantation Society*, Praeger Publishers, New York, 1988, p. 5.

④ Vere T. Daly, *A Short History of The Guyanese People*, Macmillan Education Limited, London, 1978, pp. 123 – 125.

不过美国南部各州，特别是在英国人取消奴隶贸易后，劳动力不足成为圭亚那发展棉花种植业的一大难题。

英国短期占领期间，许多富裕的英国种植园主带着资金和奴隶从西印度群岛来到圭亚那，购置土地发展种植业，使殖民地甘蔗、棉花和咖啡等大宗作物在前 20 年迅速发展基础上出现了一个更为繁荣的时期。其间，当地土地价格猛涨，每英亩由 1796 年的 44.92 美元上升到 1800 年的 57.6 美元。但是，农作物布局基本上没有变化，咖啡仍是伯比斯的主要产品，德梅拉拉和埃塞奎博主要是种植棉花、甘蔗和咖啡三大作物。至 1802 年时，伯比斯的大小种植园达到大约 300 个，德梅拉拉和埃塞奎博约有 400 个。据史书粗略统计，1800 年咖啡产量创荷兰统治时期的最高纪录，达到 21845609 磅（合 9909 吨），直到 1810 年此记录才被打破。同年埃、德和伯三个殖民地的三大产品的总产值相当可观，蔗糖、咖啡、棉花分别为 361631 磅、2243200 磅和 1359505 磅。至 1799 年时，种植业沿海岸一直发展到波梅隆河口处。1799～1801 年间蔗糖产量增加 3 倍，咖啡增加近 4 倍，棉花增加 2 倍多。1802 年三块殖民地的三大产品的总产量分别达到 17520000 磅（合 7947 吨）、11539497 磅（合 5234 吨）和 7623900 磅（合 3458 吨）。在 1796～1802 年的 6 年中甘蔗种植园的数目增加了 5 倍，特别是在原先只种植棉花的德梅拉拉河东海岸地区，甘蔗种植园数目也迅速增加。①

随着甘蔗种植业的迅速发展，圭亚那出现了殖民者由内地向沿海迁移的浪潮。这一历史性迁移对圭亚那的经济和社会发展产生了重要影响。随之，圭亚那大约 90% 的人口聚集到了占全国

---

① Vere T. Daly, *A Short History of The Guyanese People*, Macmillan Education Limited, London, 1978, pp. 102 – 108. Vere T. Daly, *The Making of Guyana*, Macmillan Education Limited, London, 1979, pp. 120 – 121.

土地面积不足 4% 的沿海地区。沿海地区土壤肥沃，交通方便，但地势低洼，海水涨潮时多低于海平面 1~2 米。为了种植甘蔗等作物，荷兰殖民者引进后来并由英国殖民者继续使用了类似围海造田的办法，组织人力物力沿海筑堤，在堤后沼泽中开河挖渠排水造田。农田两边筑侧坝，靠内地一边修建后坝，海堤和后坝上均有闸门。这样既可以防止海水倒灌，又能够防止内地洪水的冲击，雨季可以排水泄洪，旱季可以进行灌溉。另外，农田中间的渠道还可以行驶平底船，运载作物、设备等。史载，除海堤工程外，估计每平方公里的甘蔗田需要修建 30 多公里的排水渠道和近 10 公里的灌溉和运输渠道。其结果是，圭亚那最初在甘蔗园的建设中所修渠道至少移动了 1 亿吨的泥土。[①] 这些工程全部是由黑人奴隶完成的。今天，圭亚那沿海大约 200 公里的大海堤和内地 8000 多公里的排灌渠道网就是在过去水利设施的基础上逐渐发展起来的。

此间，随着沿海地区道路、桥梁有所改善，斯塔布鲁克镇很快发展成为一个商业中心。特别是在英国人占领的 1796~1802 年的 6 年间，公共服务设施有了较大的发展。在此之前，私人企图开办与报纸相联系的邮政服务业未获成功。1796 年政府决定出资建立一个地方邮政局，同时还办起德梅拉拉和埃塞奎博联合殖民地的第一份报纸《皇家埃塞奎博和德梅拉拉报》（*Royal Essequibo and Demerary Gazette*）。德梅拉拉河的轮渡由原来的多家私人经营改为与政府签有合同的一家私人经营，服务质量也有所改善。此外，英国人还建起了医院等。

黑人奴隶为圭亚那基础设施的建立以及圭亚那的经济发展作

---

① Walter Rodney, *A History of the Guyanese Working People*, *1881 - 1905*, The Johns Hopkins University Press, Baltimore, 1981, pp. 2 - 3. 一说共挖土 1000 万吨，参见 Vere T. Daly, *A Short History of the Guyanese People*, Macmillan Education Limited, London, 1978, p. 73.

出了重要贡献。但是，黑人奴隶所受到的待遇是极其恶劣的。他们身无自由，生命无保障，终年过着牛马不如的生活，受尽人间的压迫和剥削，直至血汗被奴隶主榨干为止。黑人奴隶为了生存、独立和自由不断进行反抗和斗争，在圭亚那历史上留下了可歌可泣的动人篇章。

三 英国殖民统治时期（1803～1966年）

（一）英国人的征服过程

18 02年3月欧洲战争结束，英、法等国签订《亚眠条约》。英国将圭亚那殖民地归还荷兰。1803年5月英、法之间再次爆发战争，9月17日英国海军中队向德梅拉拉地区发起攻击。当月18日和24日，德梅拉拉和埃塞奎博联合殖民地以及伯比斯殖民地的荷兰人按照非常宽大的条件分别向英国人投降。圭亚那此后成为英国"永久性的殖民地"，原来由荷兰国会通过总督行使的最高统治权逐渐移交给了英国国王和英国总督。但是，政策院仍然是圭亚那通过总督的裁决权由官方多数控制的立法和执行机构，无论是荷兰人统治时期还是英国人统治时期，政策院中的官方代表都多于殖民者（种植园主）。与此同时，由政策院和6名财政代表组成的联合院（拼写改为Combined Court，共14名成员），继续行使召开会议通过征税措施的权力，同时还拥有了监督财政和税收支出的权力。在联合院中，殖民者（主要是英国人）的代表与官方代表的比例改为10比4，成为绝对多数。此举有利于殖民者控制与其密切相关的财政事务。随后，德、埃、伯三个殖民地的行政机构逐渐实行了集中和统一。

英国人取得对圭亚那的控制权后，由于欧洲正在进行拿破仑战争，荷兰仍处在法国的主宰之下，圭亚那作为荷兰的殖民地，最终命运自然还是不定数。故英国政府许诺尊重圭亚那殖民地居民的现行法律、宪法、宗教信仰和个人财产等，殖民地秩序一切照旧。然而，第二年英国政府便开始了含蓄地实行"圭亚那英国化"的政策。殖民当局通过鼓励英国人参与选民院的选举活动、任命英国人为公共官员、鼓励使用英语等，扩大其在殖民地的影响。1808年政策院决定，凡用荷兰语写的请愿书必须附英语译文，否则不予接受。1812年德梅拉拉司法院和埃塞奎博司法院合而为一，司法院主席办公室与总督办公室分离，工作由法官主持，总督不再任司法院主席。两个司法院的合并标志着德、埃两殖民地的联合最后完成。同年，英语取代荷兰语成为法庭工作语言，英国律师杰贝兹·亨利（Jabez Henry）被任命为合并后的司法院的第一任主席。此任命之后，英国法律和罗马－荷兰法律逐渐混合使用，但后者作为压倒一切的法律权威又存在了一个世纪。1812年休·卡迈克尔（Hugh Carmichael）就任代理总督不到一个月，即仿照英王乔治三世的名字将殖民地首府斯塔布鲁克命名为乔治敦（Georgetown 意即乔治城）。为了实现英国人拥有更大政治影响之目的，他将选民院与6人财政代表院合并一起，将选民院的职责安排给财政代表（主要是英国人）行使，实际上等于取消了选民院作为一个独立团体的存在。另外，对财政代表的财产资格也做了修改，使不拥有25名以上奴隶的英国商人等缴纳很少的所得税后也可以参选，当选者任期修改为一年，实际上取消了原荷兰人任职终身的权利。当然，总督的一切行为未必都是经过英国政府批准的。

1813年英国、俄国、奥地利、普鲁士等国联合打败法国，欧洲拿破仑战争结束。1814年各交战国签订"伦敦协定"，批准了1803年荷兰人向英国人签订的投降条款，英国同意付给荷兰1400万美元换取荷兰在圭亚那的德梅拉拉和埃塞奎博、伯比斯以及非洲的好望角等殖民地。圭亚那最终归于英国，成为南美大陆唯一的英国殖民地。1825年由于反对奴隶制运动的压力，英国政府减少了海外的奴隶贸易。如此一来，殖民地内部的奴隶贸易对德梅拉拉和埃塞奎博联合殖民地发展的重要性便显示出来。伯比斯殖民地奴隶人数众多，曾大量流入德、埃联合殖民地。殖民者为了更加自由地进行内部奴隶贸易等，极力主张两块殖民地联合起来。1831 年 3 月 4 日英国政府遂将伯比斯殖民地与德梅拉拉和埃塞奎博联合殖民地合并在一起，建立统一的圭亚那殖民地，始称英属圭亚那，委任本杰明·德班（Benjamin D'Urban）为英属圭亚那的首位总督和总司令。

（二）英国人的殖民统治

20 世纪之前的殖民统治　英国政府抓住英属圭亚那德梅拉拉和埃塞奎博与伯比斯两大殖民地合并的机会，重建选民院和财政代表院，使两个机构分离，各自的职能恢复到 1812 年之前的状态。1831 年两殖民地合并后，英国政府对殖民地的司法制度进行了彻底改革，将司法院组建为最高审判法院（A Court of Supreme Justice）。下分设最高刑事法院（The Supreme Court of Criminal Justice）和最高民事法院（The Supreme Civil Court），两院各由一名首席法官和两名下级法官主持工作。最高刑事法院还附设三名顾问，1847 年又引入陪审团制度。然而，1838 年出于行政方面的原因，当局又将英属圭亚那划分为德梅拉拉、埃塞奎博和伯比斯三个相互独立的郡。

但是，英属圭亚那 19 世纪后半叶的宪法改革并没有和社会经济发展保持同步。宪法经过改革后，选举权稍有扩大，参选人资格中年收入标准有所降低，但政策院成员资格中仍包括个人必须拥有 80 英亩（约 32.37 公顷）土地的不动产，其中耕地不得少于 40 英亩（约 16.2 公顷）等条件。这样使得专业人员和小商人无机会担任政策院成员，医生、律师、牧师以及富有的店主等组成的新兴职业阶层，在国家政治生活中实际上没有发言权。因此，他们对控制圭亚那的狭隘的寡头政治集团感到不满，遂形成积极主张政治改革的激进集团。19 世纪 80 年代后采矿业特别是采金活动有了较大的发展，涌现出一些采矿集团。于是，在人们看来国家的前途很大程度上似乎有赖于内地开发，而不只是依靠沿海甘蔗种植园日益下降的收益时，殖民当局也感到国家机构的代表权确实需要扩大到非种植园主集团，非此不能使社会稳定。所以，1891 年英国政府同意圭亚那殖民地实行宪法改革，在没有触动政策院和联合院旧机构的前提下，撤销了选民院。此后，政策院的非官方成员和财政代表遂由民众直接选出。过去一直由白人把持的政策院也吸收了有色种人的律师、店主等。另外，按宪法规定殖民地成立了一个执行委员会，取代政策院的行政职能。

20 世纪的殖民统治 20 世纪初，圭亚那殖民地各种经济力量的变化开始瓦解传统的由种植园主统治的社会模式。第一次世界大战后国际市场糖价下跌，殖民地糖业生产的重要性也大大降低。随着印度契约劳工的到来，水稻种植业迅速发展；1917 年铝土采掘业兴起并很快成为英属圭亚那经济的支柱之一。然而在政治方面，英国人自 1803 年夺取圭亚那并继承了荷兰人的一个繁琐复杂的宪法结构后，除了 1891 年对宪法进行了适当改革予以简化外，此后 30 多年的时间中再没有做过重大改动。政策院和联合院一直是统治圭亚那殖民地的立法和行政机构。另外，由于 19 世纪下半叶和 20 世纪初的经济发展，殖民地逐渐形成一个新兴的政治中坚集团，其中主要包括由黑人选民选出的有色种人和黑人专业人员以及葡萄牙商人、印度契约劳工等。他们对种植园主继续主宰殖民地的局面表示普遍不满，他们的当选代表与政府在财政问题上也发生一系列冲突，殖民地预算出现不平衡，并且负债累累。但是，当选代表们的批评主要是继续针对宪法本身，认为它缺乏活力和过于繁琐。他们还不断要求在政府中拥有较大的权力。

1927 年由英国负责殖民地事务的国务大臣任命的一个委员

会经过实地调查，提出了一份报告，要求对英属圭亚那进行宪法改革并建议采取必要措施促进其经济发展。后经议会同意，英国殖民部采取直接行动，对宪法再次进行重大改革。1928年为英属圭亚那制定一部新宪法。根据新宪法，英国政府撤销了政策院和联合院，代之以一院制立法议会。总督除了能够控制当选委员的票数外，还拥有在制定法律时否决议会意见的权力。圭亚那从此完全变成一个由殖民部任命的总督严密控制的英国皇家殖民地，圭亚那当地人参政的机会实际上减少了。当然，两名当选立法委员会成员成为执行委员会成员，参与治理国事，自然还是一件得人心的举措。这次改革产生的政纲成为其后25年中英国统治圭亚那事务的权力结构的象征。

鉴于殖民地人民的不断斗争，1938年英国政府任命的以莫因为首的皇家委员会（The Royal Commission，亦称莫因委员会 Moyne Commission）提出一份关于殖民地发展和福利的报告，认为英属加勒比殖民地的人民应该在政府组成和管理他们的领土方面发挥较大作用，选举权应该扩大；要求宪法在多方面进行改革，以稳定英属加勒比殖民地的政治局势。1943年和1945年殖民当局对英属圭亚那宪法进一步实行了改革，适当地扩大了殖民地公民权。

但宪法改革步伐最大的莫过于1953年的一次。第二次世界大战后，加勒比殖民地民族独立运动风起云涌，反对殖民主义统治的斗争日益高涨。在此种形势下，英国当局于1953年为圭亚那实施一部新的殖民地宪法，又称沃丁顿宪法（The Waddington Constitution），系根据 E. J. 沃丁顿为首的委员会在圭亚那实地调查后提出的建议所制定。根据新宪法，英属圭亚那建立两院制立法议会和实行内阁制（Ministerial System），4月份进行了第一次没有财产资格限制的全民普选，政府中除国防、外交和内部治安仍由总督掌握之外，其他职位皆由当地人担任。然而，英国政府为阻挠英属圭亚那人民的独立运动，曾寻找各种借口阻挠宪法的实施，甚至一度中止宪法，解散议会，派兵登陆，实行紧急状态法等，但事实证明都是徒劳的。

（三）英国人殖民统治时期的经济状况

1. 20 世纪之前的经济状况

单一的甘蔗园经济的形成 英国占领圭亚那后，继续贩入黑人奴隶，大力发展甘蔗种植园经济。19 世纪开始时，圭亚那殖民地甘蔗种植园达 200 多个，嗣后经过合并再合并，种植园数目逐渐减少，规模不断扩大，劳动力仍然依靠外来移民和黑人奴隶。英国移民携带资金和奴隶继续由西印度群岛土地肥力耗尽的地区大量迁入。1811 年伯比斯地区的奴隶数量达 25169 人，为其历史最高纪录。1812 年圭亚那整个殖民地的黑人奴隶总数达到 10 万人，1817 年增至 101712 人，至 1830 年奴隶制高峰时期，黑人奴隶数量远远超过 10 万人。随后，奴隶数字开始下降，至 1834 年即奴隶解放前夕为 85000 人。

英国人统治初期即 19 世纪头 20 年，被英国的圭亚那历史学家亨利·多尔顿称之为殖民地的"黄金时代"[①]。蔗糖工业曾迅速发展，1805 年英国人种植园引进蒸汽机榨糖技术后，生产效率进一步提高。至 1810 年时圭亚那殖民地已成为世界上主要的蔗糖出口地区。据史载，1810 年德梅拉拉生产 920 万磅蔗糖，至 1824 年时产量达到 3490 万磅；埃塞奎博同期蔗糖产量分别为 1330 万磅和 3440 万磅。另外，由于土壤肥力耗尽等原因，西印度群岛的其他英属殖民地特别是牙买加等主要产糖地区的蔗糖产

---

① Vere T. Daly, *The Making of Guyana*, Macmillan Education Limited, London, 1979, p. 128. Vere T. Daly, *A Short History of The Guyanese People*, Macmillan Education Limited, London, 1978, p. 126. Colin Baber and Others, *Guyana Politics, Economics and Society*, Frances Pinter (Publishers), London, 1986, p. 10. William B. Mitchell and Others, *Area Handbook for Guyana*, U.S. Government Printing Office, 1969, p. 34.

量都出现下降的趋势。但与此形成鲜明对照的是，英属圭亚那沿海地区土壤肥沃，生产成本低，蔗糖产量继续上升。19世纪上半叶糖业生产中一项最重要的技术发明是制糖厂的真空平锅，它不仅提高了蔗糖质量而且也提高了蔗糖产量。1833年弗雷德-恩-霍普种植园率先引进使用此技术，而后普及其他种植园。在1812～1833年，殖民地蔗糖产量增加2倍以上，仅德梅拉拉一地的蔗糖产量即从11400吨升至36800吨。德梅拉拉的经济发展还反映在斯塔布罗克镇的人口增长上，1789年它仅有780人，至1807年猛增为8500人。据报道，1814年圭亚那殖民地共出口蔗糖3200万阿姆斯特丹磅、咖啡900万阿姆斯特丹磅和棉花700万阿姆斯特丹磅。德梅拉拉和伯比斯殖民地在19世纪20年代继续处于繁荣时期，1815～1833年蔗糖产量增加2.5倍。蔗糖在英属圭亚那经济中已占据一个不容挑战的重要地位。

从19世纪开始，由于美国南部棉花以及牙买加、锡兰等地咖啡生产的快速发展、市场价格下跌，特别是拿破仑的大陆体系以及英国拒不允许西印度殖民地向美国出口咖啡等政策的影响，英属圭亚那同类产品缺乏竞争力，生产受到影响，实际上从1802年开始就已出现衰退趋势。1810年后棉花产量锐减，咖啡生产大幅下降。圭亚那殖民地的咖啡产量由1812年的3850吨跌至1833年的2150吨。[1] 另外，德梅拉拉的棉花和咖啡产量分别由1810年的580万磅和1920万磅下降到1824年的190万磅和470万磅，埃塞奎博的棉花和咖啡的同期产量也分别由130万磅和230万磅下降到20万磅和30万磅。[2] 由于棉花和咖啡生产下跌，原来一些棉花和咖啡种植园逐渐转向甘蔗种植。于是，蔗糖

---

[1] William B. Mitchell and Others, *Area Handbook for Guyana*, U. S. Government Printing Office, 1969, p. 34.

[2] Vere T. Daly, *A Short History of The Guyanese People*, Macmillan Education Limited, London, 1978, p. 115.

成为英属圭亚那经济中居统治地位的大宗产品。英属圭亚那经济的发展日益依靠蔗糖生产，并逐渐形成了单一的蔗糖经济模式。

黑人奴隶是建立甘蔗园经济的主要劳动力 在英国人民及殖民地人民的不断反对下，19 世纪初约有一半以上的英国奴隶贸易被取消。导致取消奴隶贸易的另一因素是欧洲战争，当时市场大部分对英国关闭，英国殖民地蔗糖生产过剩，对劳动力的需求量暂时减少。德梅拉拉 1805 年实际上已取消奴隶贸易，比英国正式取消奴隶贸易早两年。1807 年英国正式废除所有海外殖民地的奴隶贸易时实际上没有遇到多大的反对。英属圭亚那名义上取消了奴隶贸易，但实际上贩卖奴隶的活动并未完全停止。随后，在反奴人士和组织的不断努力下，经过黑人奴隶的坚持斗争，英国议会于 1833 年 8 月通过废除英属圭亚那等海外殖民地奴隶制的法案，1834 年 8 月 1 日法案生效。英属圭亚那大批奴隶经过了半奴隶式的 4 年见习期后（较法案规定的期限提前 2年），终于 1838 年成为自由人。种植园主因废除奴隶制均得到了相应的丰厚赔偿，仅德梅拉拉和伯比斯的种植园主就为其失去的84915 名奴隶获得 2150 万美元的赔偿费。但不公平的是，奴隶并没有为其劳动得到任何补偿。

黑人奴隶获得解放后，有的人利用见习期间额外劳动积攒的收入结伙或个人购买荒废的种植园，掀起一个"建立乡村运动"，历时十余年。例如，1839 年一些人合作购买了种植园主放弃种植的棉花地产"诺斯布鲁克"（Northbrook），建起第一个黑人村庄，将其更名为"维多利亚"（意在感谢英国女王的恩泽，黑人奴隶误以为是女王解放了他们）；个人购买土地建立的第一个乡村社区是埃塞奎博的"昆斯顿"（Queenstown）。1848 年时乡村运动达到高峰，建立乡村 100 多个，有农家院落约 10541个。大约有 44000 黑人生活在上述乡村中，其中维多利亚村庄的黑人达到 2370 人。留在甘蔗种植园的黑人不足 20000 人。后因

黑人缺乏资金和管理经验等原因,乡村运动至1850年时遂告结束。自1850年后大量黑人逐渐脱离农村迁往城镇谋生,成为工、矿、教育、贸易、民用服务等行业的重要成员。

据报道,奴隶获得解放后给英属圭亚那的种植业造成巨大影响,蔗糖生产首当其冲。由于多数黑人离开种植园另谋生计,种植园普遍出现劳动力短缺现象。1838年奴隶获得解放时,英属圭亚那尚在经营中的甘蔗等种植园有308个。但在1838~1853年的15年中有175个种植园因劳动力不足而易主,同期有135个甘蔗种植园被废弃。另外被废弃的至少还有35个咖啡种植园和18个棉花种植园。甘蔗种植园减少的现象一直延续到19世纪末。减少的另一个重要原因是合并,1853~1884年间大型甘蔗种植园由173个减至105个。1884年和1894年糖价暴跌使得糖业雪上加霜,至1904年时,经营中的大型甘蔗种植园降至46个。[①]据1850年一个委员会估计,大约47000个工人离开了种植园,种植园能得到的劳动力仅39000人。由于种植园劳动力严重短缺,1839~1842年农业生产下降60%,蔗糖等作物产量严重下跌。至1843年即奴隶解放10年后,甘蔗种植园由230个减少到180个,蔗糖产量直到19世纪70年代初都没有恢复到废除奴隶制之前的水平,174个棉花和咖啡种植园中仅有16个还在运转之中,到1845年时英属圭亚那不再有棉花出口。1839~1846年101个甘蔗种植园被按照法院决议用以偿还债务。[②]

契约劳工的到来 面对上述局势,种植园主谋求建立一种契约劳工制度,通过引进合同移民补充劳动力。移民工作初由私人

---

① Chaitram Singh, *Guyana Politics in a Plantation Society*, Praeger Publishers, New York, 1988, p. 6.

② William and Others, *Area Handbook for Guyana*, U. S. Government Printing Office, Washington, D. C. 1969, p. 36. Encyclopaedia Britannic, Vol. 10, Encyclopaedia Britannic Inc. Chicago, 1964, p. 1005.

组织，后至 1841 年由政府负责。有些人预见到奴隶解放会造成劳动力短缺问题，故在 1838 年之前就已开始引进契约劳工。1835～1839 年间有少量的英格兰人、爱尔兰人、德国人作为契约劳工进入英属圭亚那，契约期限一般为 5 年。但引进欧洲人做契约劳工的办法并不成功，因为欧洲人不适应热带环境，绝大多数人成为热带疾病和酗酒的牺牲品，其余的人则离开种植园转向较为赚钱的行业。殖民当局与此同时只好另辟劳动力来源，于是从 19 世纪 30 年代中期开始，从马德拉群岛、亚速尔群岛、佛得角群岛、西印度群岛、印度、中国、马耳他、非洲等地引进大量契约劳工。契约劳工制一直延至 1917 年，即印度政府废除契约劳工制、不再允许印度劳工前往圭亚那后才告结束。但整个殖民地引进契约劳工的活动则一直存在到 19 世纪 20 年代。1920 年 4 月印度政府最终取消在英属圭亚那的所有契约劳工合同。然而，1928 年之前西印度群岛仍有契约劳工进入英属圭亚那。史载，从 1835～1917 年英属圭亚那引进契约劳工达 340972 人，其中主要为印度人（1838～1917 年共引进 238960 人）、葡萄牙人（1835～1882 年共引进 31628 人）、中国人（1853～1912 年共引进 14189 人）、非洲人（1838～1865 年共引进 13355 人）、西印度群岛合同移民（1835～1928 年共引进 42562 人）等。[①]

　　契约劳工对圭亚那的甘蔗种植园经济的发展作出了巨大贡献。特别是印度契约劳工人多势众，成为甘蔗种植园劳动力的骨干。与此同时，契约劳工的到来使英属圭亚那社会变成了多种族、多

---

① 〔英〕雷蒙德·T. 史密斯：《英属圭亚那》，吉林人民出版社，1974，第 77 页。Colin Baber and Others, *Guyana Politics*, *Economics and Society*, Frances Pinter（Publishers），London，1986，p. 13. Chaitram Singh, *Guyana Politics in a Plantation Society*, Praeger Publishers, New York, 1988, p. 9. Kemp R. Hope, *Guyana*: *Politics And Development In An Emergent Socialist State*, Mosaic Press, Oakville, 1985, p. 19.

民族的集合体。然而，契约劳工与历史上的黑人奴隶在待遇上并无两样，实际上是契约奴隶，其地位和处境同样是极其悲惨和恶劣的。许多人未到契约期满便客死他乡。绝大多数幸存者在契约期满后，无力返回故里，只好留在当地谋生。据报道，留在圭亚那的葡萄牙人和中国人多数从事城乡零售贸易和服务业。19世纪50年代葡萄牙人在乔治敦296家有照经营的商店中占173家，在第二大城镇新阿姆斯特丹以及农村地区也居突出地位。非洲人多数前往城镇寻找工作，采矿业和林业从黑人中吸收了大量劳动力。印度人绝大部分留在农村继续务农，少部分人进入城市从事文教、卫生、法律等工作。圭亚那水稻种植业在奴隶制时代就已兴起，1884～1888年种植面积大约为1000多公顷。印度人在原籍擅长种植水稻，留居圭亚那后，许多人重操旧业。印度人开始种植水稻大约是在1893年，由于印度人的参与，圭亚那的水稻种植业得以迅速发展。

19世纪后半叶，英属圭亚那对内地资源的开发进一步加强，木材工业得到了巩固，至1880年时，乔治敦和沿德梅拉拉河上行不远处已有3座蒸汽机锯木厂。1881年的人口调查表明，从事伐木、锯木、烧炭等行业的相关人员达3000多人。19世纪50年代英属圭亚那硬木绿心木开始出口，并成为英国码头和运河建设的重要原材料。布格尔公司（Bugle & Co.）是19世纪80年代末英属圭亚那最大的唯一经营木材的康采恩。作为电线的最佳原材料，英属圭亚那巴拉塔胶原来全部依赖海外市场，但从1860年开始自产。产量虽然不高，但作为一种产业一直生存下来，1884年产量为47295磅，至1887年上升到80942磅，1888年产量提高2倍，达到248484磅（1磅＝0.45公斤），1902年产量为540800磅，达到历史上最高峰。黄金采掘业最早始于18世纪中期，当时黑人奴隶和波韦安德人（Bovianders，即黑人和印第安人的混血）在荷兰人的指导下进行黄金开采。但后来由于种植业向沿海转移以及争夺劳动力等方面的原因，黄金采掘活动完全停止。1863 年和 1864 年当地的小辛迪加在马扎鲁尼河地区进行黄金采掘。最早的采矿人之一是乔治敦的一位名叫 B. V. 亚伯拉罕（B. V. Abraham）的珠宝商，他坚信内地蕴藏着大量可供商业性开采的金矿。1879 年英属圭亚那西北地区发现黄金并兴起采金业。1882~1887 年黄金出口量由 40 盎司（1 盎司 = 28.35 克）增加到 11906 盎司，主要采掘地在埃塞奎博、马扎鲁尼和库尤尼河地区。19 世纪 90 年代采金业繁荣起来，甚至帮助英属圭亚那度过了一段困难时期。1891~1893 年间的任何一年中往返黄金产地的人至少都有 1 万人，1893 年黄金产量创 19 世纪最高纪录，达到 137629 盎司。据 1896 年的报告估计，受雇于各种采金特许区的人员多达 1.1 万~1.2 万人，黄金年产量为 126107 盎司。与此同时，在马扎鲁尼等地区发现金刚石，采掘活动很快发展起来，成为颇有吸引力的行业。据 1901 年 10 月总督的估计，该殖民地可能有 5 万人直接和间接地以采掘黄金和金刚石活动为生计。①

　　大量的契约劳工的到来为英属圭亚那的经济注入了活力。蔗糖经济的发展导致了制糖工业的合并与集中。在英属圭亚那经济发展中有两大公司最有影响，即布克兄弟公司和约翰·麦克康奈尔公司（Booker Brothers and John McConnell and Company）。布克兄弟公司原本开始于年仅 22 岁的英国兰开夏郡的一位年轻商人乔赛亚斯·布克（Josias Booker）之手。1815 年他决定和其兄弟们到英属圭亚那种植甘蔗谋求好运。结果，由于甘蔗种植导致一系列相关企业的产生与发展。不久，他们便卷入朗姆酒、店务管

---

① Walter Rodney, *A History of the Guyanese Working People*, *1881 - 1905*, The Johns Hopkins University Press, Baltimore, 1981, pp. 92 - 98. Thomas J. Spinner, (Jr.), *A Political and Social History of Guyana*, *1945 - 1983*, Westview Press, Inc. Boulder, 1984, p. 9. Chaitram Singh, *Guyana Politics in a Plantation Society*, Praeger Publishers, New York, 1988, p. 6.

理、沿海航运、木材、巴拉塔胶、养牛业等各行各业。布克和麦克康奈尔两大公司为避免其他各大公司在奴隶解放后所经历的财政困难，于是在19世纪60、70年代将公司的经营活动集中在蔗糖的商贸方面，而不再局限于甘蔗种植园的所有制上。所以，它们能够利用1884年经济危机后的困难形势建立自己在蔗糖工业中的统帅地位。1900年两大公司合并为一个法人实体，即布克兄弟·麦克康奈尔股份有限公司（Booker Brathers McConnell and Company Limited），后来通常称作布克公司，实际上垄断了蔗糖工业。①

2. 20世纪圭亚那独立前（1966年）的经济状况

垄断资本布克公司的发展　进入20世纪后，英国人继续以蔗糖生产为主要经济活动。与此同时，采矿、林业、制造等其他经济部门也有所发展，特别是铝土采矿业的兴起对整个殖民地经济的发展起了重要作用。但由于英国的殖民统治，圭亚那经济结构仍然比较单一，经济发展严重依赖于农、矿初级产品的生产、加工与出口，生产设备和一些日常生活用品等均靠进口。1959年在出口总额为约1亿多美元的收入中，蔗糖占47.7%，大米等粮食占13.6%，铝土等矿石占24.8%，木材占3.5%，仅此4项农、矿产品合计即占出口总额的89.6%。与此形成鲜明对照的是，当年进口的食品、饮料、茶叶、制成品和机器等总值达5535万美元，相当于出口收入的一半。②

随着蔗糖生产的发展和种植园不断合并，外资公司的势力日益扩大，特别是布克公司在英属圭亚那种植园经济中的统治地位进一步加强。1929年殖民地共有230个甘蔗种植园，它们为数

---

① 〔英〕雷蒙德·T. 史密斯：《英属圭亚那》，吉林人民出版社，1974，第101页、第103～106页。

② 〔英〕雷蒙德·T. 史密斯：《英属圭亚那》，吉林人民出版社，1974，第101页。

目大致相同的业主们所拥有，年产蔗糖大约 5 万吨。至 1949 年时减至 19 个甘蔗种植园，其中只有一个是独立的，其余的 18 个（含 11 个榨糖厂）均为布克和桑德贝奇·帕克（Sandbach Parker & Co.）两大外资公司所拥有，布克公司则拥有其中 14 个种植园和 8 个榨糖厂。[①] 至 20 世纪 50 年代，英属圭亚那的甘蔗种植面积已发展到 24000 多公顷，1953 年蔗糖产量为 24 万吨。在 19 个甘蔗种植园中布克公司拥有 15 个。1957 年甘蔗种植面积增至 32823 公顷，受雇于蔗糖工业的劳动力大约 2.5 万人，年产蔗糖 28.5 万吨。1958 年蔗糖产量达到 30.64 吨，1960 年猛增至 35 万吨。圭亚那独立后的第二年即 1967 年全国甘蔗种植园减至 18 个，布克公司仍控制着其中的 15 个。60 年代末 70 年代初，圭亚那共有 13 个大型甘蔗种植园，占地面积为 43834 公顷，经营 11 家榨糖厂。布克公司则拥有 13 个甘蔗种植园中的 11 个，每年的甘蔗产量占整个圭亚那甘蔗总产量的 94%。另外两个甘蔗种植园为利物浦德梅拉拉公司（The Demerara Company of Liverpool）所拥有。

如前所述，布克公司的势力和影响不仅仅局限于蔗糖工业，而且还扩展到英属圭亚那其他几乎所有的经济部门。布克公司管理着一个批发和零售商品网，销售从杂货到汽车等各种各样的商品。它还经营着英属圭亚那最大的出租汽车公司，同时进入了制造业和药品、医疗器械箱子销售业等。此外，布克公司还生产和销售朗姆酒、饲料、巴拉塔胶、木材和石油产品，并从事出版、广告、房地产、保险和养牛场等业务，它甚至还有自己的航运服务公司等。至 70 年代中期国有化之前，布克公司控制了 80% 的糖业生产和 40% 的出口贸易。由于布克公司在英属圭亚那经济中

---

① 〔英〕雷蒙德·T. 史密斯：《英属圭亚那》，吉林人民出版社，1974，第 103～106 页。

的显赫地位，影响巨大，以至于人们觉得该公司真正拥有圭亚那，故在提及英属圭亚那时常常称之为"布克圭亚那"（Bookers' Guiana）。另外，布克公司的权力和影响还渗透政治领域，成为英国人统治圭亚那的象征。在它存在的一个多世纪里，攫取了圭亚那巨额财富，留给当地各族人民的是贫穷、落后和深重的灾难。

甘蔗种植园减少的原因除了废弃、合并之外，另一个原因是转产种植水稻。从黑人在圭亚那种植水稻算起，至 20 世纪 60 年代大约已有 200 年的历史。最初水稻生产规模较小，不能满足当地需求，1884～1888 年英属圭亚那平均每年进口大米 19411 吨。印度人的到来使水稻种植业成为一种重要的经济活动，种植面积迅猛增加。英属圭亚那从 1906 年即开始出口大米，1908 年时实际上结束大米进口的历史，至 1914 时英属圭亚那赢得"加勒比米饭碗"之雅称。1917 年水稻种植面积由 1908 年的 12038 公顷扩大到 25730 公顷，大米自给有余，尚出口 14515.2 吨。50 年代中期从事水稻种植的人员约有 2.5 万，年产量在 7 万吨左右。1953 年水稻种植面积为 4.6 万公顷，产量为 7.5 万吨。水稻种植也有大型农场，但基本上仍是一种小农经济活动。1954 年英属圭亚那有稻米农场近 2.7 万个，其中 13 公顷以上的农场仅 274 个，占农场总数的 1.1%。3 公顷以下的农场为 22505 个，占农场总数的 83.1%。1957 年水稻种植面积发展到 55440 多公顷，年产大米 7.9 万吨。1960 年水稻种植面积增至 8.9 万多公顷，大米产量增至 12.6 万吨。英属圭亚那碾米厂规模也较小，1959～1965 年间开工的碾米厂一直保持在 208 家。1964～1965 年间水稻种植面积增至 127474 公顷，产量为 263084 吨。与此同时，人们开始注意发展多种粮食作物和改进耕作技术。许多农民把种植根茎作物、水果、蔬菜等当做副业，农产品主要是供当地消费。1959 年，作为第二大农作物的椰子种植面积达到 13759

公顷，椰子果实在当地加工制成食油、肥皂、人造奶油、合成猪油等。此外，英属圭亚那还试种一些可可和棉花等可供出口的农作物。畜牧业、养殖业也有所发展。

铝土工业的兴起 英国殖民统治期间，美国、加拿大等外国公司势力也相继侵入，主要控制了英属圭亚那的采矿、制造等行业。1910 年英属圭亚那的铝土矿首先得到美国地质勘察部的验证。当时由梅隆家族（The Mellon Family）和阿瑟·维宁·戴维（Arthur Vining Davis）经营的美国铝公司（Aluminum Company of America）决定抢先开发这一新的铝资源，遂安排一位名叫乔治·B. 马更些（George B. MacKenzie）的美籍苏格兰人负责此项业务。马更些悄然前往英属圭亚那，在距乔治敦 113 公里的德梅拉拉河中游和后来被命名为"马更些"的地区低价购买一片矿区。1914 年美国铝公司创办了德梅拉拉铝土公司（Demerara Bauxite Company，简称 Demba 登巴），作为它的加拿大公司即北方铝公司（Northern Aluminium）的子公司，进行铝土采掘活动。1922 年英属圭亚那开始出口铝土，而且在之后的许多年中（至 1952 年）一直是世界上仅次于苏里南的第二大铝土生产国。1926 年美国铝公司组建一个新的加拿大公司即铝有限公司（Aluminium Ltd.）。新公司常被人们称作加拿大铝公司（The Aluminium Company of Canada），其实 1966 年才正式改为此名。它拥有美国铝公司在美国境外的绝大多数的财产，当然包括登巴。当时，英属圭亚那没有炼铝厂，大部分铝土只能以原始矿砂形式出口到加拿大和美国进行冶炼。一小部分在当地进行加工，制成干燥级铝土、烧结级铝土、化学级铝土或氧化铝等初级产品。1953 年美国雷诺兹金属公司（The Reynolds Metals Company of the United States）在英属圭亚那创建以伯比斯河中游夸夸尼为中心的子公司——雷诺兹铝土公司（The Reynolds Bauxite Company），也从事铝土采掘活动。该公司虽小，但能量极大，从建立到 1963 年是不交纳所得税的（共约 350 万美元）。20 世纪 50 年代由于牙买加铝土工业的兴起，英属圭亚那铝土生产退居世界第三位。至 1960 年时，苏联成为铝土生产大国，圭亚那的铝土生产排位世界第 4 名。① 从此，登巴和雷诺兹垄断了英属圭亚那的铝土工业。登巴生产规模较大，总部设在马更些镇，矿区主要在马更些周围以及马更些东南 56 公里处的伊图尼。铝土产量占殖民地铝土总产量的 85%～90%。雷诺兹铝土公司规模较小，总厂设在伯比斯河口处的埃弗顿，铝土产量占殖民地铝土总产量的 15%～10%。1957 年英属圭亚那铝土总产量为 220 多万吨。后因工人罢工铝土产量下降，1959 年仅为 167.44 万吨，1964 年铝土总产量回升为 215 万吨。② 1966 年即圭亚那独立那一年，全国铝土产量超过 300 万吨，较上一年增加 14%。当年采矿业（主要是铝土和氧化铝）产值在圭亚那国民生产总值中所占比重由 1960 年的 11% 上升到 19%。

黄金和金刚石的采掘活动使用的是传统的手工操作或吸扬式挖泥船，矿区都在中西部河流上游高山峡谷地区。从 1850～1967 年，估计采得黄金 400 万盎司。20 世纪 60 年代中期大部分的地表层金矿都已关闭，1965 年产量降至 2007 盎司的低点，价值为 13.3 万美元。金刚石自 1887 年发现以来至 20 世纪 60 年代中期，总产量估计为 350 万克拉（1 克拉 = 15.55 克）。1966 年生产金刚石 9200 克拉，出口金刚石创汇 500 万美元，低于 1965 年的 560 万美元的收入。另外，1960 年美国联合碳化物公司（Union Carbide Corporation）在英属圭亚那创办西北圭亚那矿业

---

① Thomas J. Spinner, Jr. *A Political and Social History of Guyana, 1945 - 83*, Westview Press, Boulder, 1984, p. 70, pp. 137 - 138.

② 〔圭〕莱斯利·P. 卡明斯：《圭亚那地理》，湖北人民出版社，1977，第 30 页。William B. Mitchell and Others, *Area Handbook for Guyana*, U. S. Government Printing Office, Washington, D. C. 1969, p. 19, p. 41, p. 251.

公司（Northwest Guyana Mining Company），以巴里马河附近的马休斯岭（Matthews Ridge）为中心开始采掘锰矿。锰矿业很快发展成为第二大矿业。锰矿区为露天型，距委内瑞拉边界不足 50 公里，雇佣人员大约 600 名。1962 年锰矿石产量为 27.1 万吨，之后产量下降，1964 年和 1966 年分别为 13.6 万吨和 19.4 万吨。1966 年产值达到 1200 万圭元（圭亚那货币圭亚那元的简称），1967 年产值有所增加。所采矿石由铁路运至附近凯图马港，再由船舶经特立尼达岛运往美国和挪威等地。由于市场原因，1968 年末锰矿采矿业中断。

第三节　圭亚那反抗殖民统治的斗争

哪里有压迫和剥削，哪里就有反抗和斗争。自从欧洲殖民者入侵和统治圭亚那以来，圭亚那人民为了独立和自由进行了前仆后继、顽强不屈的斗争。他们在历尽千难万苦的漫长岁月之后，终于在 1966 年 5 月 26 日粉碎了英国的殖民统治枷锁，取得了国家独立。

一　黑人奴隶的反抗和斗争

（一）黑人奴隶早期的反抗和斗争

最早反抗欧洲殖民者入侵的是土著印第安人。在殖民者先进的武器装备面前，仅靠弓箭、石器的印第安人自然不是对手。因此，大批印第安人被屠杀，幸存者绝大多数逃往内地草原和丛林地区谋生，并相机袭扰欧洲殖民者。自 17 世纪中期开始，大批黑人奴隶被贩入圭亚那，成为当地人口的绝对多数和主要劳动力。例如，1762 年伯比斯殖民地人口为 4423 人，其中欧洲白人 346 人、印第安人奴隶 244 人、黑人奴隶 3833 人。黑人奴隶不甘心于殖民者的残酷压迫和剥削，进行了各种各样的

反抗和斗争，在一定程度上打击了欧洲人的殖民统治，也在一定程度上维护了自身的正当权益。

在黑人奴隶的斗争中最简单的方式是逃跑到丛林中躲藏起来，在那里安营扎寨，远离奴隶主。当时有大批的逃跑奴隶生活在埃塞奎博河和德梅拉拉河流域的丛林中，被人们称之为"丛林黑人"。他们在林中辟出空地盖起茅草房屋，建起村落，种植水稻、薯类、大蕉、蔬菜等。有的丛林黑人还选择有利时机袭扰附近的种植园，使殖民者不得安宁。丛林中生活自然很艰苦，但是自由。有记载的大规模奴隶暴动总数在 6 次以上。首批黑人奴隶暴动中很重要的一次是发生在 1730 年。当时埃塞奎博地区马扎鲁尼河附近的一个种植种园奴隶举行暴动，杀死 4 名欧洲殖民者。暴动最后失败，6 名奴隶遭杀害，其中 1 名是被用文火慢慢烧死的。另据史载，在圭亚那早期历史上最成功的一次黑人奴隶暴动发生在 1741 年。当时，一些被派往库尤尼河附近矿场劳动的黑人奴隶因不满殖民者的虐待举行暴动，而后纷纷逃离矿场到附近的一个岛上躲藏起来，并且挫败了殖民者所有将他们逐出该岛的企图。最终殖民地总监赫拉弗桑德不得不与其"平等谈判"，答应他们返回原地做某些服务之后成为自由人。该岛因此次黑人奴隶暴动，随后被人们称作"克里奥尔人岛"。"克里奥尔人"是当地对土生黑人奴隶的称呼。

另据史载，伯比斯殖民地在对黑人奴隶管理方面手段尤其残酷，故黑人奴隶斗争不断，反抗亦烈。1732 年"伯比斯殖民地所有者协会"被授权管理该殖民地后，种植园主虐待黑人奴隶变本加厉。1733 年和 1734 年伯比斯发生多起小规模的奴隶起义，反对白人殖民者的残酷统治。白人因此惶惶不可终日，加上物资供应短缺，1751 年和 1752 年殖民地又发生多起部分士兵叛乱事件，使局势更加动荡不安。1762 年伯比斯有一个种植园发生黑人奴隶暴动，另有三个种植园计划暴动因事先被发觉未举行。以上所有事件被认为是随后大规模奴隶起义的背景和前奏。

（二）伯比斯奴隶大起义

圭亚那历史上影响最大最为著名的一次黑人奴隶起义是 1763 年 2 月 23 日科菲（Coffy 或 Cuffy）领导的伯比斯奴隶起义。黑人奴隶首先在坎吉河畔马格达莱南堡种植园（Plantation Magdalenenburg）举事。他们杀死监工，缴获武器，烧毁房屋等，并且很快夺取了坎吉河地区所有种植园。一周之后起义队伍向伯比斯河进发，首先攻打那些对待奴隶最为残忍的种植园。颇有恶名的皮尔布姆种植园（Plantation Peerboom）很快被攻克，随之殖民地首府拿骚要塞也告急。殖民当局无力抵抗，总督沃尔弗特·西蒙·范霍根海姆（Wolfert Simon van Hoogenheim）遂率众弃城而逃，沿河直下奔往殖民地最后一个种植园达格拉德（Plantation Dageraad）。然而，在起义奴隶的猛烈攻击下，当局连最后一个种植园也无法守住，总督等人不得不再次出逃，到伯比斯河口的安德烈斯哨所等待援军。参加起义的奴隶最后达到 3000 多人，缴获 400 多支步枪和大批弹药，还拥有短剑和其他武器。他们攻下一个又一个种植园，杀死经理和工头，建立奴隶政权，科菲出任伯比斯总督。后来，由于荷兰殖民当局从埃塞奎博、德梅拉拉、苏里南、加勒比圣尤斯特歇斯岛以及荷兰国内调来大批援军，加上起义奴隶领导层发生争权斗争和在战略上出现分歧，起义队伍内部不团结和滋长享乐情绪等原因，至 1764 年 3、4 月份黑人奴隶起义最后被镇压下去。在此期间，起义奴隶控制了几乎整个伯比斯地区将近一年之久，沉重打击了荷兰的殖民统治。伯比斯殖民地几近毁灭，有半数白人死于同奴隶的直接冲突或因冲突造成的缺粮、缺水、缺药等恶劣环境中。总督沃尔弗特·西蒙·范霍根海姆（Wolfert Simon van Hoogenheim）因惊恐和劳累最后也病魔缠身，35 岁的人变得像一个小老头儿。在

"他度过了最坏的时刻并已完成其艰巨任务之后"不得不提出辞呈。伯比斯奴隶起义虽然失败了，但给人们留下了一笔宝贵的精神财富。它使人们从中吸取经验教训，同时鼓舞人们为独立和自由继续斗争。圭亚那独立后，科菲被命名为民族英雄并有塑像矗立在首都中心广场上供后人瞻仰。

18世纪后半叶，英国反对奴隶制运动进一步发展，以福音派新教会信徒威廉·威尔伯福斯（William Wilberforce）等为代表，要求废除奴隶贸易等。英国统治圭亚那后，伦敦布道会的传教士纷纷前往奴隶中间进行活动，一方面宣传自由平等权利，另一方面宣传服从原则，不采取暴力等。1807年尽管英国取消了奴隶贸易，但是，黑人奴隶的境遇并未发生根本变化。1822年英国反奴人士进一步要求政府立即改善奴隶的生活条件，并采取步骤最终废除奴隶制。1823年3月英国成立反对奴隶制协会，著名废奴主义者托马斯·福埃尔·巴克斯顿5月15日向议会提出议案，要求消除各种障碍最终解放黑人奴隶。议会通过了上述提案。英国政府无可奈何，试图通过对殖民地采取一些改良政策，缓和国内的反奴情绪，于6、7月间向各殖民地发出训令，指示当地立法机关采取同样行动，诸如改善奴隶的处境、工作日限制为9小时、取消对妇女奴隶的鞭笞惩罚等。德梅拉拉政策院在7、8月间两次讨论政府的训令，但未做出任何正式声明。黑人奴隶从奴隶主的谈话中、报纸等出版物上和从来自英国的水手那里得知英国议会5月的辩论情况以及训令抵达当地的情况，但迟迟看不到殖民当局的实际行动，自然心中不满。特别是当听到传闻，说英国国王已批准奴隶获得自由，只是当地总督和种植园主们从中作梗而不予以执行时，他们更是怒火中烧，遂决定采取行动维护自己的权利。

（三）德梅拉拉奴隶大起义

1823年8月17日，一些黑人奴隶在德梅拉拉东海岸的苏克塞斯种植园（Plantation Success）集会，计划组织一场总起义。伦敦布道团的牧师约翰·史密斯（John Smith）得知后从中进行劝阻。8月18日德梅拉拉东海岸奴隶起义爆发。起义首先从勒雷苏韦尼尔（Le Resouvenir）和苏克塞斯两个种植园开始。总督闻讯后立即通知海滨各种植园，并召集全区白人军队和民兵予以迎击。起义奴隶高喊"我们要自己的权利"等口号。总督要奴隶放下武器，起义奴隶坚决不答应并直冲总督而来，总督无能为力只好逃为上策。奴隶起义的领导人是担任史密斯牧师在勒雷苏韦尼尔种植园小教堂的副主祭夸米纳（Quamina）。此人受西方宗教影响颇深，一心希望成为一个好的基督教徒。在对白人的斗争方面他倾向于使用诸如罢工等非暴力行动，不主张出现流血事件。在他的影响下，奴隶们在起义过程中并没有采取大规模的暴力行动。另外，由于黑人奴隶基本上都已皈依基督教，他们也不想打破基督教的教规和失去自身的基督教的教徒形象。所以，整个起义行动比较温和，尤其是夸米纳及其儿子杰克·格拉德斯通（Jack Gladstone）在起义中似乎更是不想采取流血行动。因此，白人在使用武器还击和与黑人奴隶的激战中，只有少数人被打死。其他许多白人经理和监工等只是被铐上脚镣关了起来，身体并没有受到伤害，无生命危险。由于黑人奴隶的非暴力战略，白人殖民者、奴隶主更为猖狂，集中力量将起义奴隶限制在东海岸地区，进行残酷镇压。8月20日当局颁布戒严令，大约2000多名黑人奴隶与白人莱希（Leahy）上校率领的军队在巴彻勒斯·阿德文彻种植园（Plantation Bachelor's Adventure）进行了激烈的战斗。黑人奴隶尽管组织欠佳和武器装备处于劣势，但拒不投降，直至最后惨遭失败。夸米纳的儿子被俘和吊死，他本人也在战斗中被杀害，其他的黑人奴隶阵亡者不计其数，最保守的估计也有数百人。黑人奴隶起义历时一周后最终被镇压下去。接着，便是白人殖民者的疯狂报复，27位黑人奴隶被正式审判后死于

绞刑①，更多的人则是被白人军队和民兵所杀害。史载，德梅拉拉东海岸一带到处是奴隶的尸体，脚上带着铁镣、脑袋挂在长钉子上。②此次奴隶起义的失败，在很大程度上归因于领导人的基督教徒非暴力主义思想，教训不可谓不惨痛。但起义进一步激发了广大受压迫奴隶们的斗争精神，也进一步唤起了社会各界的反对奴隶制的行动，成为殖民地废除奴隶制的前奏。1825年殖民地政策院迫于各种压力，不得不通过法令改善奴隶的生活条件，如限制工作日为10小时，给予奴隶结婚权利、财产权利和赎身权利等。

（四）反对黑人奴隶见习期的斗争

由于殖民地人民的不断反抗以及英国人民反对奴隶贸易的斗争，英国议会于1833年8月1日通过一项废除奴隶制法案，法案于1834年8月1日生效。至此，整个圭亚那殖民地最终废除了奴隶制。但法案规定，获得解放的奴隶还需有一段见习期。家庭奴隶和田间奴隶的见习时间分别为4年和6年。见习期间他们仍需为原奴隶主劳动，在超过了规定的一定数量的基本劳动后，他们便应当得到报酬、住房、衣服和膳食。这种半奴隶制需要延至1838年8月1日或1840年8月1日。之后，奴隶们在法律上才能真正成为自由人。黑人奴隶强烈反对这种奴隶见习期制度。1834年8月初，埃塞奎博地区遂爆发了由戴蒙（Damon）领导的黑人奴隶的反抗运动，后遭总督詹姆斯·卡迈克尔·史密斯（James Carmichael Smith）下令残酷镇压。戴蒙被处以绞刑，另有30多名黑人遭逮捕、监禁和鞭笞等，但是黑人的斗争并未停

---

① Vere T. Daly, *A Short History of the Guyanese People*, Macmillan Education Limited, London, 1978, pp. 164 – 167. 〔英〕詹姆士·罗德韦：《英、荷、法属圭亚那》，吉林人民出版社，1974，第106~110页，等等。

② 〔英〕雷蒙德·T.史密斯：《英属圭亚那》，吉林人民出版社，1974，第63、64页。

止。由于黑人的不断反抗和斗争，英属圭亚那的奴隶见习期实际上至 1838 年 8 月即告结束。

二　第一次世界大战前后的劳工运动

（一）第一次世界大战前的劳工运动

废除奴隶制后，黑人摆脱了种植园主的控制成为自由人。但种植园主为了维护自身利益，不仅要千方百计地把黑人工人保留在身边，而且还要想方设法减少开支（降低工人的工资并取消其他的所有津贴等），致使工人的生活苦不堪言。19 世纪 40 年代黑人工人为反对种植园主降低工资等曾举行两次大型罢工。另外，在维护自己经济权益的同时，黑人还注意维护自己的政治权益。他们积极参与选举活动，要求对所有人实行免费和自由教育，等等，逐渐形成了一股新兴的政治力量。印度契约劳工等也积极通过经济斗争和政治斗争来维护自身的正当权益。尽管殖民当局法律规定契约劳工不准罢工，但在 1886～1889 年间发生了类似罢工的契约劳工骚乱事件多达 100 次，起因都与工资低和工作条件恶劣有关。

19 世纪末和 20 世纪初无论在城镇还是在农村，罢工、抗议活动不断增多，迫使当局作出一定的让步。1891 年宪法改革之前，黑人商人威廉·史密斯（William Smith）通过选举，成为第一个进入英属圭亚那立法机构的黑人。其他的重要政治变化还表现在地方政府的改革方面，如 1891 年第二号法令规定建立乡村议会，其中当局指定的人选不得超过议员总数的三分之一，此规定保证了多数人的选举权利；1896 年 D. M. 赫特森（D. M. Hutson）作为第一个高级律师，被任命为殖民地执行委员会的成员，成为该机构中第一个非种植园主有色种人。

第一次世界大战前，英属圭亚那罢工和劳工反抗斗争接连不断。1905 年乔治敦码头工人工作日 10 个半小时，而且超时工作

还不记在内，日工资仅 48 至 64 美分。工人们不堪忍受如此残酷的工作环境，开始举行一系列大罢工，并且得到 J. W. 戴维斯（J. W. Davis）、A. A. 索恩（A. A. Thorne）和罗勒赫尔博士（Dr. Rohlehr）等三位社区名望很高人士的支持。罢工很快波及乔治敦附近的种植园。警察奉命镇压，逮捕多人，另有多人死伤，结果引发更多民众的愤怒和抗议。1906～1916 年间，英属圭亚那种植园工人出于对工资状况和生活条件的广泛不满，也不断举行罢工活动。1909 年宪法再次修订，将政策院成员的不动产资格由 7500 美元减为 5000 美元，选举人月收入由 40 美元降至 25 美元，进一步有利于当地普通人参选。在 1916 年大选中，有更多的当地人在联合院和政策院赢得了席位，其中有 A. B. 布朗、P. N. 布劳内、A. A. 索恩等 5 位黑人，律师弗兰克·迪亚斯、商人 J. P. 桑托斯等 3 位葡萄牙人，1 位有色种人 E. A. V. 亚伯拉罕和 1 位印度人约瑟夫·亚历山大·勒克胡（Joseph Alexander Luckhoo，第一位进入英属圭亚那立法机构的印度人）。1917 年受雇于布克公司的黑人码头工人领袖休伯特·克里奇洛（Hubert Critchlow，1884～1958 年）率领工人举行为期 13 天的大罢工，赢得 9 小时工作日和增加工资的巨大胜利。罢工引起连锁反应，其他行业工人也相继采取罢工行动。

（二）第一次世界大战后的劳工运动

第一次世界大战爆发后，英属圭亚那人民生活费用飙升，工人运动进一步高涨。1919 年，由"圭亚那工联主义之父"（The Father of Trade Unionism in Guyana）和"加勒比劳工运动先驱"之称的休伯特·克里奇洛建立起圭亚那第一个工会组织"英属圭亚那劳工联盟"（The British Guiana Labour Union），同殖民当局开展斗争，要求 8 小时工作日、改善生活条件、实行成人普选制等。劳工联盟成员以乔治敦黑人码头工人为主，也包含一些种植园的印度族工人。尽管遭到殖民地雇主的强烈反对，但劳工联盟成员猛增，1919 年底达到 7000 人，其分支机构遍及德梅拉拉东海岸、德梅拉拉西部地区、埃塞奎博沿海和伯比斯地区几乎所有的乡村。[①] 1920 年其会员最多时达到 1.3 万人，资金 9700 美元。1921 年殖民地政策院在多方压力下通过一项工会法令，英属圭亚那劳工联盟成为第一个注册的工会组织。[②] 1939 年劳工联盟被英属圭亚那船运协会承认为码头工人的谈判代理人。20 年代工会斗争的目标仍然是从工人的基本利益出发，反对减少工资和高物价、高房租、高失业率。1924 年工会组织的大罢工，规模巨大，而且是多行业的，充分展现了工会组织的战斗精神和力量，罢工中有 13 人被杀害。

20 世纪 30 年代，英属圭亚那社会最重要的变化是印度人逐渐走出自我封闭、孤立的圈子，出现在政治舞台上。1931 年 A. A. 索恩创建圭亚那第二个工会组织"英属圭亚那工人同盟"（The British Guiana Workers' League）。成员主要为甘蔗种植园工厂印度族工人、乔治敦的市政工人、公共医院的工人和其他政府雇员等。但人数不多，1932 ~ 1940 年间从未超过 500 人，从 1941 年起成员骤增，达到千人以上。1935 年有 4 名印度人选入立法议会。30 年代英属圭亚那社会的另一个重要变化是工人运动像西印度群岛其他英国殖民地一样蓬勃发展，注册的工会犹如雨后春笋般迅猛增加，1937 ~ 1939 年就有近 20 个新的工会注册。其中一个最为重要的工会是 1937 年阿尤布·伊顿（Ayube Edun）建立的"人力公民协会"（The Manpower Citizens' Association），成员主要是种植园的印度族工人。它的成立给予了糖业工人"关

---

① Kemp Ronald Hope, *Guyana*: *Politics And Development In An Emergent Socialist State*, Mosaic Press, Oakville, 1985, p. 20. Chaitram Singh, *Guyana Politics in a Plantation Society*, Praeger Publishers, New York, 1988, p. 15.

② Vere T. Daly, *A Short History of The Guyanese People*, Macmillan Education Limited, London, 1978, p. 288.

于改善生活与工作条件和增加工资的斗争"以巨大的推动力，同时促进了其他行业工人的联合和劳工运动的发展。1939年人力公民协会得到蔗糖生产者协会的承认。同年，克里奇洛的劳工联盟也被英属圭亚那船运协会承认为码头工人的代言人。英属圭亚那劳工联盟、工人同盟等工会组织为工人利益仗义执言，组织工人游行、进军等活动，要求殖民当局解决最低工资、老年抚恤金、贫民窟、种植园工人租地使用权保障等问题。1943年人力公民协会会员增至2万多人，成为英属圭亚那第一大工会组织，在劳工运动中发挥了重要作用，直到1976年为别的糖业工会所取代。①

第二次世界大战期间，英属圭亚那的工人运动进入一个新时期。许多工会组织进行联合。1941年英属圭亚那15个注册工会中的劳工联盟等4个工会联合成立了一个保护伞组织"英属圭亚那工会大会"（The British Guiana Trade Union Council 或 Congress），西奥菲勒斯·李（Theophilus Lee）任第一主席，休伯特·克里奇洛任第一书记。工会大会的目标是保护和代表全国劳工运动，维护所有附属组织的利益，改善工人的经济和社会状况，在影响或似乎影响工人利益的问题上保证统一行动。工会大会于1943年重组，在英属圭亚那24个注册工会中有14个附属于它。1944年工会大会还派代表出席世界工会联合会代表大会。人力公民协会由于人数众多和组织庞大，在工会大会中占有重要地位。工会组织数量的增多，不可避免地会出现相互之间的竞争。这实际上是内耗，有时往往为当局或某些政治组织所利用。

1943年，英国政府根据"莫因委员会"（The Moyne Commission，委员会主席是莫因公爵，故名）对英属圭亚那和英属西印度群岛

---

① Chaitram Singh, *Guyana Politics in a Plantation Society*, Praeger Publishers, New York, 1988, p. 15.

劳工运动的调查所做的报告和建议，进行了包括宪法、工会法等多方面改革，并且增加了对殖民地的发展投资等。1945 年英国政府降低选举资格中有关个人收入和财产的标准，将选举权扩大到所有识字的成年人。

三 第二次世界大战后争取国家独立的斗争

（一）贾根和伯纳姆的合作（1947～1955 年）

1. 政治事务委员会的建立

第二次世界大战后，亚、非、拉民族民主运动进一步高涨。"国家要独立，民族要解放，人民要革命"已成为不可阻挡的世界潮流。到 1947 年，英属圭亚那共计成立了 23 个劳工联盟组织、6 个雇员组织和 5 个独立小商人协会。[①] 1946 年铝土工业的工会组织领导一次罢工，要求改善工作条件、增加工资以及取消种族隔离等；1948 年运输工人联盟领导一次罢工，挫败运输和海港局经理破坏工会的阴谋。由于劳工运动的蓬勃发展，英属圭亚那的国家独立问题也提到了议事日程上。倡导国家独立斗争的大都是一些国外留学回国人员。

1943 年 10 月，英属圭亚那印度裔切迪·贾根（Cheddi Jagan）携妻子珍妮特·罗森伯格·贾根（Janet Rosenberg Jagan，美籍犹太人）从美国留学回国。贾根所学专业是牙医，珍妮特是一位受过训练的护士。两人在美国大学就读期间从老师那里和书本上接受了一些马列主义思想。回国后他们即投身于政治斗争，积极参与劳工运动，二人均为乔治敦市卡内基图书馆（Carnegie Library）研讨公共政策问题小组的成员。贾根还曾参

---

① 〔英〕雷蒙德·T. 史密斯：《英属圭亚那》，吉林人民出版社，1974，第 286 页。另见 Vere T. Daly, *A Short History of The Guyanese People*, Macmillan Education Limited, London, 1978, pp. 295 - 296.

加糖业工会"人力公民协会"并担任司库等职。为了进行政治教育和扩大影响，1946 年 11 月他们和阿什顿·蔡斯（Ashton Chase，一位年轻的黑人工联主义者）、乔斯林·哈伯德（Jocelyn Hubbard，一位白人马克思主义者、英属圭亚那工会大会的总书记）共同建立了一个进步性政治组织，仿照美国当时带有左翼倾向的"工业组织代表大会政治事务委员会"（The Political Affairs Committee of the Congress of Industial Organizations）的名字，起名为"政治事务委员会"（The Political Affairs Committee），通过发行月刊《新闻公报》（*The Bulletin*）、办夜校等方式积极进行宣传教育活动，努力促进英属圭亚那劳工和进步运动的发展和壮大，为建立一个以科学社会主义为基础的政党做准备。同年 6 月，J. B. 辛格博士建立了"英属圭亚那劳工党"（The British Guiana Labour Party），以期将印度人和黑人以及多种劳工组织联合到一起，组成一个单一的政治联盟。与此同时，贾根的另外两位政治同盟者即 J. P. 拉奇曼辛格（英属圭亚那印度人协会 British Guiana East Indian Association 的主席）和阿莫斯·兰格拉创建了以印度人糖业工人为主体的"圭亚那工业工人联盟"（The Guiana Industrial Workers' Union），主要目标是将糖业的田间印度族工人组织起来，与前已成立的糖业印度人工会组织人力公民协会（1963 年 2 月改名为圭亚那农业工人联盟 The Guyana Agricultural Workers' Union）① 抗衡。1947 年 29 岁的贾根在立法议会选举中赢得一席。之后，他更加积极地支持圭亚那工业工人联盟的活动，利用自己的地位和身份发起一个争取国家全面独立的政治运动。

1948 年 4 月，圭亚那工业工人联盟为了获得当局的承认、

① William B. Mitchell and Others, *Area Handbook for Guyana*, U. S. Government Printing Office, Washington, D. C. 1969, p. 179. Chaitram Singh, *Guyana Politics in a Plantation Society*, Praeger Publishers, New York, 1988, p. 31.

改善工作条件和反对种植园主实行的不合理的"砍蔗与运蔗"制度等，组织了德梅拉拉东海岸的恩莫尔等 8 个种植园长达两个月的大罢工。政治事务委员会积极支持工业工人联盟的罢工行动，贾根夫妇还积极参与指挥罢工，多次向罢工工人发表演说，鼓励他们为自己的合法权益加强团结和坚持斗争；同时还积极组织有关罢工的宣传、募捐、施粥所等活动帮助罢工工人。当局派警察对罢工者开枪镇压，造成 5 名印度裔工人死亡，14 名工人受伤。贾根随即利用恩莫尔惨案揭露殖民当局的罪恶行径，宣传甘蔗种植园工人的悲惨境遇和圭亚那工业工人联盟是糖业工人的真正工会组织等，同时还为罢工牺牲者组织了从恩莫尔到乔治敦长达 26 公里的葬礼进军活动，糖业工人参加者达数千人。

2. 人民进步党的建立

糖业工人罢工后，殖民当局被迫作出让步，工人的医疗、住房和社会福利等状况有了较大的改善。贾根等领导人和政治事务委员会声望大振。他们也意识到，组织一个群众性政党的时机已成熟。然而，贾根是一位印度裔，尽管他能得到多数印度人的支持，但未必能够得到广大黑人的支持。他建立的政党如果多数黑人不支持，那么政党就不会有群众性和代表性。政党要想得到广大黑人的支持，就必须有一位深孚众望的黑人领导人。虽然政治事务委员会创始人之一的阿什顿·蔡斯本人就是一位受人尊重的非洲裔工联主义者，但是贾根觉得仍需要一位更为有名望的黑人参加进来以表明新政党的多种族特征。1947 年他与年轻的黑人领袖林登·福布斯·桑普森·伯纳姆结为联盟，1949 年伯纳姆完成法律学业从英国留学回国后两人关系更为密切。

伯纳姆为非洲人后裔，在伦敦学习期间与英国工党中的左翼分子、英国共产党发起的各种小组等建立了密切关系，积极参加反对种族歧视、殖民主义等政治活动，拥有社会主义信仰，在西

印度群岛有一定社会威望。当然，有的西方学者认为，他的社会主义更为实用主义、灵活多变或者说更机会主义一些。伯纳姆回国后，当时国内民众斗争情绪高昂，政治骚乱此起彼伏。他积极投身劳工运动，但是拒绝了一个非洲裔组织邀他加入的所有怂恿，相反，参加了一个由印度人、黑人等多民族共同组成的联合阵线"英属圭亚那劳工党"并出任主席。1950年1月1日，伯纳姆和贾根等人将"政治事务委员会"和"英属圭亚那劳工党"联合在一起，成立"人民进步党"（The People's Progressive Party），并出版党刊《雷声》（*Thunder*，周报）取代《新闻简报》。该党的奋斗目标是，最终废除剥削、压迫、经济危机、失业和战争，取得圭亚那的自由和独立，建立一个公正的社会主义社会等。贾根任党的领袖兼第二副主席，伯纳姆任主席，华人克林顿·王任高级副主席，非洲裔罗里·韦斯特马斯任初级副主席，印度人拉姆卡伦任司库，贾根夫人任总书记，非洲裔悉尼·金任副书记。原来的两个组织"政治事务委员会"和"英属圭亚那劳工党"不复存在，其绝大多数成员都变成了人民进步党的党员。从此，英属圭亚那有了第一个群众基础广泛、代表多种族利益和真正发挥作用的政党，其民族独立运动进入了一个崭新的时期。

1950年10月，英国政府派遣"沃丁顿宪法委员会"（The Waddington Constitutional Commission，因委员会主席为 E. J. Waddington，故名），前往圭亚那调查选举权、立法议会和执行委员会的组成情况及其他有关问题，并根据殖民地的经济和政治发展情况提出建议等。1951年6月29日沃丁顿委员会提交一份调查报告。同年10月，英国政府根据委员会的建议制定和颁布了一部旨在使圭亚那最终实行自治的新宪法（亦称沃丁顿宪法）。宪法规定，取消选举资格中的财产限制，实行成年人（21岁、懂英语）普选，成立内阁制政府和两院制立法机构；政府中除国防、外交和国内治安仍由总督直接掌管外，其他职位均由当地人选举产生。① 1953 年 4 月 27 日英属圭亚那根据新宪法，进行了第一次全体成年人都具有选举资格的普选。人民进步党在大选中赢得议会 24 席中 18 席，获胜组阁，该党领袖贾根出任政府总理兼农业部长。人民进步党上台执政后，努力实施民主改革和争取国家独立的竞选纲领等，引起了英国殖民当局的恐慌和不满。同年 10 月，在美国的支持下，英国政府借口圭亚那有"共产党颠覆"的危险，遂派军队登陆，中止殖民地宪法，解散立法议会，宣布实行紧急状态法；随后，逮捕并拘禁贾根、贾根夫人和其他一些政府部长们长达半年之久。人民进步党执政 133 天后被赶出了政府。于是，英属圭亚那的一切权力又全部集中在总督艾尔弗雷德·萨维奇（Alfred Savage）一人手中。此后直至1957 年大选，英属圭亚那一直为总督任命的过渡政府和立法机构所控制。

（二）贾根和伯纳姆的决裂（1955～1961 年）

所谓"共产党颠覆"事件发生后，殖民当局重演"分而治之"的伎俩，对待伯纳姆和贾根采取了不同的处理方式。伯纳姆等人并未遭逮捕和监禁，仅限于一个时期内在行动上失去自由。贾根等领导人却被投入监狱关押 6 个月。殖民当局的不同处理方式引起黑人和印度人两大民族之间的相互猜疑和嫉恨；加之意识形态上的差别，据称贾根信仰共产主义，伯纳姆信仰社会主义，以及相互之间的争权斗争，1955 年 2 月伯纳姆与贾根分道扬镳，人民进步党发生分裂。该党形成以贾根为首的印度人和以伯纳姆为首的黑人两大派别，都称人民进步党，各自出版《雷声》党刊。

---

① Chaitram Singh, *Guyana Politics in a Plantation Society*, Praeger Publishers, New York, 1988, pp. 20–21. Kemp Ronald Hope, *Guyana: Politics and Development in an Emergent Socialist State*, Mosaic Press, London, Oakville, 1985, p. 21.

1956 年底，英国政府同意恢复"英属圭亚那立法议会部分成员由当地人选举产生"的制度。第二年 8 月重新举行大选，贾根和伯纳姆都率部参加，结果贾根一派获得多数选票，在议会 14 个议席中取得 9 个席位，伯纳姆一派仅得到议会中 3 个议席。另外 2 个席位分别为约翰·卡特（John Carter）领导的黑人中产阶级政党"联合民主党"（The United Democratic Party）和印第安人领导的"全国劳工阵线"（The National Labour Front）所得。贾根再次组阁和出任总理等职，并且继续致力于圭亚那民族民主运动。全国劳工阵线的斯蒂芬·坎贝尔（Stephen Campbell）进入议会，成为圭亚那立法机构中第一个印第安人。同年 10 月，伯纳姆将自己在人民进步党中的黑人一派组成新的政党，命名为"人民全国大会党"（The People's National Congress），将自己一派的党刊《雷声》更名为《新国家》（New Nation，周报）。伯纳姆任党的领袖，两名跟随伯纳姆的印度要人 J. P. 拉奇曼辛格和 J. N. 辛格分别任党的主席和总书记。1959 年 3 月 1 日人民全国大会党宣布与黑人中产阶级的联合民主党合并，仍称人民全国大会党。尽管人民进步党和人民全国大会党在民族组成上有交叉现象，但就其多数成员而言，两大政党的民族特征都很突出，而且对圭亚那社会政治产生深刻影响。此后，民族分裂和民族政治成为圭亚那社会的基本特征。1960 年 10 月，葡萄牙后裔彼得·达圭亚尔（Peter D'aguiar）又创建了以葡萄牙人为主体的政党"联合力量党"（The United Force），主要代表大商人等中产阶级的利益，后在华人和内地印第安人中有一定影响。从此，在圭亚那政治舞台上出现了赋有民族特征的第三大政治力量。

1958 年、1959 年和 1960 年，人民进步党等多次派代表团赴英国谈判英属圭亚那独立问题。1960 年英国政府在制宪会议上接受了英属圭亚那在英联邦内部独立的原则，同意它在 1961 年 8 月成立自治政府，然后再根据新宪法之规定于两年后实现独立。1961 年 7 月英属圭亚那颁布新宪法，8 月又一次举行大选。人民进步党在大选中再次获胜，负责组织英属圭亚那首届自治政府，贾根第三次出任政府总理等职。

（三）通向圭亚那独立的艰难之路（1962～1966 年）

1. 1962～1964 年的三次种族骚乱

贾根的再次上台引起美国政府的恐慌和不满，肯尼迪总统担心圭亚那成为第二个古巴。据介绍，贾根就职后亲近苏联，有明显的社会主义倾向。在美国政府对 1961 年 4 月入侵古巴的"猪湾事件"惨痛失败还记忆犹新之时，贾根无视美国和古巴之间的紧张关系，进一步加强同古巴的贸易往来，并公开宣称卡斯特罗是世界上最伟大的解放者之一。特别是在美国欲经济上封锁和外交上孤立古巴的时刻，贾根的上述言行似乎是向美国的公开挑战。1961 年 10 月贾根访问美国期间，在接受电视采访时既不承认但也不否认自己是共产主义者，同时不愿意批评苏联；在会见肯尼迪总统时赞扬美国的所谓的亲共出版物《每月评论》（*Monthly Review*）等。所有这些表现使美国的担心和疑虑有增无减。于是，美国拒绝给圭亚那经济援助。

英、美帝国主义为了阻挠英属圭亚那的独立，推翻贾根和搞垮人民进步党政府，先后在 1962 年 2 月、1963 年 4 月和 1964 年 2 月多次策动和支持反对人民进步党政府的大罢工和种族骚乱。美国中央情报局通过援助和支持反对派的罢工和示威活动，为圭亚那政局制造不稳定。此间，许多美国"工联主义者"进入圭亚那活动。据介绍，在 1961 年大选后 18 个月内进入圭亚那的"工联主义者"人数比此前 18 年的人数都要多。人们广泛认为，中央情报局在利用圭亚那工会进行破坏人民进步党政府的活动。在 1962～1964 年间中央情报局为把贾根搞下台耗资大约 120 万美元。美国干涉英属圭亚那还表现在，它强压英国政府改变选举制度，采取所谓"比例代表制"（Proportional Representation System），并

扬言圭亚那反对派所要求的"比例代表制"的选举办法是推翻贾根的唯一途径。[①] 据报道，英国政府遂同意肯尼迪政府的向圭亚那引进"比例代表制"的建议。[②]

1962 年 2 月，贾根政府为实现圭亚那的经济发展规划，在财政预算中建议改革税收制度，增加富裕人群的纳税义务，对超过一定数额的财产和赠与、资本收入、广告费等增加税收，还建议设立强制储蓄制等。预算由剑桥大学著名经济学家尼古拉斯·卡尔多（Nicolas Kaldor）帮助起草，在原则上是合理与可行的。但因影响了中产阶级的利益，引起一些人不满。代表大商人等利益的联合力量党一马当先组织示威游行和煽动商人骚乱，人民全国大会党紧密配合和支持，圭亚那工会大会也积极组织会员参加。顿时，乔治敦黑云压城，出现大规模的群众游行示威和总罢工活动，强烈反对政府的预算方案。美国火上加油，为反政府分子提供了价值 4.5 万美元的经费和大批通讯器材、武器和弹药等。2 月 16 日（黑色的星期五）反对和抗议活动达到高潮。乔治敦出现大规模骚乱、纵火、抢劫和暴力事件，警察出动并施放催泪瓦斯驱赶人群。在暴乱中，警察长 D. G. 麦克劳德（D. G. Mcleod）和 4 名平民被打死，80 人受伤（含 39 名警察）；有 56

---

① Colin Baber and Others, *Guyana Politics*, *Economics and Society*, Frances Pinter (Publishers), London, 1986, p. 27. Kemp Ronald Hope, Guyana：*Politics and Development In An Emergent Socialist State*, Masaic Press, Oakville, 1985, p. 53. Colin Baber and Others, *Guyana Politics*, *Economics and Society*, Frances Pinter (Publishers) Limited, London, 1986, p. 27. Chaitram Singh, *Guyana*, *Politics in a Plantation Society*, Praeger Publishers, New York, 1988, p. 33.

② 1962 年 5 月 29 日《人民日报》。Kemp Ronald Hope, *Guyana*：*Politics And Development in an Emergent Socialist State*, Mosaic Press, Oakville, 1985, p. 50. Chaitram Singh, *Guyana Politics in a Plantation Society*, Praeger Publishers, New York, 1988, p. 30. Thomas J. Spinner, Jr. *A Political and Social History of Guyana*, 1945 - 1983, Westview Press, Boulder, 1984, p. 98.

座房屋被摧毁，另有许多房屋被损坏和抢劫。贾根政府不得不宣布紧急状态，英国派遣军队前往维持秩序。乔治敦市中心商业区因大火不复存在。骚乱造成大约 500 万美元的损失，火险要求赔偿总额达 1100 万圭元。[①] 暴乱后人民进步党作出让步，对预算方案作了一些删改，并接受了文职人员的增加工资和津贴等要求。

但树欲静而风不止。1963 年 4 月在美、英当局的支持和煽动下，圭亚那再次爆发反政府大罢工，时间长达 80 天，而且伴随着大量骚乱和示威活动。这次罢工起因于贾根政府 3 月 25 日发布的一项《劳工关系法》（The Labour Relations Bill）。长期以来，人民进步党支持的农业工人联盟（前圭亚那工业工人联盟）得不到"糖业生产者协会"的承认，而得到承认的人力公民协会却得不到多数糖业工人的支持，且又不与人民进步党配合。故贾根政府一直想让农业工人联盟取而代之，成为糖业工人的全权代表组织。由于糖业生产者协会拒不承认农业工人联盟，人民进步党难以梦想成真，于是打算通过法律途径解决上述问题。《劳工关系法》中一项重要内容就是，在任何行业中如有两个或更多的工会组织之间存在着管辖权争议时，政府有权通过投票选举的办法来决定应该由哪一个工会作为工人的代表组织。其实，这部《劳工关系法》与 1953 年伯纳姆当人民进步党政府的部长时颁布的劳工关系法内容是相类似的。但是，鉴于工会组织的民族特征和出于民族关系方面的原因，伯纳姆的人民全国大会党、达圭亚尔的联合力量党和圭亚那工会大会、人力公民协会、文职人员协会以及邮政和运输行业的工会等认

---

① Kemp Ronald Hope, *Guyana*: *Politics and Development in an Emergent Socialist State*, Mosaic Press, Oakville, 1985, p. 50. Chaitram Singh, *Guyana Politics in a Plantation Society*, Praeger Publishers, New York, 1988, p. 30. Thomas J. Spinner, Jr. *A Political and Social History of Guyana*, *1945 ~ 1983*, Westview Press, Boulder, 1984, p. 98.

为，劳工关系法是极权主义的和有政治动机的，予以坚决反对并组织一系列抗议和罢工活动。4月5日乔治敦市中心再次发生骚乱、抢劫事件，出现又一个"黑色的星期五"。达圭亚尔更是不遗余力，还出动其"啤酒和软饮料公司"的汽车运送来往的示威游行者。罢工和骚乱一直延续至7月初。其间有9人被打死，多人受伤。罢工造成进、出口贸易瘫痪和食品严重短缺。此次种族暴乱不仅集中，而且还蔓延到一些边远的农村地区。最后人民进步党政府再次让步，同意废除《劳工关系法》，承诺如再引入新的劳工关系法事先要与工会大会和顾主们协商。据报道，在罢工前及罢工期间，工会领导人得到了美国相当多的鼓励和支持。罢工前哈佛大学邓洛普（Dunlop）教授和美国劳工联合会－产业工会联合会的两位律师等访问圭亚那，给当地劳工领导人以"指导"。4月19日美国两名劳工官员前往圭亚那，在贝尔维德列旅馆会见圭亚那工会大会主席兼人力公民协会主席理查德·伊斯梅尔（Richard Ishmael）并进行彻夜长谈。美国中央情报局和美国劳工联合会－产业工会联合会等为罢工活动提供了约100万美元的资助，还通过"公共服务国际"（The Public Service International）为圭亚那"文职人员协会"的领导人支付罢工期间的工资。美国如此优惠的待遇致使一些人竟然不愿意结束罢工。①

在美国的唆使下，英国殖民大臣邓肯·桑兹（Duncan Sandys）在1963年10月召开的制宪会议上强行决定：无限期推迟英属圭亚那的独立，并且改变选举法，大选实行比例代表制；新的大选时间定在1964年即独立前进行；选举年龄仍保留21岁

---

① Chaitram Singh, *Guyana Politics in a Plantation Soceity*, Praeger Publishers, New York, 1988, pp. 32 – 33. Thomas J. Spinner, Jr. *A Political and Social History of Guyana*, *1945 – 83*, Westview Press, Boulder, 1984, p. 101.

不变。英国的决定实际上满足了反对派伯纳姆和达圭亚尔的所有要求。当时的一些英国报纸甚至都认为桑兹的决定是不公正的，英国反对党工党也特别指出不喜欢比例代表制，并将邓肯的决定与"欺骗人的宪制安排"相提并论。

英国的上述决定实质上是再次玩弄"分而治之"的伎俩，制造政治混乱和阻挡圭亚那的独立。所以，圭亚那紧接着又爆发一场新的危机。人民进步党政府强烈反对英国政府的偏袒决定，遂组织一系列集会、游行，号召其支持者阻止比例代表制的实施，该党主席布林德利·本（Brindley Benn）甚至暗示该党可以关闭糖业生产 80 个星期。1964 年 2 月中旬，人民进步党支持的农业工人联盟发动糖业总罢工，要求糖业生产者协会正式承认其为糖业工人的全权代表组织。贾根还组织了一个从内地到乔治敦的所谓"自由进军"活动，为总罢工制造声势。人民全国大会党支持的工会大会坚决反对糖业工人的总罢工。结果，黑人和印度人两大民族因罢工问题发生冲突。在美国中央情报局等组织的煽动和策划下，冲突发展成为全国范围的种族大暴乱。其间，黑人和印度人互相攻击、殴打，连续发生抢劫、爆炸、纵火、截肢、屠杀等事件，恐怖和种族暴力浪潮令世人震惊。5 月 22 日英属圭亚那新任总督理查德·卢伊特（Richard Luyt）宣布全国处于紧急状态并接管所有权力。与此同时，英国政府还以"平息暴乱"为名多次增兵圭亚那，以恢复殖民地秩序。同年 6 月，理查德·卢伊特总督公开站在政府反对派一边，下令逮捕和监禁了副总理布林德利·本、立法机构成员兼农业工人联盟主席哈里·拉尔（Hary Lall）等 32 名政界人士（主要是人民进步党的政府官员）。同年 7 月 27 日，工业工人联盟无奈宣布结束此次长达 161 天的大罢工，有关成为糖业工人全权代表组织的要求也未能实现。这次骚乱和种族暴乱时间长达 23 周，造成 176 人丧生，920 人受伤，1400 多所住宅被大火烧毁，殃及 2688 个家庭，财

产损失估计大约 1400 万美元（一说 200 万美元）。暴乱中约 1.5 万人（主要是印度人）被迫出逃他乡，寻找本民族成员占多数的村庄或社区作栖身之地。①

2. 人民全国大会党长达 28 年的执政

1962～1964 年三次大罢工和大暴乱，给圭亚那经济造成严重挫折，同时使圭亚那的民族关系跌入最低潮。鉴于一些被逮捕和监禁者都是立法机构的当选成员，人民进步党在立法机构已失去多数，无法正常工作，遂筹备新的全国大选。1964 年 12 月 7 日，英属圭亚那根据 1963 年 10 月英国殖民部的决定，改行一院制立法议会即国民议会（National Assembly），采取比例代表制的选举办法，进行了新的大选。结果，人民进步党获得 45.8% 的选票，在国民议会 53 个席位中赢得 24 席。以黑人伯纳姆为首的人民全国大会党获得 40.5% 的选票，赢得议会 22 席。以彼得·达圭亚尔为首的葡萄牙人政党联合力量党获得 12.4% 的选票，赢得议会 7 席。英属圭亚那总督邀请人民进步党组阁，但人民全国大会党拒绝合作。随后总督又邀请人民全国大会党组阁，此举得到联合力量党的支持。两党成为议会的绝对多数，遂组成联合政府。贾根总理拒绝辞职，后被女王在议会的特别法令（A Special Act of the Queen-in-Council）强行赶下台。12 月 14 日伯纳姆出任政府总理，彼得·达圭亚尔任财政部长（1967 年 9 月因个人原因辞职）。伯纳姆就职后，政府的首要任务是缓和民族之间的对抗情绪，恢复国内平静。为此，伯纳姆立即宣布建立新的"协商民主制"，成立一个"协商会议"，保证对任何

① Chaitram Singh, *Guyana, Politics in a Plantation Society*, Praeger Publishers, New York, N. Y. 1988, p. 35. William B. Mitchell and Others, *Area Handbook for Guyana*, U. S. Government Printing Office, Washington, D. C. 1969, p. 180. Kemp Ronald Hope, *Guyana: Politics and Development in an Emergent Socialist State*, Mosaic Press, Oakville, 1985, p. 51.

重大问题作出决定之前与各有关团体进行协商。为赢得印度族的信任，伯纳姆特意任命了一些印度人在政府中担任要职，如总检察长和驻英国专员等，并在政府服务部门还充分考虑印度人的组成情况，释放了一些被拘留者。与此同时，伯纳姆还发起一系列"会见人民"的巡视活动，要求政府官员下去走访，听取百姓（特别是印度人）的意见和呼声；他自己用了半年时间走遍全国。之后，国内紧张局势逐步有所缓和，经济状况好转，但民族矛盾问题从此成为各届政府都要面临的一个棘手问题。

在伯纳姆总理的要求下，英国政府于1965年11月再次在伦敦召开制宪会议，讨论英属圭亚那的独立问题。反对党人民进步党拒绝派代表参加会议。会上，英国政府与英属圭亚那的人民全国大会党和联合力量党的联合政府同意宪法条款和1966年5月26日作为英属圭亚那的独立日；英国女王继续兼任圭亚那国家元首，但由总督代行其权力；独立两年以后，如果立法议会多数同意，圭亚那则可以建立共和国。1966年5月26日英属圭亚那摆脱英国殖民统治宣告独立，改称圭亚那。从此，英国连续统治圭亚那长达一个半世纪的历史宣告结束。圭亚那独立后仍作为成员国留在英联邦内。原英属圭亚那的末任总督理查德·卢伊特继续留任，成为圭亚那独立后的第一任总督。1966～1970年圭亚那实际上仍保留了大约4年的君主立宪制。

第四节　圭亚那独立后的政治演变

一　圭亚那政治演变的回顾

圭亚那独立后政治演变的突出特点，就是在民族分裂业已形成的基础上出现了民族政治。两大政党沿民族界

线的政治分裂反映和加剧了圭亚那社会民族分裂的事实。

民族问题作为政治问题的出现始于 1957 年大选之前。1955 年人民进步党发生分裂时，党内虽然形成了分别以贾根和伯纳姆为首的印度人和黑人两大派，但是，该党两位印度族领导人 J. P. 拉奇曼辛格和 J. N. 辛格仍追随伯纳姆，而贾根方面也留住了悉尼·金、马丁·卡特、阿什顿·蔡斯、罗里·韦斯特马斯和布林德利·本等 5 位黑人政要。1956 年秋马丁·卡特和罗里·韦斯特马斯弃贾根而投奔伯纳姆。随后，悉尼·金也离开了人民进步党，1958 年成为人民全国大会党的总书记兼党报《新国家》的主编。至此，人民全国大会党开始成为黑人为主体的政党。人民进步党随之也成为印度人为主体的政党，而且提出一个非正式的口号叫"阿潘加特"（apanjaht 或 apan jhaat 或 apan-jaat，印地语，意为"投你自己种族的票"），在印度人社团中广为流行。为了便于动员群众和开展工作，两大政党分别建立或拥有自己的工会组织、青年组织、妇女组织以及其他一些带有种族色彩的宗教、律师、教师、公务员等群众团体。

20 世纪 60 年代以后，圭亚那逐渐演变成为一个多政党国家。国内除了两大民族政党之外，其他小的政党蜂拥而起（尽管之前也有几个小的政党）。有的是新建的民族政党，如 1960 年成立的以葡萄牙人为主体的联合力量党。有的是从上述两大民族政党或其他政党中分离出来重新组建的政党，如劳动人民先锋党（1969 年）、解放者党（1972 年）、人民民主运动（1973 年）、劳动人民同盟（1979 年）等。在圭亚那举行的历次大选中，种族色彩都比较浓厚：各民族政党一般都动员本民族成员投自己的票。印度人一般投票支持人民进步党；黑人一般投票支持人民全国大会党。小的政党单独或与其他政党结成联盟参加竞选，一般也从民族方面寻求支持。

西方学者埃杰·汤普森指出："种植园社会是种族问题臭名

昭著的地区"。作为种植园社会的圭亚那也不例外。① 第二次世界大战结束前，种植园社会对圭亚那民族人口的影响之一，就是印度人和黑人在生活区域和职业上的分离。一方面尽管圭亚那有许多黑人乡村，但黑人一般倾向于主宰城镇。另一方面呈鲜明对照的是，印度人主要生活在乡村以农业为生，尽管有少数印度人在城镇谋生。然而，到第二次世界大战结束时，印度人巩固了在农业中的地位，开始通过商业、自由职业和民用服务业移往城镇。于是，在黑人和印度人之间出现了明显的经济利益竞争的潜势，甚至有时演变成种族冲突。人民进步党当时作为一个多民族政治组织的出现，主要是由于黑人和印度人之间紧张关系的缓和而促成的。贾根和伯纳姆两位领导人的个人作用也是很重要的因素。但1955年伯纳姆与贾根的分裂使圭亚那政治形势出现了另外一种局面，即"种族呼吁"可以作为某种政治优势加以利用。

二 人民全国大会党执政时期（1964～1992年）

（一）建立圭亚那合作共和国

人民全国大会党在1964年12月大选后上台执政，先和联合力量党组成联合政府；1968年联合力量党从内阁中退出成为反对党，人民全国大会党单独执政。当年12月，圭亚那进行独立后第一次大选，人民全国大会党赢得议会53席中30席，获胜组阁。伯纳姆再次出任政府总理。此后，人民全国大会党连续单独执政达28年，直至1992年10月大选为人民进步党所击败。其间，自1968年以后，圭亚那大选基本上每5年举行一次，但人民全国大会党的每一次获胜，都要伴随反对党

---

① Chaitram Singh, *Guyana Politics in a Plantation Society*, Praeger Publishers, New York, 1988, p. 26.

有关大选舞弊的谴责以及各种各样的抗议和抵制活动。

1970 年 2 月 23 日,即黑人奴隶科菲领导的伯比斯黑奴起义207 周年纪念日,人民全国大会党政府决定国家实行共和制,宣布成立"圭亚那合作共和国",同时确定科菲为圭亚那民族英雄。人民全国大会党政府在共和国前面加上了"合作"二字,一方面表明它在圭亚那经济发展方面推行合作制度的宗旨和它对合作制度的重视;另一方面,还有一个重要的政治原因,即人民全国大会党希望通过强调和宣传圭亚那人民历史上的"合作"传统,来促进和加强新时期各民族之间的团结与合作。圭亚那合作共和国是英联邦加勒比地区建立的第一个共和国。但是,作为一个"合作共和国",至今在加勒比地区乃至全世界范围内都属绝无仅有。圭亚那共和制的建立宣告了英国君主制在圭亚那的彻底结束,也宣告了圭亚那从此走出了英国殖民统治的政治阴影。圭亚那高等法院审判法官、华裔雷蒙德·阿瑟·钟(Remond Arthur Chung)于同年 3 月由议会选举为圭亚那第一任总统,取代英国女王成为圭亚那国家元首兼武装部队总司令。

在 1973 年大选中人民全国大会党再次获胜,赢得议会 53 席中 37 席,继续执政。人民进步党和联合力量党分别获得议会 14 席和 2 席,继续为在野反对党。人民进步党谴责大选舞弊,拒绝进入议会,实行与政府不合作和公民抵制政策,历时近两年。在此期间,罢工、抗议游行等活动连续不断。1975 年人民全国大会党政府承认人民进步党所支持的"圭亚那农业工人联盟"为代表糖业工人的唯一工会组织;人民进步党作为回报,遂改变过去与政府的不合作与抵制政策为"有批评的支持"政策,返回议会。但这以后,在人民进步党的支持下,农业工人联盟不仅罢工频繁,而且罢工时间漫长。如 1977 年糖业工人的罢工就延续了 125 天。1982 年全国发生罢工 653 次,农业工人联盟号召和组织的罢工就占 639 次。1984 年圭亚那糖业工人举行罢工 480

次，损失 15.2 万个工作日。①

1974 年 12 月，人民全国大会党在乔治敦市郊索菲亚召开特别代表大会，发表了《索菲亚宣言》（Declaration of Sophia）。宣言称该党为"社会主义政党"，在政治、经济、社会、文化等各方面对国家进行实际的和理论的领导；党的目标是为圭亚那人民创建一个繁荣和正义的、机会均等的、没有阶级的"社会主义"社会。宣言中提出"合作社会主义"（Cooperative Socialism）的理论，即贫穷者和富有者都可以入股参加合作社，使合作经济在国民经济中占"统治地位"；"合作社将成为广大群众掌握我们经济的主要组织"，通过发展合作制度将"圭亚那转变为社会主义社会"，"使小人物成为真正的人"。②

此后，政府大力倡导合作运动，国家专门设立合作社部，开办了圭亚那国家合作银行、圭亚那合作农业和工业发展银行、圭亚那合作抵押银行、库鲁库鲁合作学院等，为合作运动提供经援和训练干部。另外，每年政府都举办"合作周"活动，总结成绩，讨论问题，表扬和奖励先进，制定合作运动发展规划等。政府还提出要将一些国营企业甚至大学都变成合作经济。合作社很快遍布城乡，见诸各行各业，在圭亚那人民的经济和政治生活中产生一定影响。合作运动在 20 世纪 70 年代末 80 年代初达到高峰。据报道，1980 年全国有生产、消费、供销、信贷、储蓄等合作社1431 个，社员 13.5 万人，股金和存款额达到 1800 万圭亚那元。③

与此同时，人民全国大会党政府积极维护国家独立，发展民

---

① Chaitram Singh, *Guyana Politics in a Plantation Society*, Praeger Publishers, New York, 1988, p. 111. Colin Baber and Others, *Guyana Politics*, *Economics and Society*, Frances Pinter (Publishers) Limited, London, p. 112.

② Chaitram Singh, *Guyana Politics in a Plantation Society*, Praeger Publishers, New York, 1988, p. 46.

③ *Guyana Chronicle*, Georgetown, June 30, 1980.

族经济，消除殖民主义影响，实行"拥有、控制和开发本国资源"的政策，推行外资实行国有化运动。1972～1976年，圭亚那通过赎买方式逐步将英、美等国外资企业全部收归国有，将80%的经济控制在政府手中。1972～1985年圭亚那制定了三个国民经济发展计划。在此期间，政府开始对经济进行整顿，实行经济多样化和进口替代等政策，使国民经济有所发展。但后期国家出现技术人员大量外流和经济衰退的局面。

但是，"合作社会主义"从一开始就遭到多方特别是反对党的非议或攻击。如反对党领袖贾根批评"合作社会主义"是针对马列主义的修正主义；黑人之外的一些民族成员指出，合作社是人民全国大会党为其信徒开辟资金来源的机构，等等；他们一般避免卷入合作运动。

（二）修改宪法，实行总统制

根据宪法规定，1973年大选产生的议会应于1978年10月改选。但是，1978年7月人民全国大会党通过公民投票，决定修改宪法，大选推迟至新宪法制定后举行。人民进步党等认为人民全国大会党操纵公民投票，有舞弊行为，坚决反对推迟大选和延长议会任期。1980年2月圭亚那新宪法制定完毕并经议会通过，10月6日正式生效，国家改议会制为总统制，一院制议会席位由53席增至65席（53席由普选产生），选举产生的总统为国家元首兼政府首脑。于是，伯纳姆根据新宪法，由总理转任有实际行政权力的执行总统，任期未满的原总统阿瑟·钟宣布退职。

1980年12月15日，圭亚那举行新宪法颁布后的第一次大选。由于反对党认为大选仍会被操纵，提出邀请国际观察小组来圭亚那予以监督；有的政党如劳动人民同盟和解放与民主先锋党甚至对大选进行抵制。伯纳姆在广播讲话中表态，不反对在大选期间出现外国观察员。当时应邀前来的国际观察小组由英国议会人权小组书记埃夫伯里勋爵（Lord Avebury）率领，成员包括加拿大教会大会、加勒比教会大会和北美洲路德教的代表以及美洲国家组织的梵蒂冈观察员等。观察小组目睹了大选前的竞选活动，大选当天也到了现场。据报道，观察小组宣称政府干预他们的工作，组长埃夫伯里在选举日竟被警察拘留；观察小组认为，整个投票过程都掌握在人民全国大会党的支持者手中，许多证据表明大量有资格的选举人被拒绝给予选举权。大选结果：人民全国大会党获得 77.7% 的选票，在议会由直接选举产生的 53 个席位中赢得 41 席，人民进步党获得 19% 的选票和 10 个议席，联合力量党获得 3% 的选票和 2 个议席。伯纳姆遂成为新宪法生效后的圭亚那第一位当选总统，12 月 19 日宣誓就职。人民进步党等反对派强烈谴责大选舞弊，剥夺公民选举权等，再次举行各种抗议活动。

　　20 世纪 70 年代以后特别是 80 年代初、中期，由于圭亚那政党斗争激烈，社会一直动荡不安。加之国内经济状况恶化和民族关系紧张，圭亚那不断有移民外流，而且数量之大为历史上少见。1970 ~ 1981 年约有 11.9 万人移居英国、美国和加拿大等国，其中主要是印度人。1980 年外流人口为 1.4 万人。1983 年圭亚那拥有护照的人数较上一年增加 52%，由 28844 人增加到 43947 人，全国大约 1/3 的人口持有某种形式的旅游证件。与此同时，犯罪活动大量增加，据一项国际比较资料显示，1983 年圭亚那在人均犯罪方面仅次于黎巴嫩。在美国人均犯罪情况为每 20.4 个人中有 1 人犯罪，在特立尼达和多巴哥为每 20.3 个人中有人犯罪，而圭亚那则每 6 个人中就有 1 个犯罪的。① 另外，在 70 年代末 80 年代初，集会、游行、罢工甚至纵火、暗杀等事件频发。1979 年 7 月，国家发展部和人民全国大会党总书记办公室所在的房屋被大

---

① 　Colin Baber and Others, *Guyana Politics, Economics and Society*, Frances Pinter (Publishers), London, 1986, p. 138. Kemp Ronald Hope, *Guyana: Politics and Development in an Emergent Socialist State*, Mosaic Press, Oakville, 1985, p. 14.

火烧毁。同年 10 月，人民全国大会党政府教育部长文森特·蒂卡遇刺身亡。1980 年 6 月，劳动人民同盟领导人之一、著名历史学家沃尔特·罗德尼在一次爆炸事件中丧命，引起强烈反响。在安葬之日，大约 3.5 万人冒着倾盆大雨为其送葬，从巴克斯顿 – 安南达尔镇步行到乔治敦，行程近 20 公里。1982 年 7 月，人民进步党召开第 21 届代表大会并通过决议，号召广大群众"驱逐人民全国大会党政府，解放圭亚那，建立一个人民革命民主政府"①。

（三）人民全国大会党的政权交替

20 世纪 80 年代开始，由于国内外多方面原因，圭亚那经济衰退，人民生活困难。1985 年 8 月 6 日伯纳姆总统病逝，国家第一副总统兼政府总理德斯蒙德·霍伊特（Desmond Hoyte）接任总统和人民全国大会党领袖。在同年 12 月 9 日大选中，人民全国大会党获得 79% 的选票和议会 42 个议席，再次成为执政党。人民进步党和联合力量党分别获得 19% 的选票、10 个议席和 3% 的选票、2 个议席。于是，人民全国大会党组阁，霍伊特继续出任总统。但是，大选后人民进步党、联合力量党等 6 个政党一起上阵反对人民全国大会党，认为这次大选是采取了和 1980 年大选类似的方式（即欺诈）进行的。1986 年 1 月，人民进步党等 5 个反对党还联合组成"爱国民主联盟"，与政府抗衡。此外，圭亚那人权协会、商业界领导人和一些主要的宗教人士也纷纷向政府施加压力。然而，也有一些民间组织如圭亚那律师协会、天主教会等发表联合声明，谴责人民进步党等广为散布的"剥夺公民选举权、重复投票、驱逐投票代理人、警察和军事人员使用暴力和相互勾结等人们所熟悉的和令人厌恶的一览表"②。

---

① 新华社乔治敦 1982 年 8 月 10 日航讯。

② Chaitram Singh, *Guyana Politics in a Plantation Society*, Praeger Publishers, New York, 1988, p. 26.

人民全国大会党继续执政后，政府调整了内外政策，特别是扭转了伯纳姆的"社会主义政策"，实行包括国营企业私有化、经济自由化、鼓励外国投资等项内容在内的经济恢复计划，使国民经济逐步走出低谷。另外，鉴于国内政治经济形势的变化，在"合作社会主义"理论不断遭到批评的情况下，霍伊特总统于1987年1月提出了政府开始从"合作社会主义"后退的意图。此后，政府不再当众公开地宣扬"合作社"或"合作社会主义"的理论政策。随之，"合作社会主义"的影响在圭亚那走到了尽头。[①] 同年8月，霍伊特在人民全国大会党的代表大会上宣布，"该党摈弃传统的共产主义和一党制国家"。1989年3月，政府财政预算内严厉的经济紧缩措施又引发了糖业工人和铝土业工人长达6周的大罢工。按宪法规定1990年应举行新的大选，而政局持续动荡不稳。除反对党积极活动外，1990年1月圭亚那的各种团体和知名人士还组织了一个要求法律和宪法改革的政治运动即"圭亚那改革与民主行动"（The Guyanese Action for Reform and Democracy)，它发起一系列的群众抗议活动，要求政府加快民主改革进程等。人民全国大会党针锋相对，利用其新成立的"重选总统委员会"（Committees to Re-elect the President）进行反击，甚至与"圭亚那改革与民主行动"的群众集会发生暴力冲突。

三 人民进步党执政时期（1992~ ）

（一）贾根总统执政时期（1992~1997年）

90年10月，美国前总统吉米·卡特访问圭亚那，与霍伊特总统讨论有关选举改革问题。为此，所有政党

---

① *The Europa World Year Book*, Europa Publication Limited, London, 1988, p. 1269. Chaitram Singh, *Guyana Politics in a Plantation Society*, Praeger Publishers, New York, 1988, p. 116.

同意推迟 1990 年大选，以便进行选举改革的各项准备工作。1991 年国际观察员和反对党认为参选人名单有误，大选必须继续推迟。经过修订宪法、全国人口调查、制定新的选举名册等一系列技术和组织准备工作后，1992 年 10 月 5 日圭亚那举行总统选举，并首次由执政党和反对党共同邀请卡特中心、英联邦等国际组织派遣了 100 名观察员前来监督。国内共有 11 个政党或联盟参加竞选。

在野 28 年的反对党人民进步党，与一个由商业和专业界人士组成的政治组织"公民运动"（the Civic movement）结成联盟，获得 53.5% 的选票，在议会由直接选举产生的 53 个席位中赢得 28 席，人民全国大会党获得 42.3% 的选票和 23 个席位，联合力量党和劳动人民同盟各赢得议会 1 席。结果是人民进步党赢得大选，该党领袖兼总书记贾根出任总统，公民运动领导人塞缪尔·海因兹（Samuel Hinds，黑人）被任命为总理，贾根的兄弟德里克·贾根（Derek Jagan）出任议长，从此结束了人民全国大会党长期单独执政的局面。国际观察员对选举过程及结果进行了评估，确认大选基本上是自由和公正的。但大选结果公布后，人民全国大会党一方面发表声明，谴责大选舞弊，拒不接受大选结果，另一方面组织黑人群众举行集会、游行等抗议活动。随后，抗议活动演变成骚乱，结果造成 3 人（一说 2 人）死亡，几十人受伤，200 人被捕。在警察恢复秩序之前，有许多商店和建筑被烧毁。①

人民进步党执政后，出台一项"1992～1994 年政策框架文件"（The 1992～94 Policy Framework Paper），介绍了政府的施政

---

① *Regional Surveys of the World*, *South America*, *Central America and the Caribbean*, Europa Publications Limited, London, 1999, p. 382, The Carter Center, *Trip Report*, *Guyana March 16 – 21*, 2001 By Jimmy Carter.

纲领。在政治方面，政府调整了过去的僵硬政策，强调以"劳动人民为中心"，"开发国家人类资源和减少贫困"，推行"清廉透明、民族和睦及维护主权"的方针，致力于"建立没有剥削、没有压迫的社会，建立民主主义的、多党制的和混合经济的国家"，"承诺结束圭亚那的种族歧视和实施有关国家印第安人的各项规划"。为此，政府专门建立一个"种族关系局"（A Race Relations Board）。但因未与人民全国大会党充分协商，种族关系局工作举步维艰。在经济方面，政府承诺继续执行上届政府的改革开放政策，主张国营、私营、合作社经济同时发展，反对全盘私有化。在对外关系方面，政府坚持奉行不结盟原则，主张深化加勒比一体化运动，发展睦邻、互利关系，同欧盟及英、美、加等国建立真正的全面合作关系，积极吸引外资和大力争取国际金融组织及西方国家的财政援助。1994 年 8 月，圭亚那举行了 1970 年以来的第一次市政和地方选举，人民进步党在乔治敦、林登和新阿姆斯特丹等三大城市获胜，赢得 65 个社区民主委员会中的 45 个席位。1997 年 3 月 6 日贾根总统病逝任上，总理塞缪尔·海因兹接任总统，并任命贾根夫人珍妮特·贾根（Janet Jagan）为总理。圭亚那为贾根总统举行国葬，大约 10 万人出席其葬礼，向这位在圭亚那政治舞台上度过了 50 个春秋的重要人物告别。

（二）贾根夫人短暂而艰难任期（1997～1999 年）

1997 年 12 月 15 日圭亚那按时举行大选，28 个政党中只有 6 个主要政党或政党联盟提出了候选人。77 岁的贾根夫人和 68 岁的霍伊特分别作为人民进步党—公民运动联盟和人民全国大会党的总统候选人参选。经过激烈竞争，人民进步党获得 55.26% 的选票和议会 53 个议席中 29 个议席，人民全国大会党获得 40.55% 的选票和 22 个议席，联合力量党和圭亚那同盟各获得 1 个议席。贾根夫人当选为圭亚那第一位女总统。她就职后表示将继续上届政府的有关政策，解决好圭亚那现有的各种社会问题。公民运动领导人海因兹继续出任总理。

大选结果一经公布，人民全国大会党立即发表声明，认为大选舞弊和不公正，拒绝接受大选结果，并组织黑人群众举行大规模集会、游行等抗议活动，要求高等法院宣布大选无效和阻止贾根夫人宣誓就职，重新进行大选。圭亚那传统的民族分裂和斗争又呈白热化状态。黑人的抗议活动很快演变成打、砸、抢劫、爆炸、骚乱等暴力活动，并与荷枪实弹前来维护秩序的军、警发生冲突，造成11人受伤，多人被逮捕或拘禁。12月19日总统宣誓就职，出于安全原因，贾根夫人简化程序，提前4小时在选举委员会办公室举行了秘密宣誓仪式。首都局势一时间空前紧张，商店关门、学校停课、交通中断，许多部门出现瘫痪。国家电视台和一大型宾馆等处接连发生爆炸伤人事件。知名大商人、人民全国大会党的忠实支持者莫里斯·格拉斯戈在居所前遭遇炸弹，伤及两腿。随后，就连总统贾根夫人的住宅附近也发现了两枚炸弹，幸亏发现及时并妥善处置未造成人员伤害。面对日益恶化的政治形势，人民进步党政府颁布法令，一个月之内禁止游行和集会。但人民全国大会党坚决反对政府禁令，黑人群众继续上街举行示威抗议活动，事态不断扩大乃至严重失控，骚乱持续了一个多月，国家濒临崩溃边缘。圭亚那总理海因兹呼吁全国保持冷静，提醒国人"我们正面临国家再次分裂的危险"①。圭亚那私营部门委员会的领导人也指出，动乱严重影响了正常的经济活动，生产、销售、运输部门以及其他服务行业均因政府机关、工厂、商店关门而蒙受巨大损失。美、英、加等国纷纷也劝阻本国公民前往圭亚那旅游。加拿大

---

① *Caribbean & Central America Report*, Latin American Newsletters, London, 20 January 1998，p. 2.

一家公司还立即取消了向圭亚那电力公司投资 2300 万美元的合作计划。在加勒比共同体调解下，人民进步党和人民全国大会党于 1998 年 1 月中旬达成《赫德曼斯顿协议》（Herdmanston Accord）。双方同意由加勒比共同体组团对大选结果进行复查，同意在 18 个月内成立一个委员会修改宪法和在 3 年内（即 2001 年 1 月 17 日）举行新的大选。人民全国大会党同意结束抗议示威活动，等等。于是，持续了一个月的动乱局势暂时趋于稳定。

1998 年 6 月 2 日，加勒比共同体组成的"七人审查员会"经过 3 个月的复查后发表一份报告，指出 1997 年大选没有大规模的和严重的舞弊行为，仅在选举的管理上存在一些不足。人民全国大会党一方面表示愿意接受复查结果，但另一方面坚持保留拒绝承认人民进步党政府的权力。顿时，人民全国大会党的支持者抗议示威活动又起，首都局势骤然紧张。随后 20 多天动乱中，警察和示威群众冲突频发，骚乱不断。财政部的三层大楼一翼被大火烧毁，据称有人故意纵火。6 月 29 日，在人民全国大会党的号召和组织下，乔治敦 7000 多人骑自行车或摩托车、乘坐汽车或马车以及徒步，举行大规模的和平的反政府游行。7 月 1 日政府再次发布关于集会、游行的禁令，但示威游行禁而不止。后经过加勒比共同体再次调解，人民进步党和人民全国大会党在圣卢西亚举行的该共同体首脑年会上签署《圣卢西亚声明》，同意采取措施改善种族关系和恢复政治对话，重申讨论修宪问题和双方完全的法律参与义务，提前两年举行大选等。7 月中旬，人民全国大会党虽然号召结束动乱和接受议会席位，但该党领袖霍伊特拒绝重返议会。黑人群众仍不断举行示威抗议活动，圭亚那政局遂继续动荡不稳。国内长期动乱使经济蒙受严重损失。1998 年圭亚那国内生产总值在连续 7 年增长之后首次出现负增长（－1.8%）。国家传统产品蔗糖出口收入减少 10%，木材及其他

产品出口收入减少了 23.9% 。①

1999 年 1 月，圭亚那议会成立了由各主要政党和团体组成的 20 人的宪法改革委员会，4 月开始公共协商，为 2001 年的大选做准备工作。人民进步党—公民运动联盟提出建议，认为"圭亚那合作共和国"应该重新命名，改称"圭亚那共和国"，总统任期应限于连续两届，宪法中应删去总统有权解散议会的条款等。这些建议随后均为宪法改革委员会在同年 7 月发表的报告所采纳。然而，霍伊特随后又以人民进步党缺乏永久解决政治问题的诚意为由，宣布退出修宪委员会和恢复公众抗议活动。总统贾根夫人立即作出强硬反应，警告说她绝不会向其他人的无理取闹屈服。后经加勒比共同体的多次斡旋，双方又恢复对话。

1999 年 4 月，圭亚那公用事业联盟（黑人居多）发动总罢工，要求增加 40% 的工资，其他部门纷纷响应。罢工者无视政府禁令，纷纷上街集会、游行等，政府出动防暴警察使用小粒子弹进行镇压，造成 17 人受伤。罢工一直延续了 56 天，使得国家许多部门出现瘫痪。8 月 9 日，年届 79 岁的贾根夫人遂以健康原因为由辞去总统职务，由时年 35 岁的印度裔财政部长巴拉特·贾格德奥（Bharrat Jagdeo）接任。人民全国大会党领袖霍伊特立即发表声明，不承认贾根夫人任命的任何继承人；同时对贾格德奥的接任程序提出质疑，认为不符合宪法"总统空缺由总理接任"之规定。于是，贾根夫人只好先让总理海因兹辞职，然后任命贾格德奥为总理。两天后即 8 月 11 日贾根夫人辞去总统职务，由贾格德奥接任，然后由贾格德奥总统重新任命海因兹为总理。

① The Economist Intelligence Unit, *Country Profile*, *Guyana*, *etc.* London, from 1999 to 2000.

（三）贾格德奥总统连续执政（1999～2001 年，2001～2006 年，2006～）

1. 协调各方筹备大选

贾格德奥总统年富力强、熟悉经济管理以及他愿意跨越民族政治分裂的个人品格，在圭亚那以及国际团体中颇受欢迎。但人民全国大会党仍持坚决反对的态度，该领袖霍伊特等拒绝出席贾格德奥的总统就职仪式。12 月国民议会批准建立一个委员会监督 2001 年 1 月立法选举之前的宪法改革工作；同时还成立两个任务队，一个任务队（后成为常设组织圭亚那选举委员会）负责处理选举改革工作，另一个任务队负责建立一个"民族关系委员会"（An Ethnic Relations Commission），做好民族工作。

2000 年 4 月圭亚那议会通过了一系列宪法修正案，5 月成立了新的选举委员会。6 月，委员会就 2001 年大选中将实行的改革事项达成协议。10 月末，国民议会各政党均同意宪法改革方案和实行新的选举法案即地方选民和国家候选人名单结合在一起的混合比例代表制，最终为新的大选扫清了道路。同时，国民议会还批准废除圭亚那最高人民代表大会制和地方民主机构全国代表大会制等。人民进步党和人民全国大会党两大政党还同意将议会中"少数党领袖"改名为"反对党领袖"，但有关议会改革的其他问题未能达成协议。

2. 大选获胜连任总统

2001 年 3 月 19 日圭亚那举行了自 1966 年独立以来第一次提前举行的大选，而且首次邀请了卡特中心、联合国、欧盟、美洲国家组织、英联邦、加勒比共同体等 6 个国际组织，包括 45 个国家和美国前总统卡特在内的 170 人组成的庞大国际观察团。国内人民进步党、人民全国大会党、劳动人民同盟、联合力量党等 11 个政党参加了大选，大约 89.9% 的登记选民参加了投票。结果人民进步党和公民运动组成的联盟获得 52% 的选票和议会 34

个席位，人民全国大会党获得 42% 的选票和 27 个席位，议会其他 4 个席位分别为得票比例很少的几个小党获得。小党之一的联合力量党，随后加入联盟政府。大选后，国际观察团认为选举广泛公正和自由。随后，人民进步党联盟再次组阁，贾格德奥和海因兹分别出任总统和总理。然而，人民全国大会党又以大选舞弊等为由拒不接受大选结果，并在其势力集中的乔治敦和德梅拉拉东海岸地区等组织黑人群众举行示威抗议活动；同时还向高等法院递诉状，要求阻止贾格德奥宣誓就职，但诉状被法院驳回。霍伊特在贾格德奥就职后发表电视讲话，声明拒绝接受"歧视其支持者并使他们社会边缘化"的政府。黑人群众的抗议示威活动愈演愈烈，随后变成了直接针对印度人的种族骚乱，4 月中旬达到高潮。抗议者在农村设置路障，在首都商业繁华区进行打砸、抢劫、纵火等活动，并与前来维持秩序的警察发生冲突。骚乱中一名妇女被打死，多人受伤，一些房屋、建筑化为灰烬。在此情况下政府做出强烈反应，下令逮捕了人民全国大会党的一些领导人，其中包括该党主席罗伯特·科尔宾（Robert Corbin）等。最后，在圭亚那各界多方努力下，两大政党领导人同意政治对话。双方都做出了一些让步，人民进步党采纳了人民全国大会党的一些建议、要求和主张；人民全国大会党对人民进步党政府的合法地位予以承认，但仍坚持对 2001 年大选中的问题进行法律挑战。这样，紧张局势又暂时缓和下来。

3. 政局动荡力挽狂澜

2002 年 3 月中旬国民议会开会辩论财政预算期间，人民全国大会党领袖霍伊特又以人民进步党"实行种族歧视、缺乏解决问题诚意"等为由，宣布中断与人民进步党的政治对话进程，率众退出议会，对政府采取抵制行动，并且还扬言恢复街头抗议活动等。顿时，圭亚那动乱再起，首都黑人聚众集会、抗议游行、秉烛守夜等接连不断。7 月 3 日中午，加勒比共同体第 23

届首脑年会在乔治敦开幕前 6 小时，圭亚那发生一起大规模冲击总统府的骚乱事件。数以千计的黑人游行队伍经过总统府门前时，一群游行者突然向总统府冲去。在与警卫人员的冲突中，2 人被打死，9 人被打伤，17 人被逮捕或拘留。暴力活动随后蔓延到总统府附近的雷金特大街等处，游行者砸毁、焚烧路边的汽车，殴打、抢劫过路行人，砸坏多家商店橱窗并烧毁两家商店。直到次日早上，混乱局势才得到控制。事件发生后，人民进步党和人民全国大会党分别发表声明，互相批评和指责。随后，尽管国内外一些组织和团体一再呼吁两党恢复对话解决问题，但进展一直不快。

2002 年 12 月 22 日人民全国大会党领袖霍伊特因心脏病突发去世。12 月 30 日人民进步党政府为其举行隆重国葬。人们普遍认为，这是人民进步党的一个友好表示。但在追悼会以及下葬活动进行过程中气氛紧张，骚乱迭起。2003 年 2 月初人民全国大会党的领导集团进行了调整，原主席罗伯特·科尔宾当选为该党领袖，党的政策随之亦发生一定变化。在人民全国大会党抵制议会长达一年之后，2003 年 5 月科尔宾率领该党成员重返议会，与执政党共商国是，并提出权利分享等多项动议。两大政党的政治僵局再次缓慢解冻。当月，贾格德奥和科尔宾达成协议，同意建立两党间的政治合作进程，即"建设性接触"（Constructive Engagement），其中包括反对党的代表参加议会新建的一些重要委员会的工作等。

由于国家政局长期动荡，两大民族之间矛盾和斗争激烈，2003 年社会治安状况严重恶化，犯罪率猛升。从 2002 年 2 月乔治敦 5 名在押罪犯越狱逃跑后，刑事案件开始剧增。2003 年头两个月有 155 人遇害；至年底共发生 330 起凶杀案，其中包括 24 名警官被杀害以及一系列武装袭击印度人事件。人民全国大会党多次指责政府支持警察敢死队超出法律程序滥杀无辜（主要是黑人），要求政府进行公开调查。为此，国民议会任命了一个精心挑选的委员会，核查了164起调查过的案件。从2003年晚些时候开始，人民全国大会党不断抱怨两党之间的对话进程太慢，等等；2004年3月人民全国大会党对议会的绝大多数会议予以抵制，4月取消了与政府的"建设性接触"。尽管如此，但人民进步党—公民运动联盟仍可控制局面和进行一些诸如通过财政预算等重大立法活动，其他各项工作照常进行。同年8月，人民全国大会党重返议会。2004年5月政府对警察敢死队所谓"违法问题"的调查结果公布后，未能使得反对党及一些群众团体满意。国内政治气氛由于互不信任而再次变得令人不安，同时也由于2006年年初国家大选的临近似又出现新的紧张端倪。2005年11月，在圭亚那东部地区，来自各主要村庄的大约1500人封锁道路抗议猖獗的犯罪活动，并指控警察直接参与了抢劫、强奸和勒索等犯罪事件。2006年2月下旬，国防军一兵营30支AK-47枪被盗；4月下旬，圭亚那农业部长萨蒂亚德奥·索（Satyadeo Sawh）及其两名亲属和保安在其家中遭到暗杀，震惊圭亚那朝野。8月上旬，《凯厄图尔新闻报》社大楼遭一帮持自动武器的枪手攻击，6人被打死，3人受伤；与此同时，一所监狱也爆发抗议活动。据报道，人们普遍担心暴力事件与帮派犯罪有政治联系。

4. 大选再胜连选连任

按宪法规定，圭亚那最迟应在2006年8月4日进行新一轮的总统和议会选举。但由于选举准备工作尚未完全到位以及在选举程序方面尚存在分歧，大选一直推迟到8月28日才进行，在492369名选民中，有68.2%的人参加了投票，是1992年以来参选率最低的一次（2001年大选的投票率曾达到91.7%）。主要原因据认为是人们对政治进程的幻想已破灭。选举结果是，执政的人民进步党—公民运动联盟获得54.6%的选票和议会中36个席位，但从绝对人数上讲，较 2001 年减少 26146 人，得票率下降 12%。以新面孔出现的反对党"人民全国大会党－改革－一个圭亚那党"联盟（The People's National Congress-Reform-One Guyana）获得 34% 选票和议会中 22 个席位，从绝对人数上讲，较 2001 年减少 51258 人，得票率下降 31%，是 20 世纪 50 年代以来得票率最低的一次。2005 年 10 月新成立的多民族政党"变革同盟"（The Alliance for Change）吸引了大量的黑人，此次大选获得 8.4% 的选票和 5 个议席，成为 1964 年以来最强大的"第三力量"（the strongest "third force"）。尽管选举制度改革后有利于小的政党参政，但它们组织规模小，力量有限，所得选票及议席寥寥无几。圭亚那行动党－起来组织和重建圭亚那党联盟仅获得 2.5% 的选票，其他政党所获选票均不到 1%。人民进步党总统候选人、上届总统贾格德奥继续出任总统，公民运动的海因兹继续出任政府总理。

据报道，此次大选是最近 14 年来唯一没有发生严重暴力事件的大选。圭亚那选举委员会和 154 名来自加勒比共同体、美洲国家组织、英联邦、欧盟、卡特中心等国际组织的观察员，对大选自由、公正和顺利举行表示满意。主要反对党人民全国大会党等从表面上看接受了大选结果。这与 1992 年以来历届大选后反对党都要采取抵制行动的情况，形成了鲜明的对照。大选后，人民全国大会党领袖科尔宾鉴于根深蒂固的沿民族界线分裂投票的传统模式，遂号召组建一个民族团结政府。

人民进步党在大选中再次胜出，原因很多。据报道，主要与贾格德奥总统任内努力缓和民族矛盾、改善公共基础设施、采取减少国家债务等政策措施有关，广大人民群众见到了实惠。但是新政府上任后，仍然面临着国内一系列政治、经济和社会问题以及国际关系等方面的许多挑战。特别是社会治安问题，直接关系人民生命财产安全，是政府必须努力解决的问题。2006 年 1 月 1

日至8月13日，全国有95人遭杀害（上年同期为71人），武装抢劫案数量较上年同期增加44%，达到673起。另外，毒品走私犯、洗钱等犯罪活动也很猖獗。新政府上任后，总统提出要对洗钱犯罪实行新的立法，并请求美国提供减少毒品走私方面的援助。总统还谈到需要对警察和国防军进行改组，并将警察改革提到优先解决的日程上。现在，警察改革计划已由美洲开发银行提供资金、苏格兰警察学院实施，英国也帮助实施包括公共秩序和解决其他问题方面的警察训练计划。

第五节　著名历史人物

圭亚那历史名人很多。这里仅介绍四位在圭亚那历史上或当代政治舞台上有过重要影响的人物，他们是科菲、切迪·贝雷特·贾根、林登·福布斯·桑普森·伯纳姆和休·德斯蒙德·霍伊特。按出生年月简介如下。

一　科菲（Coffy 或 Cuffy，? ～1763，黑人奴隶、圭亚那民族英雄）

1763年伯比斯奴隶大起义的主要领导人。出生年月及地点不详。幼年被贩入圭亚那利廉堡种植园（Plantation Lilienburg）做奴隶。当时种植园奴隶分为家庭奴隶和田间奴隶两种。因其聪明伶俐，被主人巴凯教以制桶技术，做家庭奴隶。后为负责膳食室餐具的男仆。他目睹和亲历奴隶主的残酷压迫和剥削，富有仇恨奴隶主心理和反抗精神，积极从事起义的准备工作。1763年2月23日，他与同一种植园的黑人奴隶阿卡拉（Akara）等率领奴隶起义。奴隶们首先在伯比斯地区的坎吉河附近马格达莱南堡种植园（Plantation Magdalenenburg）举事。在10多个月的时间内，起义队伍发展到近4000人，建立了黑人政府，几乎控制了整个伯比斯地区。此间，科菲出任实际上的伯比斯总督，领导起义队伍进行军事训练和农业生产等。后起义队伍内部发生分裂，领导人之间出现战略分歧和争权斗争。科菲与另一名起义领导人阿塔（Atta）为领导权决斗失败后，自杀身亡。之后，起义队伍力量大大削弱。不久，殖民者从苏里南、加勒比地区以及荷兰本土等调来援军，起义队伍于 1764 年 3、4 月间遭到残酷镇压。历时一年之久的奴隶起义终归失败，但它给予荷兰殖民统治以沉重打击，成为圭亚那人民争取自由和独立斗争的先驱。1970 年圭亚那选择 2 月 23 日即伯比斯奴隶起义 207 周年纪念日，成立合作共和国，同时命名科菲为民族英雄。乔治敦市中心现有一尊科菲塑像。

二　切迪·巴拉特·贾根（Cheddi Bharat Jagan，1918.3.22 ~ 1997.3.6，印度人后裔）

圭亚那人民进步党创始人之一，终身担任该党主要领导人（领袖 1950 ~ 1970，总书记 1970 ~ 1997），曾任政府总理（1953、1957 ~ 1964）和国家总统（1992 ~ 1997）。出生于圭亚那伯比斯河与科兰太因河之间的莫兰特港种植园的工头家庭，祖籍印度。家中兄弟姊妹 11 人，在男孩子中排行最大。1933 ~ 1935 年在乔治敦女王学院接受中等教育。1936 年赴美国工读，先后在华盛顿霍华德大学、芝加哥西北大学牙科医学院和芝加哥基督教青年学院（夜校）深造，获得理学士和牙科博士学位。在芝加哥基督教青年学院学习时，受在该校任教的印度流亡者辛哈教授影响颇深，对政治事务兴趣愈浓。1943 年 8 月 5 日与美国犹太人后裔珍妮特·罗森伯格结婚，同年 10 月回国行医。1945 年开始进入公共生活，任英属圭亚那糖业工会"人力公民协会"司库一年有余。1945 ~ 1947 年任英属圭亚那有色种人联盟总书记。1949 年任锯木厂工人联盟主席。1947 ~ 1953 年

任英属圭亚那立法委员会（又称下院）当选委员。1946 年同拉姆·卡兰（印度裔）、马丁·卡特（非洲裔）、乔斯林·哈伯德（欧洲裔）、夫人珍妮特·贾根等创建政治事务委员会。1950 年 1 月同伯纳姆等将政治事务委员会和英属圭亚那劳工党合并组建人民进步党，任该党领袖。1952～1953 年任稻米生产者协会主席。1953 年 4～10 月任英属圭亚那政府总理兼农业、土地和矿业部长，后遭英国殖民当局废黜。1954 年 4 月，因反对殖民当局对他的限制（软禁）法令被捕入狱半年。1957～1961 年再次任英属圭亚那政府总理并兼商业和工业部长。1961～1964 年第三次任英属圭亚那政府总理并兼发展和计划部长。1964～1973 年、1976～1992 年任议会反对党领袖。1970～1997 年任人民进步党总书记，1976 年 2 月起任圭亚那农业和一般工人联盟名誉主席。1992 年 10 月至 1997 年 3 月任圭亚那总统，1993 年 12 月应江泽民主席邀请曾对中国进行国事访问。1997 年 3 月 6 日因心脏病突发病逝于美国沃尔特·里德医院（Walter Reed Hospital），距其总统任期届满相差 9 个月。

贾根还曾任圭亚那和平理事会主席、世界和平理事会理事。爱好文学，著有《被禁止的自由》、《对英属圭亚那贫困的剖析》、《加勒比革命》、《工会和民族解放》、《为一个社会主义圭亚那而奋斗》等。

三　林登·福布斯·桑普森·伯纳姆（Linden Forbes Sampson Burnham，1923.2.20～1985.8.6，非洲黑人后裔）

人民全国大会党创始人，终身担任该党领袖（1957～1985），曾任政府总理（1964～1980）和国家总统（1980～1985）。出生于东德梅拉拉基蒂村（现为首都乔治敦郊区）一个中产阶级家庭，在 5 个孩子中排行第二，父亲为基蒂卫理公会小学校长。幼年在父亲任职的小学接受初级教育，后在乔治敦中心中学和女王学院接受中等教育。1942 年获得政府资助的可以去英国大学深造的奖学金，但因战争未能立即成行，故在国内完成学士学位的学习。随后，在英属圭亚那一所私人中学任教、在女王学院担任副校长等职。

1945 年赴英国学习法律，曾作为学生代表获法律系最佳讲演者奖杯。1947 年毕业于伦敦大学法学系，获法学士学位。1947～1948 年任伦敦西印度大学生联盟主席、国际学联代表大会代表、加勒比劳工大会伦敦分会的副主席，并率领西印度大学生代表团出席在捷克斯洛伐克首都布拉格和法国首都巴黎举行的国际学联代表大会、世界青年节。1948 年获律师职衔，加入英国格雷法学协会。1949 年回国后在乔治敦开业做律师，并任英属圭亚那劳工党主席。1950 年 1 月同贾根等将政治事务委员会和英属圭亚那劳工党合并组建人民进步党，任该党主席直至1955 年。1953 年当选国民议会议员，并出任英属圭亚那政府教育部长。1952～1957 年和 1963～1965 年任英属圭亚那劳工联盟主席。1966 年英属圭亚那独立后，英属圭亚那劳工联盟改称圭亚那劳工联盟，继续任主席至 1985 年去世。1955 年与贾根分裂，1957 年组建人民全国大会党，任领袖。1952～1956 年曾当选乔治敦市议会议员。1959 年和 1964 年两次任乔治敦市长。1959 年任英属圭亚那律师协会主席，成为本国最负声望的律师之一。1960 年任英国皇家法律顾问，1966 年成为高级顾问。1964～1966 年任英属圭亚那总理，1966 年领导英属圭亚那独立后继续任总理至 1968 年。1968 年和 1973 年两次连选连任总理至 1980 年。1980 年 10 月圭亚那实施新宪法，改任总统至 1985年 8 月 6 日病逝。1975 年和 1984 年两次访问中国，曾受到周恩来总理、中共中央顾问委员会主任邓小平、中共中央总书记胡耀邦等亲切会见。主要著作有《可以铸造的命运》（言论集）。

1951 年和 1967 年两次结婚。第二任夫人维奥拉·伯纳姆为

华裔（曾任国家副总统兼副总理、圭亚那妇女革命社会主义运动主席等职）。

四　休·德斯蒙德·霍伊特（Hugh Desmond Hoyte，1929.3.9～2002.12.22，非洲黑人后裔）

曾任人民全国大会党领袖（1985～2002）、政府总理（1984～1985）和国家总统（1985～1992）。出生于首都乔治敦。1957～1960年在伦敦大学和中殿律师学院学习，获得伦敦大学法学士学位，并在中殿律师学院取得中殿法律协会律师资格。回国后从事律师工作。1968年当选为国民议会议员，后历任政府内政部长（1969～1970），财政部长（1970～1972），工程和交通部长（1972～1974），经济发展、地区发展、地方政府和合作社部长（1974～1980），副总统（1981～1984）兼贸易部长（1983），第一副总统兼总理（1984.8～1985.8）等职。1985年8月伯纳姆总统病逝，继任总统并当选为人民全国大会党领袖。1985年12月大选，人民全国大会党获胜，连任总统。1987年推行经济调整改革政策，摈弃"合作社会主义"理论，使圭亚那经济逐渐走出低谷。1992年10月大选失利下台，任议会反对党领袖多年。1977年、1999年曾两次访问中国。因满头白发和老谋深算，素有"银狐狸"之雅称。2002年12月22日因突发心脏病去世，政府为其举行国葬。

第三章

政　治

第一节　国体与政体

一　国体与政体的演变

圭亚那历史上为欧洲国家殖民地，从 1648 年算起至 1966 年圭亚那获得独立，历时 300 余年。1648 ~ 1803 年为荷兰统治时期，荷兰国会先后通过荷属西印度公司和荷兰总督对圭亚那行使最高统治权。1803 ~ 1966 年为英国实际统治时期，圭亚那完全是一个典型的皇家殖民地。英国国王通过总督对圭亚那行使管辖权。1966 年独立后至 1970 年建立共和国之前，圭亚那名义上获得独立，但实际上是一个带有君主立宪色彩的国家。作为英联邦成员国，圭亚那的国家元首仍为英国女王，英国派遣的总督是女王在圭亚那的代表。1970 年 2 月 23 日，圭亚那建立合作共和国，首次由国民议会选举当地人出任国家总统，从此结束了英国女王担任其国家元首的时代。但圭亚那决定仍留在英联邦，在政体上继续实行议会制。总理为政府首脑，负责组阁和行政。总统作为国家元首，是政治秩序合法性的象征，其作用主要是礼仪性质的，并无实权。他所执行的完全是总理和内阁的旨意。

自独立以来，圭亚那国体一直是中产阶级占统治地位的资本主义国家。据 1980 年制定的现行宪法之表述，圭亚那是处在由资本主义向社会主义过渡的进程中。另外，1980 年宪法还规定，圭亚那改议会制为总统制，国家仍实行共和制政体。

二　宪法

圭亚那的宪法历史相当复杂，而且其中明显地反映出圭亚那当地利益与欧洲殖民权力之间的冲突。另外，尽管英国人在 1803～1966 年实际统治圭亚那，但圭亚那的前殖民者荷兰人的殖民统治实践一直延续到 1928 年。此后，在圭亚那宪法中发挥作用和具有深刻影响力的一直是英国人的政治准则和观念。现将圭亚那在荷兰和英国殖民统治期间以及独立后的几部主要宪法介绍如下。

1680 年宪法和 1732 年宪法　1621 年经荷兰国会同意，荷属西印度公司宣告成立，负责圭亚那地区的殖民和贸易活动。起初，荷兰人在圭亚那建立的是相互分割的埃塞奎博（后含德梅拉拉）和伯比斯两块殖民地。史载，大约在 1680 年时荷属西印度公司颁布了据称是圭亚那历史上的第一部宪法。它规定，给予埃塞奎博殖民地司令官管理当地的土地和民众的全部行政权力；但是在实施法律过程中，他将由一个包括驻地警官和当时停泊在港内的船只上的船长等人组成的委员会协助。当然，现在看来这一部宪法是相当原始和简单的。后来，随着殖民地经济的不断发展，当局对宪法不断进行修订和更新，殖民地的行政管理体系也不断得以完善。

1732 年，伯比斯殖民地也制定一部宪法，它作为殖民地行政的基础存在了大约 200 年。据此宪法，殖民地设立总督、行政委员会和司法（民法和刑法）委员会；行政委员会成员由总督根据殖民地种植园主提供的名单进行选择；总督和行政委员会组成刑法委员会，民法委员会由总督和种植园主的代表组成，总督担任主席。宪法还规定了"召回制度"（Recall Movement），即种植园主可以指控总督及其政府，并请求宗主国殖民当局为殖民地的发展着想，撤换总督。实践证明，此项制度在解决行政当局和殖民地种植园主阶级之间的矛盾方面是有一定效果的。[①]

1891 年宪法 19 世纪后半叶，医生、律师、教师、牧师以及富有的店主等组成的职业集团发展起来。他们在殖民地政治中没有代表权，而且对控制殖民地政权的狭隘寡头政治日益不满，因此强烈要求进行宪法改革。与此同时，内地采矿业兴起并在殖民地经济发展中发挥越来越重要的作用。从事这一产业的人员主要是葡萄牙人以及中国人、黑人等有色种人。这些人通过主办的报纸对宪法表达了强烈的改革愿望。殖民地当局也开始意识到将代表权扩大到非种植园主集团的必要性。于是，1891 年初经过英国皇家同意，英属圭亚那对宪法进行了重大修改。

宪法规定，取消选民院，政策院的非官方成员和财政代表将由民众直接选出。宪法还规定，成立一个执行委员会，负责行政工作，政策院成为一个单纯的立法机构。但宪法仍规定，当选的政策院成员和财政代表在殖民地必须拥有价值至少为 7500 美元的不动产，选举人资格的收入限额降低到 480 美元等。这些改革在某些方面是具有深远影响的，被史书称为圭亚那宪法和政治史上一个明确的转折点。然而，英属圭亚那的内部权力结构（政策院和联合院）仍然保留未变，政府仍然是一个以欧洲种植园主统治为特点的行政机构。在此后 37 年中当局再没有对宪法做任何重大修改。[②]

---

① *The Regional Surveys of the World*, *South America*, *Central America and the Caribbean*, Europa Publications Limited, London, 2000, p. 417. Colin Baberand Others, *Guyana Politics*, *Economics and Society*, Frances Pinter (Publishers) Limited, London, 1986, p. 14.

② 〔英〕雷蒙德·T. 史密斯：《英属圭亚那》，吉林人民出版社，1974，第 90 ~ 92 页。

1928 年宪法　由于英国人继承了荷兰人的一个烦琐的宪法结构，殖民地行政机构繁多，经费与日俱增，加重了种植园主们的负担，使得种植园主与政府的矛盾加剧。20 世纪 20 年代，政策院的当选成员和政府在财政问题上发生一系列冲突，政府财政预算出现不平衡，殖民地背上沉重的债务。1926 年英国政府任命一个委员会赴英属圭亚那调查其经济状况。次年委员会提出报告，建议改革殖民地宪法和其不健全的财政制度等。1928 年，英国议会根据委员会的建议，为英属圭亚那制定一部新的宪法。

新宪法规定，撤销政策院和联合院，设立一院制立法议会；议会中多数成员由英国政府任命，少数成员由殖民地选举产生。他们包括总督、殖民大臣、首席检察官、8 名指派的官员、5 名指派的非官方的几乎全部是欧洲人商业和种植业代表以及 14 名原联合院的当选委员（这 14 名原当选委员任期至新的选举为止）；总督拥有在制定法律时否决议会意见的权力。新宪法还规定，成立一个执行委员会，总督任主席，成员有殖民大臣、首席检察官、4 名指定的官员、3 名指定的非官方委员以及由总督指定的 2 名立法委员会的当选成员组成。新宪法首次将选举权扩大到妇女，但选举人财产资格的限制并未改变。这次宪法改革表面上是为着解决各方面的矛盾和殖民地的财政困难而进行的，似乎是一个进步。但实际上它也有消极的一面，即圭亚那从此变成一个典型的英国皇家殖民地，当地人的参政机会减少了。20 世纪 30 年代，加勒比英属殖民地发生一系列骚乱和劳工纠纷，英国派出莫因为首的皇家委员会前往调查。1943 年和 1945 年根据委员会建议，英国政府对英属圭亚那的宪法做了进一步的修订。其中降低了立法议会候选人资格中和选举人资格中在财产上的限额，增加了立法议会中当选成员的名额，取消了禁止妇女和牧师参加选举的限制性规定等。但总督仍控制着行政委员会，在议会中有权否决或通过各种法律等。

1953 年宪法 1953 年英属圭亚那实施一部新宪法，史书多称 1953 年宪法，亦称沃丁顿宪法，因为它是根据沃丁顿委员会的建议内容而制定的一部宪法，故名。

第二次世界大战后，英属圭亚那民族民主运动不断高涨，一些政党应运而生，纷纷要求圭亚那实现政治独立。英国政府为维持其殖民统治，于 1950 年 10 月任命一个以 E. J. 沃丁顿为主席的皇家委员会（又称沃丁顿委员会）前往英属圭亚那进行考察，谋求解决问题的办法。委员会调查了英属圭亚那的政治结构和经济力量等情况，并就最终使圭亚那走上内部自治的道路提出了一系列建议。1951 年 10 月，英国当局在沃丁顿委员会所提建议的基础上对旧的宪法进行了改革，制定了一部新的宪法。主要内容有以下几点：第一，年满 21 岁的成年人都有普选权，取消选举资格方面的财产和收入限制，当选人要懂英语；第二，实行内阁制，继续设立 1951 年宪法规定的两院制立法机构，任期 4 年。立法机构包括由 24 名当选委员、3 名当然委员（即首席部长、财政部长和检察长）组成的下议院和拥有部分修正权力的上议院即国务院。下议院由议长主持工作。上议院由总督提名的 6 名委员和下议院中多数派提名的 2 名委员和少数派提名的 1 名委员组成；第三，主要行政机构是执行委员会，由总督、3 名下议院的当然委员、6 名从下议院的当选成员中以无记名投票方式选出的部长和 1 名从上议院成员中选出将出任不管部长的成员组成，总督任主席。部长对总督个人负责，服从总督的否决权。[①]

新宪法在 1953 年启用，尽管新宪法未完全满足人民进步党之期望，但该党仍认为新宪法还属当时英国殖民体系中最进步的

---

① Chaitram Singh, *Guyana Politics in a Plantation Society*, Praeger Publishers, New York, 1988, p. 20.

一部宪法。根据新宪法之规定，大选确定在 1953 年 4 月 27 日。大选后，人民进步党获得下议院 24 个选举席位中的 18 席，被授权组阁。在英属圭亚那历史上，这是第一次全国成人普选，也是第一次由当选的部长们管理殖民地内部事务。但是，当人民进步党内阁刚刚着手贯彻"进行民主改革和争取国家独立斗争"的施政纲领时，英国殖民当局便以圭亚那有"共产党颠覆的危险"为借口，中止宪法，推翻了人民进步党内阁，代之以一个完全由皇家任命的过渡政府，直至 1957 年大选。

1961 年宪法 如上所述，1953 年宪法为英属圭亚那当地人提供了有限的内部自治权利。但这部宪法仅实行了半年时间则被英国殖民当局所中断。因此人民进步党等继续为争取民主权利而斗争。于是，1953 年宪法经过殖民当局 1957 年修订后继续施行。1958 年 11 月根据英国殖民大臣的要求，英属圭亚那总督成立一个制宪委员会，为宪法的进一步改革提供建议等。1960 年 3 月英国殖民大臣伊恩·麦克劳德（Iain Macleod）在伦敦为圭亚那召开新的制宪会议，贾根、伯纳姆、布林德利·本等主要政党领导人均出席。会议根据 1957 年修改过的 1953 年宪法的基本框架制定一部新宪法，1961 年 7 月颁布实施。

宪法内容主要有：圭亚那在英联邦内实行完全的内部自治；设置两院制立法机构，任期 4 年；立法议会即下议院（The Legislative Assembly or Lower House）将包括 35 名议员，由 35 个选区各选 1 名议员组成，议长主持工作，其中包括总理和各部部长；下议院多数党领袖将出任内阁总理，负责组织内阁政府，全权处理国内事务；上议院（The Senate or Upper House）有 13 名议员，其中 8 名由总督根据总理提议任命，3 名由总督与立法议会中反对党领袖协商后任命，剩余 2 名由总督随意任命。上议院拥有有限的立法阻滞权力；国防和外交事务仍由总督负责，总督同时保留某些留作专用的立法权，但一些外贸相关权力移交英属圭亚那政府。① 1961 年 8 月进行了新的大选，贾根领导的人民进步党获得 35 席中的 20 席，再次组阁并出任总理。新宪法的实施使圭亚那出现一个完全的内部自治的议会制政府。

1966 年宪法 亦称"独立宪法"。经过 20 世纪 60 年代初的一系列动乱之后，英属圭亚那的政治形势日益受到民族因素的影响。政党政治明显地打上了民族政治的烙印，但摆脱英国殖民统治的国家独立运动已成为不可阻挡之潮流。1964 年 12 月人民全国大会党和联合力量党联合执政后，继续为争取国家独立进行斗争，同时采取一系列措施缓和民族矛盾。人民进步党在经过半年抵制后返回立法机构。1965 年 11 月英国政府应伯纳姆总理的要求，在伦敦再次召开关于英属圭亚那的制宪和独立问题会议，确定英属圭亚那于 1966 年 5 月 26 日独立。此间，著名的印度裔律师、英属圭亚那联合政府的无党派成员和总检察长 S. S. 兰法尔（S. S. Ramphal）负责为即将独立的英属圭亚那起草了一部新宪法。② 1966 年 5 月 26 日新宪法正式生效。

新宪法规定，立法机构仍为 1964 年确定的一院制议会即国民议会（National Assembly），由全国按比例代表制普选产生，成员 53 名，任期 5 年；继续承认英国女王为圭亚那国家元首，总督为其代表，1969 年 1 月以后如果议会多数同意，圭亚那可以在议会制基础上建立共和国；总督根据总理提议任命的 4 名部长

---

① William B. Mitchell and Others, *Area Handbook for Guyana*, U. S. Government Printing Office, Washington, D. C. 1969, p. 146, Kemp Ronald Hope, *Guyana：Politics and Development in an Emergent Socialist State*, Mosaic Press, Oakville, Canada, 1985, p. 22, Chaitram Singh, *Guyana Politics in a Plantation Society*, Praeger Publishers, New York, 1988, p. 27.

② Thomas J. Spinner, Jr, *A Political and Social History of Guyana, 1945 – 1983*, Westview Press, Inc. Boulder, Colorado, 1984, p. 120.

不需要是议会的当选成员，但可以作为非选举成员参加会议；专设印第安人事务部和一名部长负责印第安人合法权益；设置独立的司法服务委员会、公共服务委员会、警察服务委员会和选举委员会等行政机构；为克服民族之间的不和，宪法规定圭亚那独立后实行真正的协商民主制度；承认反对党领导人的合法地位，总理在向总督推荐司法服务委员会大法官、首席法官和委员，公共服务委员会主席、副主席和委员以及警察服务委员会委员人选时必须与之协商；设置专门负责调查公共服务方面的不足和管理方面的错误事宜的官员等。宪法条款的修改需经立法机构 2/3 多数或全国公民投票通过；保护公民权利和私人财产，等等。

圭亚那独立之日，即新宪法生效之时。根据独立法令之条款，伯纳姆的人民全国大会党政府将继续执政至新的大选。按照新宪法规定，圭亚那仍实行带有君主立宪色彩的政体直至建立共和国。

1980 年宪法 即现行宪法，也称"社会主义宪法"。1970年 2 月圭亚那曾对"独立宪法"进行修改。1973 年大选后，下一次大选本应在 1978 年举行。1974 年人民全国大会党在乔治敦郊区索菲亚召开特别代表大会，纪念执政 10 周年。该党领袖伯纳姆在大会上发表讲话（后称《索菲亚宣言》），重申人民全国大会党是社会主义政党，提出"党至高无上"的学说，并指出政府只是党的执行机构之一。[1] 之后，伯纳姆还在多种场合讲话强调，1966 年的独立宪法是在英国保守党的监督下制定的，它为反对没收私人财产提供了特别的保证等，不符合社会主义的原则；实践已证明 1966 年的独立宪法是不完整的，必须加以修改

---

① Chaitram Singh, *Guyana Politics in a Plantation Society*, Praeger Publishers, New York, 1988, p. 72.

才能适应新的形势，才能实现人民全国大会党的目标等。① 1978
年议会通过决议并经公民投票同意，推迟大选，延长议会任期，
负责制定一部新宪法。1980 年 2 月新宪法完成，同年 10 月 6 日
颁布实施。

1980 年宪法长达 135 页，分为总则和具体规定两部分，计
232 条，前有序言，后有任职宣誓词。序言开宗明义，指出建立
在社会主义原则之上的国家和社会组织是保证所有圭亚那人的社
会和经济公正的唯一途径。宪法第一条宣布，圭亚那合作共和国
是一个处在从资本主义向社会主义过渡进程中的不可分割的、非
教会的、民主的主权国家。

宪法的其他主要内容还有：圭亚那政治、经济和社会制度
的基础是政治和经济的独立；圭亚那实行总统制，总统是国家
的最高权威，总理为总统主要助手和在国民议会中政府事务的
领导人；总理和各部部长由总统任命；总理必须是国民议会的
当选成员，部长可以是国民议会的当选成员和非当选但具有当
选资格的成员；非当选成员一旦被任命为部长，即成为国民议
会的当然成员，但没有选举权；内阁在总统领导下集体向议会
负责；全国划分为 10 个行政区，各区设地区民主议会（The
Regional Democratic Council），任期 5 年零 4 个月；圭亚那议会
（A Parliament of Guyana），由总统和一院制国民议会组成，任期
5 年；设置独立的选举委员会、司法服务委员会、警察服务委员
会、公共服务委员会、教育服务委员会以及调查国家工作人员舞
弊等问题的专门官员等。宪法还规定，每一个圭亚那人，无论其
种族、籍贯、政治观点、肤色、信仰和性别如何，都享有幸福的

---

① Henry B. Jeffrey and Others, *Guyana Politics, Economics and Society*, Frances
Pinter（Publishers）Limited, London, 1986, pp. 78 - 79. *Constitution of the
Co-operative Republic of Guyana*, Guyana National Lithographic Co. Ltd.,
Georgetown, 1980.

有创造力的和富裕的生活基本权利以及免除饥饿、疾病、愚昧和贫困的基本权利；公民和社会经济团体如合作社和工会等参与国家的政策制定过程与管理；参与社会生产资料所有制和国民经济计划的制定；合作主义实际上是社会主义改造的有力的原则；公民 18 岁（含 18 岁）以上可以参加选举；个人财产、遗产、男女同工同酬的工作权、公费医疗、免费教育、老年人和残疾人的社会救济金得到保护；个人的政治权利要服从国家主权和民主的原则，言论自由要服从国家规定的保证在向公众传播信息时公平和公正的义务等。对外关系的指导原则是尊重人权、领土完整和互不干涉内政等。

1980 年宪法至今仍在施行。1988 年 2 月，议会通过了宪法修正案，对 1980 年宪法做了重大修改，进一步加强了议会的权力。1999 年再次对宪法进行重大修改，宪法修改委员会于当年 7 月 17 日完成修宪报告。议会特别委员会于 10 月底向议会提交了对修宪报告的审议意见。但是，其中改革比例代表制的选举制度和选举委员会的组成等两个关键问题，议会未能解决。2000 年和 2001 年国民议会对 1980 年宪法又进行了两次重大修改，主要内容包括引入混合比例代表制的选举制度、取消圭亚那最高人民代表大会和地方民主机构全国代表大会、撤销对总统的起诉豁免权、限制总统任命国民议会外部的部长数量最多 4 人和 2 名议会秘书①。

三　国家元首与政府首脑

根据现行的 1980 年圭亚那宪法之规定，总统是国家元首、最高行政长官（政府首脑）及共和国武装部队

①　*The Europa World Year Book 2003*, Europa Publications, London, 2003, p. 1940.

总司令，任期5年，可连选连任。

总统负责任命第一副总统兼总理（必须是国民议会当选成员）和内阁各部部长（国民议会当选成员或有资格当选的成员）、最高法院大法官和首席法官、总检察长以及反对党领袖（国民议会当选成员并被总统认为是最受反对党派支持的人）；任命政府管理各方面工作的委员会成员、军事和准军事部队参谋长、警察专员和副专员、负责调查国家工作人员舞弊行为的专门官员等；有权延期或解散国民议会（如果解散议会，须立即进行新的大选）；有权否决议会通过的立法中的任何条款；可以随意推迟大选，一次期限为1年直到延至5年。总统可以在任何时候出席国民议会会议并发表讲话；可以向国民议会发送信件，任何此类信件应在收到后的第一次便宜的会上由总理或总统指定的其他部长进行宣读。

总统因健康原因或违反宪法（由议会三分之二的多数票通过决议）或有法庭确认的重大渎职行为（由议会四分之三的多数票通过决议），可以被罢免。但总统由于职务能力或个人能力所致的任何行为，均免予起诉；在职期间不就个人的职能行为回答法院的任何质询；无论总统任职期间或此后，执法机关不就其个人的能力方面进行刑事或民事起诉。无论任何时期，总统职位如出现空缺则由总理替补，如总理缺席不在圭亚那或由于健康原因不能行使职权时则由内阁推选一位部长担任，如总理和内阁两者均没有合适人选时则由大法官代理等。

第二节 中央政府与地方政府

一 中央政府

圭亚那内阁政府（Cabinet Government）即中央政府。在1953年引入内阁政府之雏形以前，圭亚那作为英国殖民地，系根据 1928 年的宪法原则长期由皇家殖民地政府进行管理。行政权力归总督及英属圭亚那执行委员会行使。执行委员会中部分成员由选举产生，部分由总督任命。首席部长通过政府各部负责贯彻执行委员会的决议。实际上，首席部长办公室就是表达总督在其指示中所转达的皇家的管理意志的。自 1953 年实行新宪法起，圭亚那引进内阁制，随后几经变革、完善并沿用下来。1966 年圭亚那独立，新的政府体制定型。根据独立宪法，圭亚那行政权力由总督及执行委员会手中转入总理及其内阁手中。总督（保留至 1970 年）以及其后的总统（1970～1980 年）主要是根据总理和内阁的旨意行事。总理及其内阁集体对政府的总方略和日常管理负责。

1980 年宪法实施之前，圭亚那一直实行议会制，即由总理负责组阁并出任政府首脑。之后，圭亚那实行总统制，执行总统成为国家首席行政权威。总统负责组阁，任命副总统、总理（排位最前的副总统）、副总理、高级部长、一般部长、国务部长、总检察长和议会秘书等。内阁任期 5 年，由总统、总理、若干副总统和各部部长组成，但只有副总理、副总统和高级部长方可成为内阁常务成员。总理、副总统均须兼任一政府部长职。在总统领导下内阁集体向议会负责。总统主持内阁会议和各项工作。总统缺席时由总理代理，总统、总理均缺席时则由总统指定的部长代理。

当然，内阁的组成随着国内政治和经济形势的发展变化不断有所调整和变化。总的情况是，1966 年圭亚那独立以来至 20 世纪 80 年代，内阁组成比较复杂，20 世纪 90 年代后期以来内阁组成有所简化。

1973 年大选后产生并且几经改组的内阁由总理、副总理和部长组成。部长又分为高级部长、一般部长和国务部长。因此，往往出现一个部有两位部长负责工作的情况。1978 年内阁进行调整后，总理和副总理编制不变，部长中不再设一般部长。1980年实施新宪法，内阁由总统和若干副总统、总理和若干副总理以及部长组成。1983年1月，内阁调整后包括总统、副总统、总理（副总统兼，无副总理）和各部部长。部长分为高级部长和一般部长；一般部长中含国务部长。1985年11月，内阁再次调整，有总统和4位副总统、总理和4位副总理以及各部部长。但部长又分为高级部长、一般部长和国务部长三大类。1988年内阁组成人员略有增加，部长类别设置同1985年；专设卫生部、贸易部、总统府部等。

1997年大选后，内阁组成仅设总统、总理和各部部长，部长类别同前。1998年6月内阁调整后，部长不再分高级部长和一般部长。另外，20世纪90年代以来，内阁中取消了合作社部，对总统工作有所加强，如2000年增设了部级的总统府秘书长和内阁秘书、总统府内负责财政的部长、总统政治顾问、总统科学技术和环境顾问等职位。2001年3月大选后组成新内阁，同年4月进行调整，取消了公共工程部，减少了与总统有关的部委等职位。2006年8月28日举行新的大选。巴拉特·贾格德奥（Bharrat Jagdeo）继续出任总统，9月9日组成新内阁，主要成员如下。

总理兼公共工程部部长：塞缪尔·A. 海因兹（Samuel A. Hinds）；

议会事务部部长：潘迪特·里普·达曼·珀索德（Pandit Reepu Daman Persaud）；

外交部部长：塞缪尔·鲁道夫·因萨纳利博士（Dr. Samuel Rudolph Insanally）；

总统府公共服务部部长：乔治·冯－昂（George Fung-On）；

对外贸易和国际合作部部长：亨利·杰弗里博士（Dr. Henry Jeffrey）；

内政部部长：克莱门特·詹姆斯·罗希（Clement James Rohee）；

财政部部长：阿什尼·库马尔·辛格博士（Dr. Ashni Kumar Singh）；

农业部部长：罗伯特·帕索德（Robert Persaud）；

总检察长兼法律事务部部长：杜德瑙思·辛格（Doodnauth Singh）；

劳工部部长：曼佐尔·纳迪尔（Manzoor Nadir）；

教育部部长：谢克·巴克什（Shaik Baksh）；

卫生部部长：贝里·拉姆萨兰（Bheri Ramsarran）；

住房和供水部部长：哈里纳里内·瑙巴特（Harrinarine Nawbatt）；

人类服务和社会保障部部长：普里亚·马尼克强（Priya Manickchang）；

旅游、工业和商业部部长：曼尼拉姆·普拉沙德（Manniram Prashad）；

印第安人事务部部长：卡罗琳·罗德里格斯-伯克特（Carolyn Rodrigues-Birkett）；

地方政府和地区发展部部长：凯拉万·拉尔（Kellawan Lall）；

公共服务管理部部长：珍妮弗·韦斯特福特博士（Dr. Jennifer Westford）；

运输、通信和水利部部长：罗伯逊·本（Robeson Benn）；

文化、青年和体育部部长：弗兰克·安东尼博士（Dr. Frank Anthony）；

地方政府部部内部长：克林顿·科利莫尔（Clinton Collymore）；

总统府秘书长：罗杰·伦切昂博士（Dr. Roger Luncheon）。

中央政府为了加强管理有关方面的工作，除了设内阁各部之外，还设置相关委员会并使之具有一定的独立性质，如前所述选举委员会、司法服务委员会、警察服务委员会、公共服务委员会、教育服务委员会等。这些委员会有权（至少是在技术上）任命属其管辖的官员，有权撤销上述官员职务或对其采取惩戒性的管理措施等。另外，内阁还设置专门调查政府官员舞弊行为的官员；设置办公厅，由内阁秘书领导，负责日常工作。办公厅根据总统指示，设计议事日程、提供内阁会议记录和决定以适当形式进行传阅等。

二 地方政府

地方政府形式的出现始于 19 世纪 30 年代废除奴隶制时。当时几乎所有沿海的殖民区都是种植园，每个种植园形成一个相对自治和自给自足的单位。与此同时，中央政府通过制定一些法律，对种植园主的自治权开始进行某些限制。黑人奴隶获得解放后纷纷离开种植园，在沿海地区自建村庄。一些当选的官员被派往那里，负责保持海岸堤防、排水和灌溉工程等设施处于良好状态。随之，印度契约劳工合同期满后也在沿海地区建立村社。于是，沿海地区形成新的社会经济组织形式。然而在很长时间内，地方政府的体制主要限于沿海平原，而且尽管地方政府机构颇多，但所辖人数不足总人口的一半。

地处沿海平原的乔治敦和新阿姆斯特丹分别建市于 1782 年和 1785 年。1837 年乔治敦市民被允许选举市长和市议会。当时全市分为 9 个区，每区选一议员，另加 3 名任命议员，市议会共12 名议员。1891 年 9 月 1 日，即新阿姆斯特丹建市 106 周年之时，总督授权该市选举市长和市议会，市议会由 6 名选举产生的议员和 3 名指定的议员组成。当时，市财政收入来自土地税以及建筑、市场和供水收益等。市议会负责公共街道维修、卫生设施、供水、消防、街道照明以及一般的福利设施和市政管理。另外，乔治敦和新阿姆斯特丹两市都设有自己的卫生机构。新阿姆斯特丹市议会还经营一座为本市供电的发电站。之后直至1970年，圭亚那再没有增设城市编制。①

　　乔治敦和新阿姆斯特丹之外的地方政府均以乡村行政区体制（A System of Village and Country Districts）为基础。1907年圭亚那地方政府有较大改革，设立了地方政府委员会（The Local Government Board），并将全国分为城市卫生区（Urban Sanitary Districts）、乡村区（Village Districts）、县区（County Districts）和农村卫生区（Rural Sanitary Districts）四大区类。1931年建立县议会，试图将甘蔗种植园统一到地方政府体系中去，并任命相关行政官员。1932年全国又分为9个行政区域（Nine Administrative Districts），各行政区域由地方政府委员会任命的区专员（District Commissioner）进行管理，区专员管理制大约一直延至内阁制建立以后。区专员行使广泛的权力，负责区内的所有的政府活动，但基本任务之一是监督地方当局管辖范围内的工作，并将有关情况通过首席部长向总督直接汇报。

　　20世纪60年代，在全国9个行政区（Nine Country Districts）中，6个沿海行政区属地方政府委员会管理，3个内地行政区归内政事务部负责。1969年国民议会通过了《地方政权选举条例》、《市议会和地区议会条例》等，明确了乡村界限，扩大了乔治敦和新阿姆斯特丹管辖区。1970年作为地方政府改革总规划的一部分，圭亚那增设林登、科里弗顿和罗斯霍尔3个市。当

①　Colin Baber and Others, *Guyana Politics*, *Economics and Society*, Frances Pinter（Publishers）Limited, London, 1986, pp. 99 - 100; William B. Mitchell and Others, *Area Handbook for Guyana*, U. S. Government Printing Office, Washington, D. C. 1969, pp. 158 - 160.

年，地方政府进行了选举。1973 年实行地区体制（The Regional System），设立地区部长（The Regional Ministers），取代地区专员职位。

1980 年宪法规定全国划分为 10 个行政区（Ten Regions）。行政区下边依次再分次行政区（Sub-Regions）、乡区（Districts）、村社（Communities）、街坊（Neighbourhoods）和人民合作区（People's Co-operative areas）等。① 每一行政单位都有当地居民按比例代表制选举产生的议会，各级议会产生后首次会议将选出主席和副主席，两个职务一般皆由议会中多数党的成员获得。10 大行政区的主席和副主席以及各市的市长和副市长为专职官员。政府的地区事务部长（Minister in Charge of Regional Affairs）有权任命本体制中的其他专职官员。地方村社由选举产生的乡村或市镇议会负责管理；大行政区由地区主席（Regional Chairman）领导，地区民主议会（The Regional Democratic Council）进行管理。每个大行政区设地区民主议会，议员由本区民选产生，任期 5 年零 4 个月，尽管该议会可以被总统随意解散。

另据宪法规定，圭亚那建立地方民主机构全国代表大会（The National Congress of Local Democratic Organs）和圭亚那最高人民代表大会（A Supreme Congress of the People of Guyana）。地方民主机构全国代表大会任期同样为 5 年零 4 个月，总统有权随意解散。在 10 大行政区中，每个区的地区民主议会须推选 2 名成员作为其代表参加地方民主机构全国代表大会、1 名代表参加国民议会。地方民主机构全国代表大会将为协调地方政府的工作提供一个平台；它将代表地方政府在圭亚那整个国家中

---

① Colin Baber and Others, *Guyana Politics*, *Economics and Society*, Frances Pinter (Publishers) Limited, London, 1986, p. 103.

的利益，调查和监督地方政府的工作以及行使其他被指定的职能。地区民主议会选出代表参加国民议会，将可保证在这个全国最高立法机构中充分代表地方政府的利益。圭亚那最高人民代表大会是一个审议机构，它由地方民主机构全国代表大会和国民议会的所有成员联合组成，可以讨论任何有关公共利益的问题，可以向国民议会或者政府提出建议，特别是可以向总统就其所涉及的所有事宜提出意见。最高人民代表大会的主席由国民议会议长担任，国民议会的正、副书记员同时兼任最高人民代表大会的正、副书记员。最高人民代表大会由总统召集会议、宣布解散或休会，一般情况下随国民议会换届自动解散。

1980 年宪法及 1980 年地方民主机构条例对地方政府的权力、责任和作用都做了具体规定。宪法第七章指出，地方政府是社会主义民主的至关重要的方面，要组织尽可能多的人参加所在社团的管理和发展工作；为此目的，宪法规定议会通过建立地方民主权力机构作为国家政治组织的组成部分，在全国范围内建立地方政府体制；地方民主机构的主要责任是依法保证对本地区实行高效的管理和发展并提供示范性领导，在本地区政治、经济、文化和社会生活方面组织民众合作并和劳动人民的社会组织进行合作；地方民主机构有责任维修和保护公共财产、改善工作和生活条件、发展人民的社会和文化生活、提高公民的觉悟水平、维护法律和秩序、巩固社会主义的合法性和保障公民的权利等；地方民主机构有权作出对其机构、组织以及对本地区的村社和公民具有约束力的决定。国民议会可以制定有关地方民主机构成员的选举以及成员的资格、权利、义务、职务和责任等所有其他事项的规定。地方民主机构条例中第 6、7 条对地方政府当局的义务、权利等也作出了具体的规定。

第三节 立法和司法

一 立法机构

圭亚那法律体制是以英国普通法和罗马—荷兰法混合物为基础，不接受联合国国际法院的司法权。根据 1980 年生效的现行宪法第 51～58、65～68 条等之规定，由总统和一院制国民议会（The National Assembly）组成的圭亚那议会（Parliament of Guyana）为立法机构，行使包括修改宪法在内的各种立法权。国民议会设正、副议长和正、副书记员。正、副议长由大选后第一次国民议会会议选举产生，正、副书记员由总统根据议长的提议任命。为协助总统或部长们履行公职，总统可以任命若干议会秘书。现在，国民议会共计 65 名议员，任期 5 年，其中 53 名按比例代表制由全国成人普选产生；10 名由 10 个行政区的地区民主议会选举产生（每区 1 名）；另外 2 名则由地方民主机构全国代表大会选举产生。总统在议会享有很大的权力，可以否决议会通过的任何法律条款。凡议会通过的法案要立即送达总统。

本届议会于 2006 年 8 月 28 日大选后产生。人民进步党—公民运动联盟占 36 个席位，人民全国大会党—改革——个圭亚那党联盟占 22 个席位，变革同盟占 5 个席位，圭亚那行动党—起来组织和重建圭亚那党联盟以及联合力量党各占 1 个席位。现任议长：哈里·纳拉扬·拉姆卡兰（Hari Narayen Ramkarran）；副议长：克拉丽莎·里尔（女，Clarissa Riehl）。

二 司法机构

圭亚那司法机构包括最高法院（the Supreme Court of Judicature）和若干即决裁判法院（Courts of Summary

Jurisdiction）、总检察长办事处（the Office of Attorney General）和检察官办事处（Office of a Director of Public Prosecutions）等。最高法院大法官为司法之首。根据现行的 1980 年宪法 112 条、123 条和 127 条之规定，最高法院由上诉法院（tha Court of Appeal）和高等法院（the High Court）组成，二者均系上级诉状法院（Superior Courts of Record）；最高法院大法官、首席法官和总检察长等都由总统与少数党领袖协商后任命；其他法官由总统根据司法服务委员会的提议任命；任期 4 年。如果大法官或首席法官职位空缺或在任者不能行使其职时，则由总统任命的其他法官来履行其职责。最高法院拥有最终上诉至加勒比法院的权力。

上诉法院于 1966 年开始运作，由最高法院大法官、首席法官和国民议会指定的若干上诉法官组成。大法官担任上诉法院院长，主持上诉法院各项司法工作。

高等法院由最高法院的首席法官和陪席推事（Puisne Judges）组成，首席法官任高等法院院长，负责高等法院工作。高等法院既审判原始的案件也受理上诉案件，同时还有权审判向它起诉的刑事案件。经该法院宣判的当事人有权向上诉法院提起上诉。另外，高等法院在民事案件方面拥有无限制的裁判权；在遗嘱鉴定、离婚、海事及某些其他案件方面拥有唯一的管辖权。在某些情况下，民事案件上诉给高等法院的完全法庭（The Full Court，不少于两名法官）或上诉给圭亚那上诉法院均可。地方法官有权终止那些牵涉款项总数不超过法律规定数目的申诉。

总检察长兼任国家司法部长，为政府的主要法律顾问，对所有刑事起诉行使监督权。宪法中专有条款授予检察官独立行使有关监督刑事起诉的责任，并保障其任职期限。检察官有权在任何法院（除了军事法院）对触犯圭亚那法律的任何人进行刑事起诉；有权接受和继续任何他人或当局已在进行的此类刑事案件的起诉；以及在判决移交之前，有权对自己、任何他人或当局起诉的任何阶段的此类刑事案件撤诉等。

现任最高法院大法官：德西雷·伯纳德（Desiree Bernard）。首席法官：卡尔·辛格（Carl Singh）。高等法院法官：南德拉姆·基松（Nandram Kissoon）、克劳德特·辛格（Claudette Singh）。总检察长：杜瑙思·辛格（Doonauth Singh）。

第四节　政党和团体

一　政党

圭亚那是一个多政党国家。1992 年 10 月大选时参加竞选的政党共计 11 个；1997 年 12 月大选时政党数目多达 28 个；在 2001 年 3 月的大选中登记参选政党共 13 个。2003 年的资料显示，国内政党为 27 个。2005 年 10 月，国内又出现一个新的多民族政党"变革同盟"（Alliance for Change），据称是"有潜在重要性的第三政党"（a potentially important third party）。2006 年 8 月大选中，它获得选票仅次于人民进步党联盟和全国人民大会党联盟，居第三位。圭亚那政党不仅多，而且一般都有民族背景。但政党中绝大多数为小党，影响不大。现将几个主要传统政党介绍如下。

人民进步党（The People's Progressive Party）　现为执政党，1950 年 1 月 1 日成立，前身是 1946 年成立的政治事务委员会。初为包括黑人和印度人两大民族在内的多民族政党。印度裔贾根任领袖，非洲裔伯纳姆任主席，贾根夫人珍妮特·罗森伯格·贾根任总书记。1955 年伯纳姆一派（大部分为黑人）从中分裂出去，该党遂成为印度人为主体的政党。现在，该党社会基

础和基本力量在农村，绝大部分成员是稻农和糖业工人。1953年4月至10月首次执政，后在1957年8月至1964年12月又连续执政，但1964年12月至1992年10月一直处于在野党地位。1969年6月该党派团参加在莫斯科召开的"共产党和工人党国际会议"，加入"社会主义大家庭"。同年8月该党召开特别会议，宣布其目标是把该党建成为"有纪律的马克思列宁主义政党"。1975年8月该党认为政府已表现出"社会主义的倾向"，故在进行了近三年的抵制后，决定改变过去全面对抗政府的路线，采取"有批评地支持"的新路线，重返国民议会；后又提出通过选举建立"民族、革命、民主"政权，向社会主义进行民主过渡的主张。1979年8月该党召开第二十次代表大会，通过《建设以社会主义为方向的革命民主圭亚那》的政治纲领。1985年该党第二十二次代表大会通过的政治决议称，自己已改造成为"马列主义政党"。1991年7月，该党领袖兼总书记贾根（1970～1997年）在党的二十四大上提出"要对一些更深层次、以前从未受到过怀疑的科学社会主义理论进行重新评价"。他还表示"把美国当做敌人的时代已经过去"，今后"要互为朋友"。该党主张建立"民主主义的、多党制的和混合经济的国家"；对外坚持不结盟原则，深化加勒比一体化运动，发展同欧共体以及英、美、加等国的合作关系。1992年10月该党与公民运动联盟参加大选获胜，其领袖兼总书记贾根出任国家总统。1997年3月贾根总统任上病逝。贾根夫人遂接受该党任命，出任领袖和总书记。同年12月大选，该党联盟再次获胜组阁，贾根夫人当选国家总统。后由于反对党抗议大选结果和抵制政府等原因，2001年3月圭亚那提前举行新的大选。结果该党联盟又一次获胜组阁。2006年8月大选后，该党联盟连续第四次获胜执政。党的领袖：珍妮特·贾根。总书记：唐纳德·拉莫塔（Donald Ramotar）。该党最高权力机关是党的代表大会，每 2 ~ 3 年举行 1 次。中央委员会由 35 名委员和 5 名候补委员组成。其下属组织有进步青年组织和进步妇女组织等。党的出版物有：《镜报》（*Mirror*，周报）、《雷声》（*Thunder*，季刊）。

人民全国大会党—改革（The People's National Congress-Reform） 现为最大反对党，成立于 1957 年 10 月，主要由 1955 年 2 月从人民进步党中分裂出来的伯纳姆一派（黑人为主）组成。伯纳姆任领袖，J. P. 拉奇曼辛格（印度裔）任主席，尤西·夸亚那任第一副主席，F. A. 德西尔瓦任第二副主席，贾伊·纳里因任总书记，伯纳姆的姐姐杰西·伯纳姆和 A. L. 杰克逊任副书记，斯坦利·休任司库；加之另外几位官员一起组成中央执行委员会。现有党员 5 万多人，绝大多数为黑人，社会群众基础主要在城镇。1959 年 3 月与联合民主党合并，力量大增。1964 年 12 月至 1992 年 10 月连续执政 28 年。1974 年 12 月该党召开特别代表大会，党的领袖伯纳姆发表重要讲话，即《索菲亚宣言》（The Declaration of Sophia），宣布该党是"社会主义政党"，致力于实行"合作社会主义"，保证圭亚那人民拥有和参与管理国家的自然资源，保障和发展圭亚那人民的利益、福利和繁荣等。1975 年 8 月，伯纳姆在党的双年会上做了题为《向社会主义革命前进》的报告，强调通过合作制在圭亚那实现社会主义的目标。随后伯纳姆又提出，党的意识形态建立在"马克思列宁主义基础之上"。该党在 70 年代至 80 年代执政期间，针对民族间矛盾激烈的状况，实行种族和解政策；对外资企业实行国有化政策；大力推行合作运动，发展国民经济；实行免费医疗和免费教育等。对外奉行不结盟政策，积极发展同第三世界国家的友好合作关系，努力推动英联邦加勒比国家和地区的一体化进程。1985 年 8 月，连续任该党领袖长达 30 年的伯纳姆病逝任上。德斯蒙德·霍伊特接任该党领袖，对圭亚那内外政策做了一系列调整，提出经济复兴计划，对国营企业进行整顿，并将其中一部分实行非国有化，同时鼓励发展私营企业，积极争取外资等。注意发展同加勒比国家、周边国家和欧、美国家以及其他发展中国家的关系。1987年1月宣布其政府从"合作社会主义"开始后退。1992年9月在大选中失利，结束了连续28年的执政党地位。2000年该党与改革派联合，改名为"人民全国大会党—改革"。现为主要反对党，对圭亚那政局有举足轻重的影响。2002年8月18日在该党第13届双年会上，霍伊特再次当选党的领袖，55岁的罗伯特·科尔宾（Robert Corbin）当选党的主席。同年12月22日霍伊特病逝，科尔宾接任领袖。2003年2月1日，人民全国大会党—改革举行特别会议，科尔宾正式当选为党的领袖，2004年8月在该党代表大会上再次当选。2006年8月大选，该党以新面孔"人民全国大会党—改革——个圭亚那"出现。大选后继续为在野党。该党最高权力机构是两年一次的代表大会，领导机构为总务委员会和全国执行委员会。现在，该党领袖：罗伯特·科尔宾，主席：文森特·亚历山大（Vincent Alexander），总书记：奥斯卡·克拉克（Oscar Clarke）。党的出版物有：《新国家报》（*New Nation*，周报）。

变革同盟（Alliance of Changes） 2005年10月成立的多民族政党，被媒体认为是仅次于上述两大政党的最强大的"第三力量"、"有潜在重要性的第三政党"，由三名在任的国民议会议员，即前人民进步党联盟的成员凯姆拉吉·拉姆贾坦（Khemraj Ramjattan）、人民全国大会党—改革的成员拉斐尔·特罗特曼（Raphael Trotman）和劳动人民同盟的成员希拉·霍尔德（Sheila Holder）组建。在准备2006年8月大选的过程中，该党力量不断发展，在黑人中有一定影响，并得到一家电视台老板安东尼·比埃拉的支持。特罗特曼被推举为该党参加2006年大选的总统候选人。大选中获得8.4%的选票和5个国民议会议席。

现在领导人是：特罗特曼和凯姆拉吉。

联合力量党（The United Force）　1960 年 10 月成立。创始人是葡萄牙人后裔、大商人彼得·达圭亚尔。该党基本上代表商人的利益，得到天主教会的支持，主张发展自由资本主义和通过政府合伙契约与私人资金迅速实现工业化。党员主要是葡萄牙人，但在印第安人和华人中有一定影响。在 1964 年大选中，该党获 7 个议席，与人民全国大会党联合组阁，达圭亚尔出任财政部长。1968 年大选前该党退出伯纳姆联合政府，成为反对党，大选中获得 7.4% 的选票和议会 4 个席位。同年，达圭亚尔辞去该党领袖职务，由青年律师菲尔登·辛格（Feilden Singh）接任。此后，该党势力逐渐衰落。1973 年与解放者党联合参加大选，共获 2 个议席，因解放者党抵制，该党单独进入议会。在 1985 年大选中又获得 2 个议席，在 1992 年、1997 年、2001 年和 2006 年大选中均获得 1 个议席。2001 年大选后加入人民进步党政府，联合执政。2006 年大选后仍为执政党之一。领袖：曼佐尔·纳迪尔（Manzoor Nadir）。

劳动人民同盟（The Working People's Alliance）　1979 年 7 月成立，自称独立的马克思主义政党。前身为 1974 年 11 月由 4 个政治组织，即"同独立非洲发展社会和文化关系协会"（The Association for Social and Cultural Relations with Independent Africa）、"印度人政治革命协会"（The Indian Political Revolutionary Associates）、"劳动人民先锋党"（The Working People's Vanguard Party，1977 年退出）和"截根苗"（The Ratoon）等组成的一个松散联盟。1979 年 7 月该联盟发表了《争取建立一个革命的社会主义圭亚那》的纲领性文件，宣布自己正式成为政党。该党宣称以马克思列宁主义为指导思想，承认阶级斗争理论，目标是建立一个"无阶级的社会"；对外遵循无产阶级国际主义原则，支持反对殖民主义斗争，与反对帝国主义统治国家的工人阶级运动和政党发展密切合作关系等。党员主要为知识分子。1980 年 6 月，该党主要领导人沃尔特·罗德尼（Walter Rodney）遭爆炸身亡后，不少成员移居国外，影响随之下降。1982 年该党参加社会党国际，为社会党国际咨询成员。

20 世纪 80 年代该党之政策和主张发生一定变化。专门成立一个委员会对其纲领进行审查后，宣布该党不是一个"完全的马列主义政党"。1987 年 11 月 1 日该党召开第三次成员大会，通过民主建国纲领，认为"现阶段在圭亚那建设社会主义是不适宜的"，主张建立"民主共和国"。在 1985 年和 1992 年的圭亚那大选中分别获得 1 个议席和 2 个议席。1997 年与圭亚那劳工党结成"圭亚那联盟"参加大选，获 1 个议席。2001 年与圭亚那行动党结盟参加大选，共获 2 个议席。2006 年 8 月大选后未获议席。

该党实行集体领导，中央领导机构为 15 人组成的执行委员会。1996 年 12 月通过决议将四人联合领导体制改为两人联合领导体制。现在领导成员：克莱夫·托马斯（Clive Thomas）和鲁珀特·鲁普纳里因（Rupert Roopnarine）。党的出版物有：《公开的话》（*Open Word*，周刊）和《晴日》（*Dayclean*，周刊）。

二 群众团体

圭亚那群众团体很多，一般带有民族色彩，组织上隶属或政治上亲近某一政党。其中影响较大的团体有圭亚那工会大会等。

圭亚那工会大会（The Trades Union Congress） 全国性工会团体组织，成立于 1940 年。为加勒比劳工大会、美洲工人区域组织和国际自由工会联合会成员。2005 年资料称，有 22 个附属工会组织，会员约 7 万多人。1965 年创办"克里奇洛劳工学院",专门举办学习班培训工会干部。1988 年 9 月,其中 7 个工会组织因对选举工作有异议集体退出,另组"圭亚那独立工会联合会"。1993 年圭亚那工会大会与"圭亚那独立工会联合会"合并,力量大增。后又因在管理上和政治上意见分歧等,有些工会组织于 1999 年、2001 年陆续退出,其中较有影响的工会组织是以糖业工人为主体的"圭亚那农业工人和一般工人联盟"(Guyana Agriculture and General Workers' Union,成员 2 万多人。主席:科马尔・昌德 Komal Chand。总书记:西波尔・纳里因 Seepaul Narine)、"圭亚那公用事业联盟"(Guyana Public Service Union,成员 1.16 万多人。主席:帕特里克・亚德 Patrick Yarde。总书记:劳伦斯・门蒂斯 Lawrence Mentis)等。圭亚那工会大会现任主席:诺里斯・威特(Norris Witter)。总书记:林肯・刘易斯(Lincoln Lewis)。

青年社会主义运动(The Young Socialist Movement) 人民全国大会党所属青年组织,成立于 1957 年,成员分布全国各地。20 世纪 80 年代末估计有成员 2000 人。现在人数不详。

妇女革命社会主义运动(The Women's Revolutionary Socialist Movement) 人民全国大会党所属妇女组织。前身为 1957 年成立的人民全国大会党妇女辅助组织(The People's National Congress Women's Auxiliary),1976 年改为现名。主席:维奥拉・伯纳姆(Viola Burnham)。

进步青年组织(The Progressive Youth Organization) 人民进步党所属青年组织,国际学联成员。文森特・蒂卡曾任主席,后脱离该组织加入人民全国大会党。

进步妇女组织(The Progressive Women Organization) 人民进步党所属妇女组织,成立于 1953 年。前身是 1946 年珍妮特・贾根等人建立的"妇女政治和经济组织"(The Women's Political and Economic Organization,由于人们对其了解甚少,群

众基础薄弱，1948 年垮台）。主席：珍妮特·贾根。

圭亚那—中国友好协会（The Guyana-China Friendship Association） 成立于 1982 年 8 月，旨在发展两国之间友好合作关系的民间组织。圭亚那前总理格林（Hamilton Green）为协会赞助人。现任总理塞缪尔·海因兹为协会名誉会长，1996 年 7 月他偕夫人率协会代表团访华，受到李鹏总理和夫人的亲切会见。

第四章

经　济

第一节　概述

一　实现对外资企业的国有化

圭亚那是一个发展中国家，资源丰富，具有相当的经济发展潜力。但是，由于长期遭受殖民主义统治，经济命脉曾为英国、美国和加拿大等外国资本所控制。经济发展缓慢，经济结构单一，很长时间内以生产、加工和出口农、矿业初级产品为主。1966年独立后，国家单一的经济结构并未发生根本变化，在很大程度上仍然依靠农、矿业初级产品的生产、加工和出口。铝土、蔗糖和大米生产为圭亚那经济的三大支柱。20世纪70年代至80年代初，三项产品产值占国民经济的大约40%，出口额占外贸总收入的85%。90年代初，由于黄金采掘业以及其他产业的迅猛发展，黄金和蔗糖、海产、大米、铝土、木材等一起成为国家主要出口产品和国民经济的主要收入来源。上述情况决定了圭亚那经济的发展在很大程度上依赖于国际市场，同时也在很大程度上依赖于天气状况。

为了维护国家独立和发展民族经济，圭亚那政府在独立后采取了一系列政策和措施，努力肃清殖民主义的影响。20世纪70

年代政府实行"拥有、控制和开发圭亚那资源"的政策，先后建立了外资局和各种银行、保险公司等一系列金融机构，控制国家的财政和金融业务，抵制外国金融资本的渗透，促进本国经济的发展。1971～1976年，政府通过赎买等方式，将加拿大控制的德梅拉拉铝土公司（1971年）、美国控制的雷诺兹铝土公司（1974年）、英国控制的横跨圭亚那糖业等许多行业的布克公司（1976年）和杰塞尔证券有限公司（Jessel Securities Ltd.，1975年）等外资企业收归国有，实现了铝土、蔗糖、林业、航运、机械工程、证券、橡胶、油漆、零售贸易等部门国有化。其间国家共接管了大约32个外资和私营公司。至1977年国营经济约占国民生产总值的80%。圭亚那政府欢迎和保护外国投资，但提出应由政府或政府与合作社掌握51%的股份，并且拥有最后的"决策和控制权"。在国有化的同时，政府重视改造单一的经济结构，努力实行经济多样化；限制进口，鼓励出口；注意发展农业和开发内地资源等。1971年政府成立了控股公司"圭亚那国家公司"，管理和控制了所有的公共企业以及国家拥有大部分股份的企业之业务活动。1979年政府颁布《私人投资法》（The Private Investment Code），明确规定了国内私人和外资企业投资的范围。在国有化过程中，政府除接管了32家私人公司之外，同时还新建了"圭亚那糖业公司"（1976年）、"圭亚那矿业公司"（1976年）、"圭亚那酒业公司"、"圭亚那粮食局"、"圭亚那木材公司"等十多家国营企业。至20世纪80年代初，全国约有30个大型国营公司，拥有和控制了国民经济的85%，其中绝大多数公司由"圭亚那国家公司"统一管理。

二　实施三个经济发展计划

1966年独立后至80年代中期，圭亚那政府先后制定和实施了三个经济发展计划。前两个计划均为五年经济发展计划（1967～1971年、1972～1976年），重点建设国民经济的基础设施，提高人民实际生活水平，实现国内吃、穿、住"三自给"。后一个计划为八年经济发展计划（1978～1985年），主要目标是改善恶化的经济形势，恢复经济增长。三个发展计划皆因资金短缺等原因，未能实现预定目标。但是，在此期间国民经济确有一定的发展。特别是通过前两个五年计划的实施，国内基本食品除了面粉、乳制品外，做到了自给；停滞和湮没了70多年的棉花种植又得到了恢复；原计划兴建的40个工业项目中已有黏土砖厂、冷冻厂、鱼钩渔网厂、制冷设备厂、无线电装配厂等30多个项目相继投产，纺织厂和玻璃厂等较大项目也在兴建中。另外，建造住房3.3万多套，改善了人民的居住条件。农业方面除了扩大水稻种植面积外，还注意开发中、西部地区，种植各种薯类、豆类、玉米、蔬菜、油料作物等。这些措施的实行在增加市场供应、减少进口方面发挥了重要作用。

1970年圭亚那成为世界上绝无仅有的合作共和国。70年代至80年代中期，圭亚那在"合作社会主义"理论的指导下，城乡各行各业曾纷纷建立合作社，大力发展合作经济。至1980年，全国建起各类合作社1435个，社员人数达2.8万人，股金和存款约1800万圭元，约占国民生产总值的10%。合作社的建立和发展在增加就业和汇集游资方面收到一定的效果。1972～1976年实施的第二个五年经济发展计划时，预计投资5.75亿美元，其中政府投资3.25亿美元，剩余部分是由私营企业和合作社来完成的。

1976年以后，由于西方经济衰退的影响以及将外资企业收归国有后管理不善、资金短缺、设备老化、技术人才外流等原因，兼之自然灾害的影响，圭亚那出现生产下降和经济衰退趋势。作为经济三大支柱的铝土、蔗糖和大米产量不断下跌；国家出口减少，外汇短缺，人民生活必需品供应紧张。政府新的经济发展计划未能及时制订。1976 年按要素成本计算的国内生产总值为 10.25 亿圭元（合 4.02 亿美元）。1978 年政府在财政预算报告中提出一个四年经济恢复计划（1978～1981 年），后亦称经济发展计划，目标是"取得社会主义社会的胜利"。计划规定 4 年内经济增长 17%，国民生产总值达到 5.02 亿美元。但实际结果是，至计划最后一年即 1981 年，国民生产总值仅为 4.7 亿美元；4 年中经济实际增长率为 -0.5%。[①] 为此，政府又继续实行了 4 年的经济恢复计划，直至 1985 年。但经济滑坡的势头仍未得到完全遏制。

三　经济调整与改革

进入 80 年代后经济形势更趋恶化。主要出口产品的产量继续下降，国家财政拮据，债台高筑，物价上涨，汇率下跌。市场日用品匮乏，甚至当地生产的产品也严重短缺。因食品短缺而举行的群众"进军活动"司空见惯，黑市走私活动猖獗，人民生活水平下降。在 80 年代的 10 年中，国内生产总值年均下降 3.0%，人均国内生产总值是西半球最低的。1981 年末至 1982 年中期，政府部门解雇了 17% 的劳动力。与此同时，铝土、蔗糖和稻米等国营公司又解雇 7000 人。1983 年通货膨胀率高达 400%，失业率估计占劳动人口的 40%。至伯纳姆总统病逝的 1985 年，按当年价格计算的国内生产总值仅为 19.6 亿圭元（合 4.62 亿美元），人均国内生产总值为 2592 圭元（合 610 美元）。国家深陷外债和欠款的困境之中，丧失举借新债的能力。同年，国际货币基金组织、世界银行和加勒比开发银行相继正式

---

① Organ of the People's Progress Party, *Thunder*, April – June, 1982, Guyana. Colin Baber and Others, *Guyana Politics, Economics, and Society*, Frances Pinter (Publishers), London, 1986, p. 149.

宣布圭亚那成为没有资格要求进一步援助的国家。1989 年政府累计外债相当于当年国内生产总值（3.34 亿美元）的 276%。据统计，1966 ~ 1989 年圭亚那国内生产总值年均增长率仅为0.4%，是英联邦加勒比地区最低的国家。面对如此严峻的经济形势，圭亚那政府开始严肃地考虑国际货币基金组织提出的以放弃"社会主义"政策为基础的经济恢复计划。

其实，在 20 世纪 80 年代初圭亚那政府对国营企业的控制已有所松动。1983 年和 1984 年政府开始同一些外国公司签订合作协定，其中包括后来用铝土换石油的易货贸易协定等，缓解国内工业用的燃料问题。80 年代中期霍伊特总统上任后，政府提出"圭亚那已经从争取政治独立为主的阶段进入了以发展经济为主要任务的时期"，旨在逐渐改变伯纳姆执政时的合作社会主义政策。1986 年初，政府开始为采矿业和石油勘探寻求和引进外资。从 1987 年开始，政府在公共场合不再宣传"合作社会主义"理论。同年，政府根据国际货币基金组织的建议，制定了一个包括经济自由化、国营企业私有化、减少政府开支、限制政府对经济的干预、货币实行浮动汇率和鼓励外国投资等为主要内容的三年"经济复兴计划"（The Economic Recovery Programme），开始实行一系列经济调整政策，其中包括控制财政开支，重新安排内债，重视调动私人企业的积极性，整顿国营企业，实行国有企业所有权转让，积极吸引外资，争取国际财政援助等。

1988 年政府制定了新的投资法，规定圭亚那所有经济领域向外资和国内私人开放，宣布"国有化时代"结束。一些国营企业和公司部分地或全部地出售给私人经营，阻止了经济滑坡。随之，经济逐渐转为增长，1991 年经济走出低谷，按当年要素成本计算的国内生产总值达到 336.22 亿圭元（合 3.01 亿美元），较上年增长 6.0%；人均国内生产总值为 44754 圭元（合 400 美元）。这是自 1980 年以来国民经济的第一次较大增长和自 1984

年以来的第一次正增长。随后，圭亚那继续实施 1990 年与国际货币基金组织达成的"高级结构调整协议"（Enhanced Structural Adjustment Agreement），强调经济持续、稳定发展，提倡和鼓励私营经济，积极推行公共部门投资计划，重点改善道路、海堤等基础设施和教育、卫生等基础领域，并取得一定成效。为改进糖业和铝土工业生产，政府大力招引外资。英国布克·泰特（Booker Tate，原布克·麦康奈尔公司的继承者，1991 年）、美国雷诺兹（Reynolds Metals Company，1989 年）等外国公司已分别被邀请与圭亚那签约管理糖业公司和协助经营铝土工业等。在雷诺兹公司之前，澳大利亚的民普罗克（Minproc）公司被准许参与圭亚那铝土工业的管理工作（合同已于 1995 年 7 月结束）。林业、渔业、金融业也纷纷引进外资。与此同时，为了减少国际货币基金组织强加的紧缩改革措施给当地居民生活带来的巨大冲击，1990 年政府实行一项旨在缓和冲击的"社会影响改善计划"（The Social Impact Amelioration Programme）。但直至 1992 年，圭亚那的人均国民生产总值仅为 530 美元，仍为西半球最低的国家之一。

四 政府更迭后的经济状况

19 92 年 10 月贾根的人民进步党上台执政后，进一步实行经济调整政策。1993 年 6 月政府发表了一份关于私有化的"1992～1994 年政策框架文件"（1992－94 Policy Framework Paper），同时成立"私有化委员会"，推动私有化进程。1996 年以来，在国际货币基金组织的敦促下，圭亚那私有化进程加快。从 1988～1999 年底，圭亚那政府已出售或部分出售 14 个国营企业，其中包括在国家电信垄断中拥有多数股本的圭亚那电话和电报公司（其多数股份出售给了美国维尔京群岛的大西洋远程网络公司）、国营的德梅拉拉木材有限公司、圭亚那航空公司（后改名为圭亚那航空 2000 公司，2001 年中期停业）、圭亚那电力公司（现称圭亚那电力和照明公司）等；2002年圭亚那国民合作银行售与一家私人公司，国家还计划出售一些采矿公司。南美洲最大的露天金矿之一欧梅金矿已由加拿大金星资源公司（Gold Star Resources）和坎比奥尔公司（Cambior）与圭亚那政府合资经营。韩国、马来西亚、印度尼西亚等国公司亦纷纷投资圭亚那森林采伐业。当然，也有一些国营公司政府不想私有化，如圭亚那石油公司、圭亚那国家合作银行、圭亚那糖业公司等。1997 年，圭亚那最大银行"国家工业和商业银行"47.5% 的股本，以 2000 万美元的价格出售给了特立尼达和多巴哥的共和国银行。2003 年 1 月，英国供水公司塞弗恩·特伦特开始实施一个为期 5 年管理圭亚那供水公司的合同；3 月，圭亚那国家合作银行也出售给了特立尼达和多巴哥的共和国银行。

经过一系列调整和改革，特别是外国恢复投资和市场改革之后，圭亚那各主要生产部门的产量大增。国民经济度过了 20 世纪 80 年代的严重衰退期，从 1991 年开始出现持续增长。1991 ~ 1997 年国内生产总值年均增长率为 7.0%，1994 年最高达到 8.5%。主要经济部门农业（含林业、渔业）、矿业、制造业和建筑业在 1994 ~ 1997 年间年均增长率分别达到 8.0%、6.4%、5.9% 和 14.2%。此后，由于国内政局动荡不稳、厄尔尼诺气候的不利影响以及出口产品在国际市场上价格低下等原因，经济发展再次受挫。1998 年经济出现多年来首次负增长（-1.7%）。1999 年 5 月国际货币基金组织和世界银行正式给予圭亚那"重债穷国免债待遇"（The Heavily Indebted Poor Countries），减免其2.56 亿美元的债务。当年私有化进程取得突破性进展，经济形势明显好转，能够完成各项经济指标，国内生产总值得到恢复，人均收入达到 742.2 美元，恢复到 1975 ~ 1976 年的水平。但是，此后经济形势很不稳定，2000 年经济增长率再次出现负增长

（-1.4%），人均收入为761美元。相比较而言，圭亚那仍为西半球最贫困国家之一。

根据世界银行按1999~2001年价格计算的圭亚那国民总收入，2001年为6.41亿美元，相当于人均840美元。1990~2001年人口年均增长率估计为0.4%，国内生产总值年均增长率为4.6%，高于人口增长率；人均国内生产总值年增长率平均为4.1%。[1] 2002年经济回升，增长率为1.1%，国内生产总值达到1384亿圭元（合7.26亿美元，人均968美元）。但2003年又出现负增长0.7%。2000~2003年国内生产总值年均增长率仅为1%[2]，远远低于圭亚那2002年制定的"减少贫困战略文件"中计划的2002~2006年期间年均4.2%的增长率[3]。2004年国内生产总值较上年增长1.6%，达到1564亿圭元（合7.89亿美元，人均1051美元）。[4]

近年来，国际市场贸易条件较为有利，只是2005年初的一场特大洪灾给国家经济带来巨大损失。联合国估计洪灾损失为4.6亿美元，使当年国内生产总值下降3%。2005年国内生产总值1486亿圭元（约合7.434亿美元，人均991美元）。过去10年来，总的固定投资所占国内生产总值中的比重稳步下降。公共投资所占国内生产总值的比重稳定在13%~14%。私人投资从1995年占国内生产总值的30%下降到2005年的20%，反映出动荡的政治形势对私人投资起到了抑制作用。其间，非正规经济部门虽然仅相当于正规经济活动的30%，但有着重要作用。

[1] *The Europa World Year Book 2003*, Europa Publications, London, 2003, p. 1936.

[2] *Country Profile 2004*, *Guyana*, The Economist Intelligence Unit, London, 2004, p. 16.

[3] *Country Profile 2004*, *Guyana*, The Economist Intelligence Unit, London, 2004, p. 16.

[4] *Country Profile 2006*, *Guyana*, The Economist Intelligence Unit, London, 2006, p. 40.

第二节 农牧业

一 概况

圭亚那农业是国民经济的重要组成部分，也是就业人数最多的行业。农业的发展在圭亚那 20 世纪 90 年代的国民经济复兴中发挥了重要作用。

2001 年农业产值（包括林业和渔业，下同）占国内生产总值的 41.2%，2005 年占 35%。同期农业出口收入分别占全国总出口额的 49.6% 和 50% 以上。[①] 2000 年以来，农业部门就业人数占全国劳动力总数的大约 1/3。[②] 圭亚那农业发展条件很好。沿海平原有历史悠久的排灌系统。一年两个雨季，降水量丰富，有利于甘蔗、稻米和其他农作物生长。内地有辽阔的适合饲养牛羊的热带草原和茫茫无边的森林资源。江河湖海渔业资源十分丰富。然而，由于财政和组织等方面的原因，农业潜力尚未得到充分发挥，国家尚有重要食品供应短缺之现象。

据联合国粮农组织 1993 年估计，圭亚那陆地面积为 1970 万公顷，其中可耕地面积大约 50 万公顷，但实际耕作面积不足一半，仅约 14 万公顷。另有 120 万公顷的土地为永久牧场，1650 万公顷的土地为森林和林地。

在圭亚那独立和对外资实行国有化之前，国内大部分耕地为外国公司所控制。农业生产中存在两种不同的组织和经营体制：一种是种植园制度；另一种是小生产者所有制。在种植园制度

---

① EIU. *Country Profile Guyana*, The Economist Intelligence Unit Limited, London, 2004, p. 19, 2006, p. 19.

② EIU, *Country Profile Guyana*, The Economist Intelligence Unit Limited, London, 2004, p. 19, 2006, p. 19.

下，土地控制在英国人等手中。主要作物是甘蔗和香蕉。种植园排灌设备和机械设备较好，生产规模大，作物产量高。小生产者所有制土地单位面积小，土壤质量差，生产规模有限。主要作物是稻米，同时也种植其他粮食、蔬菜作物以及椰子、咖啡、可可、柑橘等。其特点是劳动力集约，排灌条件差，作物易遭受病虫灾害，产量低，产品缺乏市场竞争力。由于外资控制国家经济命脉，产品以出口赢利为目标，粮食作物受到挤压，国内基本食品短缺。1959～1964年间国内所需粮食1/5以上靠进口。

独立后，圭亚那进行多次土地改革，注意解决农民的土地问题。执政的人民全国大会党政府多次重申"耕者有其田"的原则，在过去自治政府工作的基础上继续推行土地改革政策。1981年政府专门成立了"耕者有其田委员会"，负责农村土地改革工作，在一定程度上缓解了农村的土地矛盾。现在，圭亚那土地所有制分为国家所有和私人所有两种形式。在全部耕地中国家占有90%，私人仅占有10%。但是，为数不多的大土地所有者和贫困农民之间的土地占有量极为不公。国有土地以甘蔗种植园为主，也有大型稻米农场。政府招募农业工人从事种植，或者将土地租给农民耕种。私有土地主要为农场主所占有，农场规模大小不等。小的农场以家庭为单位耕作，大一点的农场有的雇工自营，有的则将土地分租给他人。农场作物以稻米为主，兼种少量其他粮食、蔬菜和水果等作物。

20世纪60～80年代，政府农业支出共达40.27亿圭亚那元，用于农业机械化、水利工程、土地垦殖等大型项目。东部沿海地区的马海卡河—马海康尼河—阿巴里河大型水利工程、黑丛林新地垦殖区等项目都是在此期间动工修建的。工程完成后改善了马海卡河至伯比斯河之间广大地区的排灌条件，增加了耕地面积。1985年底政府宣布一个农业发展计划，拟在1985～1989年的4年中投资8亿圭元，目标是提高谷类、蔬菜、水果、食油、蔗糖、稻米、咖啡、可可、棉花、牲畜和鱼类的产量。但是，由于国内总的经济形势严峻，农作物产量继续下滑，主要出口产品甘蔗、稻米的产量降至最低水平。20 世纪 90 年代圭亚那经济政策调整后，农业管理方式有所改进，排灌系统等农业基础设施逐步得到修复。政府给予小型农场便利的信贷，并且引进新的种植技术和作物品种等，农业发展加快。

据世界银行资料，1985～1995 年农业产值年均增长率为 4.2%；1990～2001 年间年均增长率为 5.2%。1995～1999 年农业产值占国内生产总值大约为 1/3，出口收入占全部外汇收入的 40%。按 1988 年不变价统计，1999～2003 年农业在国内生产总值中的比重年均为 29.2%，农业年均产值为 15.95 亿圭元。2002 年和 2003 年则分别为 16.25 亿圭元和 15.88 亿圭元。2004 年和 2005 年分别为 16.33 亿圭元和 14.56 亿圭元。

外界认为，目前制约农业发展的因素主要有以下几个：一是土地租佃制度，该制度倾向于发展种植园农业，但生产效率差；二是不能为小规模生产者提供优惠信贷；三是为满足小规模农业需求的研究、开发和附设服务等工作差；四是为基础设施投资少，排灌设备欠佳，等等。当然，诸如此类的问题，政府也在努力加以解决。2004 年 12 月至 2005 年 1 月，空前大雨给圭亚那带来严重洪灾，沿海许多稻田和蔗田被淹没，农业生产蒙受巨大损失；2006 年 1 月至 2 月初，沿海地区再次遭受洪灾。据联合国拉美经委会估计，2005 年水灾给圭亚那造成损失达 934 亿圭元；2006 年初的水灾使圭亚那蒙受损失 45 亿圭元，水稻作物损失 18 亿圭元，其他作物损失 17 亿圭元，畜牧业损失 9 亿圭元；海堤、水坝亟待修缮。

二 种植业

种植业基本上都集中在狭窄的沿海平原上。农作物主要为甘蔗和稻米，两者产值占 2003 年农业产值的

52%。其他农作物还有咖啡、可可、玉米、豆类、薯类、水果、蔬菜、烟草、棉花等。蔗糖和稻米主要用于出口，2003 年占国家出口总额的 35%。其他农产品如蔬菜、水果等一般供应国内市场。2000 年和 2002 年木薯产量分别为 2.8 万吨和 2.9 万吨，根类块茎作物分别为 1.6 万吨和 1.1 万吨，蔬菜产量分别为 1 万吨和 4.5 万吨，香蕉产量分别为 1.3 万吨和 1.7 万吨，大蕉产量分别为 1.8 万吨和 1.7 万吨，其他水果（不含椰子）分别为 2 万吨和 3.4 万吨。甘蔗种植园和稻田占据了沿海平原的绝大部分土地。由于沿海平原宽约 8 公里的广大地区在海水涨潮时低于海平面，故种植业有赖于沿海堤坝和其他排灌系统。在荷兰殖民统治时期，沿海平原大部分低地通过修建海堤和排灌系统，变成了肥沃的良田。从某种意义上讲，堤坝是圭亚那农业的命脉。所以，历届政府为了维持农业的生存和发展，每年都要拨款对堤坝进行维护和修整。

（一）甘蔗

圭亚那第一大农作物，一年收获两次。甘蔗种植与加工业由国营的圭亚那糖业公司经营。种植方式主要是国营的大型种植园，其中排水、灌溉和运输系统比较完善。个体蔗农的生产规模很小，在糖业生产中所占比重不大。圭亚那原有 10 大甘蔗种植园。糖业公司考虑到市场等方面原因，分别于 1986 年和 1987 年关闭了利奥诺拉种植园和钻石种植园，现在尚有 8 家种植园在运作。关闭的种植园的土地当时计划用于饲养奶牛、水产养殖和种植稻米、根茎作物和果树等。

圭亚那甘蔗种植有别于其他地区。甘蔗田种植一段时间后，采用"洪水休耕法"，即将土地翻耕后放入大水浸泡至少半年，使土壤恢复肥力之后排水重新种植蔗苗。甘蔗收获前，人们先在田里放火烧掉甘蔗叶子、杂草及蛇虫等，然后开始收割。每次收割后，蔗根重生新苗，来年成熟后再行收割。连续收割几茬后产量日益减低，故 3～4 年后翻掉旧蔗根重植新苗。据报道，圭亚那在糖业生产方面可能属世界上机械化程度最低的国家之一。甘蔗从种植到施肥、收割、搬运、船载进厂等都靠人工。2000 年收获高峰季节雇佣劳动力大约 2.4 万人，相当于全国劳动力总数的 1/5 以上。圭亚那糖业公司也曾试验进行机械化收割等，但发现圭亚那的黏性土壤不适宜机械收割。布克·泰特公司希望圭亚那的 8 个榨糖厂的生产得到进一步加强和现代化。

20 世纪 70 年代蔗糖年均产量为 31.3 万吨，1971 年产量最高达到 36.88 万吨。1976 年之后，世界糖价的暴涨时期结束，圭亚那蔗糖产量亦随之出现持续下降。据绝大多数资料估计，圭亚那全年蔗糖生产能力应该达到 45 万吨，但 70 年代中期以后，每年蔗糖生产潜力仅发挥了 50%～70%。20 世纪 80 年代蔗糖生产经历了一个严重衰退期，产量由 1979 年的 31.6 万吨下降到 1989 年的 16.74 万吨。1991 年之后英资布克·泰特公司被授权管理圭亚那糖业生产，特别是 1996～1997 年间，政府倡议为农民增加信贷，使之在排灌方面加大投入，扩大甘蔗种植面积，糖业生产遂大幅度恢复。1991～1996 年蔗糖产量出现稳定增长。1996 年产量达到 28 万吨，较 1990 年（129722 吨）增加 115.4%，为 14 年来最高水平。1997、1998 年由于国内政局动荡等原因，蔗糖产量连续跌落，之后又回升。1999～2003 年年均产量为 30.24 万吨，2002 年达到 33.1 万吨，为 1976 年国有化以来最高年产量。2003 年尽管天气状况欠佳，但产量仍保持在 30.2 万吨，2004 年产量为 32.53 万吨。2005 年由于洪灾，甘蔗受损，蔗糖产量为 24.61 万吨，较上年减少 24.4%。个体蔗农在蔗糖生产方面起到一定作用，他们生产的蔗糖约占全国糖产量的 10%。

制糖业是圭亚那最古老的产业。圭亚那糖业公司拥有全国甘蔗种植面积的 90%（约 5.2 万公顷）和所有的榨糖设备。国内没有蔗糖精炼厂，所产蔗糖一般为粗糖（Brown Sugar），90%以上用于出口。出口糖中绝大部分系根据欧盟配额制进入欧洲国家。其他相关的糖产品还有糖蜜和朗姆酒等。2001年和2005年糖业产值分别占国内生产总值的16%和12%。国内消费蔗糖甚少，20世纪90年代中期年均消费量为3万吨。2003年蔗糖出口收入为1.292亿美元，占总出口额的25.6%。2004年出口收入增至1.365亿美元，2005年为1.18亿美元。

2002年6月政府宣布对圭亚那糖业公司进行重大调整，其中包括在伯比斯建立一个新的制糖厂。圭亚那还制订了一个总投资为7.897亿美元的2006～2013年蔗糖生产规划，其中包括一个以斯克尔顿糖厂为中心的糖业现代化项目。生产设备的改进将使蔗糖成本由现在的每吨375美元降至265美元。2004年9月由中国技术进出口公司等援建的圭亚那东部的斯克尔顿新糖厂已经动工，预计2007年底竣工，年加工能力为12万吨。项目总投资1.35亿美元，其中还包括扩大1.3万公顷的蔗田和修建一个以蔗渣为燃料的3万千瓦的发电厂以及重新装备其他3个糖厂等。斯克尔顿糖厂和现在营业中的8个糖厂将使国家的蔗糖年产量达到45万吨的目标。

（二）稻米

仅次于甘蔗，为圭亚那第二大农作物，始种于18世纪。稻米种植业是随着印度契约劳工的到来逐渐发展起来的，现在是圭亚那主要出口创汇产业之一。长期以来，稻米生产受天气和市场的影响比较大。

稻米种植业为众多圭亚那人提供了就业机会。20世纪中期稻米种植业雇员约4万人，占农业劳动力的一半。现在，全国约有1/3的人口直接或间接以稻米种植业为生。全国稻米种植面积约10万公顷，种植方式与糖业生产有很大区别，主要是小农型生产经营；除了一些大型国营农场外，更多的是印度人个体的中、小型农场。现在，圭亚那有稻米农场主近 2.4 万人，印度人为其主力军。黑人和其他民族成员较少种植水稻。一般来讲，稻米种植和加工业机械化程度较高。政府是国家稻米的唯一销售者，负责国内调配和出口，其职能由圭亚那稻米销售局行使。稻农将稻子按政府确定的价格卖给稻米销售局，稻米销售局加工成大米进行出口或国内销售。1994 年圭亚那又成立稻米发展局，行使圭亚那稻米出口局和圭亚那稻米评级中心的职责。圭亚那稻米公司负责为稻农提供技术服务和信贷。国内有私人碾米厂大约 75～80 个，规模大小不等，其中许多小厂只能加工国内消费的大米。有 25～30 个碾米厂加工一些供出口的大米，但其中只有 6 个厂的日产能力可超过 6 吨。

1960～1980 年大米年均产量为 25.6 万吨。80 年代大米产量不稳定，升降在 13 万～18.4 万吨之间，1980～1989 年大米年均产量为 15.6 万吨。1990 年大米产量跌入低谷，仅 9.3 万吨，出口收入 1300 万美元。同年，政府对稻米生产的管理办法进行了改革，使稻农获益。另外，政府加大对农业机械方面的投资和引进各种高产稻米品种，改善排灌系统，调整稻米定价，对与稻米生产有关的投入特许权实行免税，将碾米厂转为私营等，稻米生产形势好转。1991 年稻米收获面积较 1990 年增加 46%，大米产量增加 60%，达到 15.08 万吨。1990～2000 年大米产量增长 40%，稻米单位面积产量由每英亩的 19 包增加到 27 包。其中 1998 年稻米产量创新高，达到 33.97 万吨，较 1991 年增长 125%。之后，大米产量持续 3 年增长。2000 年开始由于天气等原因，产量稍有波动。2000～2004 年年均产量为 32.64 万吨。2004 年底和 2005 年初发生洪水灾害，2005 年大米年产量降至 27.32 万吨，较上年（32.60 万吨）减少 16.2%。尽管 1/5 的稻田受水灾影响，但 2006 年产量预计可达 29 万吨，而且第一季水稻收成已经比预期的产量高。

（三）椰子

仅次于甘蔗和稻米，20 世纪 70 年代为圭亚那第三大农作物，约占农业产值的 5%，主要产地在沿海平原。20 世纪 60 年代初椰子种植面积为 1.4 万多公顷。在伯比斯地区，椰子植于溪边、路旁、房前屋后以及种植于粮食作物的田间；农场型大面积的椰子种植多数在德梅拉拉和埃塞奎博地区。单位面积产量以沿海平原沙地为最高。椰子是圭亚那制作食用油和肥皂、奶油、去污剂、饲料、纤维等重要原料，与人民的日常生活密切相关。20 世纪 70 年代末至 80 年代初椰子年产量为 2.5 万～2.9 万吨；椰子核产量约 3000 吨，较 1972 年 8000 吨的产量有所下降。1978 年的椰肉产量由 1976 年的 2250 吨降至 450 吨。下降原因主要是国家投资少和病虫害所致，许多椰子树因病虫灾害而死亡。20 世纪 90 年代后椰子产量不断上升，1994 年产量为 4.9 万吨，1998 年和 2000 年产量分别增加到 5.6 万吨和 7.5 万吨。2002 年又降为 4.5 万吨。

（四）咖啡

1725 年由苏里南引进，初植于伯比斯地区，后推广到德梅拉拉地区并成为种植园里一种重要农作物和出口产品。但由于当时殖民者的阻挠和劳动力不足，咖啡种植业中断多年，直到 20 世纪初才逐渐恢复。70 年代中期至 80 年代中期，咖啡种植面积一直保持在 2000 公顷左右，品种为"利比利卡"等。主要产地在西北地区、黑丛林新地、西德梅拉拉地区和波麦隆河流域，年产量为 1000～2000 吨。所产咖啡仅能满足国内需求的 1/3，部分咖啡尚需运往美国加工，制成速溶咖啡，然后返销国内。20 世纪 80 年代以后产量基本稳定在 2000 吨左右。

三 林业

圭亚那森林系热带雨林，林业资源非常丰富。根据圭亚那森林委员会提供的数字，2004 年森林面积约为

16.4万平方公里，占国土面积的83.3%。树木品种约1000多个，其中硬木品种多达数百种，名贵品种约30余种，如绿心木、紫心木、蟹木、莫拉树、达利树、瓦拉巴树等。绿心木最为著名，其木质坚硬无比，锯时会冒出火星，具有防火、防腐、防蛀等多种性能，是建造船只以及码头、船坞、闸门、防波堤等海洋建筑的最佳木料，在圭亚那木材出口中常居首位。由于圭亚那森林密度大，林木结构复杂，过熟林多，林层重叠，树种异龄混交，大约1/3的林区可以进行商业性采伐。直至20世纪90年代初，仅有40%的林区可以进入，只有10%的林区在采伐。据报道，圭亚那商业性林业资源约占英联邦加勒比地区总资源的90%。在林业部门的就业人员大约为2万人。

圭亚那森林采伐业历史悠久，早在1624年就有采伐森林的记载。20世纪初英国资本在圭亚那设立了"英属圭亚那木材公司"，仅在1948～1971年间就攫取了几百万圭元的利润。1972年该公司被收归国有，林业实现了"圭亚那化"。现在，圭亚那林权归国家所有，林区租给私人采伐。圭亚那林业开发活动欠发达，长期以来国内的木材公司主要采伐绿心木和其他贵重林木，其他树木品种采伐较少。直到20世纪90年代中期，圭亚那树种多达1000种以上的森林资源中，仅有140种树木已经开发，其中大约15种树木找到了海外市场。圭亚那名贵树种绿心木是最主要的出口产品，每年占木材出口总量的50%以上。

20世纪80年代，木材年产量为15万～19万立方米。森林采伐后很少再植或基本上未再植。90年代初，政府开始出租西北地区和马扎鲁尼地区上百万公顷的林区，进行可持续性发展的伐木业务。当时10家大公司和250家中小经营者对总面积为70万公顷的森林进行商业性采伐，供应国内市场和加勒比共同体成员国。外国公司开始投资圭亚那林业，如中国、马来西亚、韩国、新加坡、印度尼西亚等国的公司与当地的公司合资，开始大

型木材、锯木厂和胶合板生产作业。1991 年韩国（Sunkyong Ltd.）和马来西亚（Samling Co.）合建的巴拉马公司（The Barama Company）是圭亚那在林业引进的第一个大型直接投资项目，也是在圭亚那林业最大的投资者。它们与当地的"多种木材和绿心木有限公司"（Variety Woods and Greenheart Limited）合资，于 1992 年获准在圭亚那西北地区采伐森林并在首都乔治敦南部建立一座胶合板厂的特许权，1994 年达到了国际伐木标准。其租用采伐面积为 412.5 万英亩（约合 166.93 万公顷），约相当于圭亚那土地面积的 8%，雇用圭亚那工人 1700 名。这是圭亚那政府向私人公司出租土地面积最大的一个项目，代表了环太平洋国家在加勒比共同体国家中第一次的大规模投资。该公司将采伐的木材在圭亚那制成胶合板，然后出口，主要销往美国。该公司许诺为伐木工程和胶合板厂投资 1.54 亿美元。1994 年圭亚那出口胶合板 8.2 万立方米，是 1990 年的 7 倍多。2004 年，该公司投资 3500 万美元在埃塞奎博河地区修建新的锯木厂、烘干窑设施以及胶合板和装饰木材厂。2000 年中国吉林公司（Jilin Company，音译）与圭亚那政府签订协议，拟投资 100 万英镑，用 3 年时间对西北地区 16.71 万公顷的森林进行盘存和管理。这是中国在圭亚那第一个大型投资项目。至 2005 年圭亚那批准采伐许可证的森林面积共计 580 万公顷。

　　新的投资者的到来使得圭亚那木材产量大幅度上升。1990 ～ 1999 年木材年均产量为 37.9 万立方米，1997 年产量最高达到 56.47 万立方米。2000 年和 2001 年由于天气和市场等原因，产量较 1999 年的 49.84 万立方米稍为下降，分别为 41.89 万立方米和 43.84 万立方米。2004 年林业产值较上年增长 0.5%，木材产量达到 44.15 万立方米。2005 年产量为 42.47 万立方米。1999 ～ 2003 年林业在国内生产总值中所占比重年均为 3.58%，1999 年和 2003 年分别为 4.2% 和 3.3%，产值分别为 2.26 亿圭元和

1.83 亿圭元；1999～2003 年，木材年均出口收入占总出口的
6.88%，1999 年和 2003 年分别占 7.3% 和 6.1%，出口收入分别
为 3730 万美元和 3070 万美元。据国际热带木材组织（The
International Tropical Timber Organization）介绍，2005 年圭亚那
是南美洲第二大未加工木材出口国（总量达 12.5 万立方米）、
第二大胶合板出口国（总量达 3.65 万立方米）和第四大锯木出
口国（总量为 4.3 万立方米）。当年，木材出口 60% 以上是未加
工木材，收入共计 4990 万美元，较上年增长 11.1%。

圭亚那政府注意保护生态环境，20 世纪 90 年代中期就有了
关于森林采伐方面的法律。其中规定，硬木树种必须长到周长至
少 106 厘米，软木树种至少 61 厘米才可以采伐。2001 年以来，
圭亚那政府努力加强关于木材资源的合理采伐的法律和法规方面
的指导，以减少对自然环境的破坏，同时鼓励当地企业发展具有
较高价值的木材加工业，如家具制造业和室内硬木地板材料生产
等，改变现在 97% 的生产停留在原木和锯木方面。

四 畜牧业

畜牧业生产大部分集中在沿海地区，而且多由小农经
营。富饶的沿海平原、辽阔的内地鲁普努尼草原和伯
比斯"中间草原"，为圭亚那发展畜牧业提供了良好条件。

1966 年独立后，圭亚那畜牧业有一定发展，但速度不快。
1971 年政府成立了"圭亚那畜牧业发展公司"，执行为期 12 年
的畜牧业发展规划，旨在鼓励发展养牛和养猪业。联合国粮农组
织等也资助圭亚那实施一些项目，其中包括训练技术人员、推广
牲畜良种、建立实验性的奶牧场等。1980 年初圭亚那政府与联
合国粮农组织制订了一项牛奶技术合作规划，成本 25 万圭元。
重点发展马海卡河—马海康尼河—阿巴里河地区传统的小型奶牛
场，培训技术骨干。此前，农业部还为牧民免费提供牲畜的人工

授精服务项目,逐渐改良了原有的"克里奥尔"牛种。20 世纪
80 年代初,作为提高牛奶产量规划措施的一部分,政府从美国
引进了"荷尔斯泰因 - 弗里耶西安"牛(Holstein-Friesian)、从
古巴引进了"荷尔斯泰因 - 泽布"牛(Holstein-Zebu, 1984 年)
等新牛种。70 ~ 80 年代圭亚那畜牧业发展不快的原因,主要是
人们缺乏管理大型牧场的经验,新的牲畜品种对热带气候条件不
适应。另外,有些地区大批牲畜被盗走私和疾病流行也是一个原
因。1978 年鲁普努尼地区发生口蹄疫,致使当地畜牧业一度陷
入瘫痪状态。沿海地区一些牧场被用来修路、盖房、改种其他作
物以及滥杀妊娠母畜,使牧场面积和牲畜头数大为减少。1980
年全国牛存栏头数为 30 万头,羊为 18.4 万只。1989 年据联合
国粮农组织估计,牛存栏头数则降为 21 万头、羊为 12 万只、猪
则由 1981 年的 11.6 万头增至为 18.5 万头。但 90 年代猪的数量
有所下降。鸡的数量在 80 年代基本没有变化,保持在 1500 万只
左右。

圭亚那畜牧业以养牛为主,出于交通运输方面的考虑,沿海
地区主要饲养奶牛,内地鲁普努尼草原则以饲养肉牛为主。饲养
方式一般为私人牧场和国营大型牧场两种。在畜牧业生产中,养
羊也占有相当的比重,一般牧场都有羊群。另外,家禽和猪的饲
养也是畜牧业的重要组成部分,有专门的国营鸡场和猪场,然
而,多数家禽和猪等还是靠个体饲养的。20 世纪 90 年代,圭亚
那除牛奶和禽肉外,其他所有肉类基本自给。但受多种因素的影
响,诸如饲料昂贵、农民缺乏饲养技术和科研设备等,牲畜、家
禽等存栏数量浮动较大。1991 年政府取消了禽类部门的消费税,
之后几年禽类生产稍有起色。

据联合国粮农组织资料,1994 年(1 月至 9 月底)和 1998
年(1 月至 9 月底)圭亚那牛存栏数分别为 19 万头和 22 万头,
猪分别为 5 万头和 2 万头,羊分别为 21 万只和 20.9 万只,鸡分

别为 1100 万只和 1200 万只；同期牛肉年产量分别为 4000 吨和
3000 吨，羊肉产量均为 1000 吨，猪肉产量均为 1000 吨，禽肉
产量分别为 1.4 万吨和 1.1 万吨，牛奶产量分别为 2.8 万吨和
1.3 万吨；鸡蛋产量分别为 8300 吨和 7000 吨。2000 年以来，畜
牧业生产状况变化不大，禽、蛋类有所下降。2002 年 1 至 9 月
底，马存栏数 2000 匹、驴 1000 头、牛 10 万头、羊 20.9 万只、
猪 1.5 万头、鸡 1500 万只。同年全年的肉类产量分别为：牛肉
1500 吨、羊肉 800 吨、猪肉 500 吨、鸡肉 1.67 万吨，牛奶和鸡
蛋分别为 3 万吨和 1500 吨。2003 年以来禽肉达到 2 万多吨。

五 渔业

作为“多水之乡”，圭亚那拥有丰富的渔业资源。境内
江河纵横交错，湖沼星罗棋布，为淡水渔业发展提供
了有利条件。1977 年 6 月 3 日圭亚那议会通过决议，领海由 3
海里扩大到 12 海里，专属经济区和捕鱼区为 200 海里，对 200
海里的大陆架拥有主权等。决议无疑对维护圭亚那海洋权益和发
展海洋渔业提供了保障。但圭亚那渔业生产规模较小，20 世纪
80 年代中、后期有所发展，虾类产量增加。政府在德梅拉拉河
岸修建一项包括冷冻、包装和其他设备在内的大型渔业工程。
1995 年渔业生产占国民生产总值的 6.2%。2000 年和 2005 年渔
业在国内生产总值中所占比重分别为 6.7% 和 7.1%。

长期以来，圭亚那鱼、虾产量自给自足，并且一直是加勒比
地区最大的鱼、虾出口国。美国和日本为圭亚那渔业产品重要市
场。近几年来渔业的重要性日益凸显，尤其是虾类，出口收入超
过铝土。圭亚那的虾类一般靠拖网捕捞而不是养殖。2003 年虾
类出口收入超过铝土出口，占国家出口总额的 10.7%（当年铝
土出口收入占总出口的 8.8%），而 1993 年仅占出口总额的
2.8%。2005 年虾类出口收入占出口总额的 12%，而 1995 年仅

占出口总额的 1%。

　　渔业生产原由国营企业和私人企业两部分组成，其中私人企业所占比重比较大。国营的圭亚那渔业有限公司（Guyana Fisheries Ltd.）成立于 1979 年 10 月，拥有国家渔船队和沿海渔业加工设备，主要经营鱼虾捕捞、加工和销售业务。1990 年该公司实行私有化，70% 的股份售予设在乔治敦的"维埃拉投资有限公司"（Vieira Investment Ltd.），剩余股份被一家日本公司购去。1997 年"加勒比明星海味加工厂"（The Caribbean Star Seafood Processing Plant）投资 1 亿美元在罗西格诺尔（Rosignol）动工修建一个加工厂，设计目标是每日为美国、加拿大和加勒比市场加工渔业产品 5000 磅。渔业生产因此出现新的活力。

　　圭亚那在开发海洋渔业资源的同时，还重视发展淡水渔业。圭亚那最大的淡水养鱼场当数实行"洪水休耕"的蔗田。据报道，每年在总面积约为 6 万公顷的蔗田中，有 8000 公顷蔗田为"洪水休耕"渔场。另外，政府还拨款扩建了一些淡水养鱼设施。20 世纪 80 年代圭亚那渔业雇用大约 5000 人，至 90 年代中期渔业各类从业人员达到 1.06 万人，其中 4800 人为捕捞人员，5800 人为渔业产品的加工、调配和销售人员。在 90 年代前 5 年中渔业发展比较缓慢、甚至停滞，1990～1994 年鱼类年均产量一直维持在 3.5 万吨左右，1994 年甚至降到 3 万吨，之后开始回升。1995 年和 1996 年分别增至 3.8 万吨和 3.94 万吨。虾类在渔业生产中占有重要地位，1996 年虾产量由 1995 年的 9344 吨增加到 17792 吨，但对虾产量却由 1994 年的 2168 吨分别降至 1995 年的 1874 吨和 1996 年的 1218 吨。

　　2000 年以来渔业生产（主要是虾类产量）有所下降。2004 年渔业产值较 2003 年下降 1.3%。原因是人们从事与持续发展有悖的过度捕捞（幼虾）活动，以及渔船燃料成本增加，渔民生产积极性受挫等。另外，对渔船日益增多的海盗袭击也是一个重要问题，直接影响海上渔业生产。政府已意识到问题的严重性，从 20 世纪 90 年代末即开始实施一项保护渔业可持续发展的计划。2000～2004 年渔业产值在国内生产总值中所占比重年均为 2.94%。2000 年和 2002 年鱼类产量分别为 5.42 万吨和 4.86 万吨。2003 年 1～9 月虾类捕捞量为 18425 吨，2004 年同期捕捞量降为 12855 吨。2005 年上半年渔业产量较 2004 年同期增长 2.1%。

第三节 工业

一 概况

由于过去长期遭受殖民主义统治，圭亚那工业基础薄弱，结构单一，主要为原材料加工和装配，其中包括铝土开采和加工、制糖、碾米、酿造、粮食加工、鱼虾加工和包装、船舶制造和修理、木材加工、油漆生产、小五金生产和加工、无线电和冰箱装配、纺织和服装生产、砖瓦生产和建筑业等。由于历史原因，圭亚那现在的工业布局很不平衡，除了采矿业分布在内地外，原材料加工、制造业等一般都集中在首都乔治敦和沿海地区的其他城镇。

20 世纪 80 年代，工业（包括采矿、制造、建筑）产值占国内生产总值的 30% 左右。90 年代工业产值在国内生产总值中占的比重变化不大，1995 年和 1998 年分别占 30.2% 和 32.5%。2001 年工业产值在国内生产总值中的比重降为 23.4%。2004 年又回升为 29.7%，其中采矿业占 9.3%，制造业占 11.7%，建筑业占 8.7%；2005 年为 28%。1990～2001 年工业国内生产总值年均增长 6.6%，2000 年实际下降 2%，但 2001 年又增长 0.5%。1992 年在工业部门就业人数占劳动力总数的 15.2%，占

全部就业人数的 20.4%。2000 年以来在工业部门就业的劳动力
人数比例亦无大变化。

　　1981 年国家曾专门设置制造工业部，加强对工业化运动的
领导，并通过对某些工业生产者免征所得税和原材料进口税，来
鼓励发展民族工业。1984 年为促进工业的进一步发展，政府成
立圭亚那制造业和工业发展局，1994 年为圭亚那投资局所取代。
投资局是一个半政府组织，宗旨是帮助投资者在圭亚那建立企
业，使圭亚那成为一个吸引投资者的所在。政府同时开始实行税
改措施，建立工业园吸引私人投资。除了国有部门，还有大量的
地方工业和合作社，生产日用消费品，特别是食品和服装等。

　　二　采矿业

　　圭亚那矿产资源丰富，其中包括铝土、黄金、金刚石、
锰、铁、花岗岩、石油、天然气、玻璃砂、高岭土、
皂石、钼、铌、镍、钨、铜、铌铁和钽铁等。现在的采矿业主要
是铝土、黄金、金刚石、花岗岩和锰矿的开采和加工。铝土和黄
金开采为圭亚那采矿业最重要的两大部门，2004 年铝土和黄金
出口占总出口的 48.7%。其他矿产如石油、天然气等储量丰富，
尚未大规模正式开发。广大内地特别是南部地区的矿产资源尚有
待进行勘探。2000 年和 2001 年采矿业分别占国内生产总值的
11.7% 和 11.9%，仅次于农业和服务业，为第三大经济部门。
但 2002 年以来均被制造业超过，退居第四位，2005 年仅占国内
生产总值的 7.9%。1990 ~ 2000 年采矿业的国内生产总值年均增
长率为 7.1%，2001 ~ 2005 年产值逐年下降，主要原因是现有金
矿开采近于枯竭。锰矿原为圭亚那第二大矿产，在 20 世纪 50 年
代至 60 年代初曾在马修斯岭被大规模开采，1962 年产量达到
27.1 万吨。由于资金、设备等方面的原因，1968 年下半年锰矿
生产中断，当年产量仅 13 万吨。2006 年中期圭亚那政府和印度

埃萨尔集团（The Essar Group）签订一项有关勘探锰矿和铁矿的谅解备忘录，旨在使马修斯岭锰矿工业恢复活力。另外，在采矿业中采石也具有一定的重要性。2000 年"马扎鲁尼花岗岩生产有限公司"发起一个 3400 万美元的旨在促进花岗岩生产发展和现代化的计划。

（一）铝土

圭亚那是世界上主要铝土生产国之一，也是国际铝土协会的创始成员国之一。20 世纪 70 年代，铝土年产值占国内生产总值的 15% 左右，年出口额占总出口额的 40% ~ 50%。故圭亚那人称铝土是"国民经济的生长点"。20 世纪 90 年代之前，铝土开采一直是圭亚那第一大矿业活动。90 年代开始后，黄金开采业迅猛发展，地位超过铝土，并成为圭亚那第一大出口产品。1993 年铝土出口收入相当于黄金出口收入的 91%，2003 年下降到 34%。

圭亚那铝土矿呈弓形带状，由西向东分布在丘陵沙土区。采掘活动始于 1914 年，当时有许多露天铝土矿，人们用镐头和铁锹即可采挖。现在，铝土开采分为林登（Linden）和夸夸尼（Kwakwani）两大矿区。铝土矿源深达 30 ~ 100 米，需要现代化的设备和技术力量。长期以来，圭亚那铝土生产一直由加拿大铝公司的子公司德梅拉拉铝土公司（The Demerara Bauxite Company Ltd.，从 1916 年开始）和美国的雷诺兹金属公司的子公司雷诺兹铝土公司（The Reynolds Metals Company，从第二次世界大战后）所垄断。前者以德梅拉拉河畔的林登（Linden，原马更些 MacKenzie，距乔治敦约 105 公里）为生产中心，20 世纪 60 年代末雇用 4500 人，所产铝土占国内铝土总产量的 75%。公司有一个处理矿石、烘干和煅烧铝土以及制造氧化铝的加工厂，生产烧结铝土、金属级铝土和氧化铝。后者规模较小，生产活动主要集中在伯比斯河畔的夸夸尼（Kuakuani，距河口 225 公里），生产的铝土仅占国内铝土产量的 25%。公司在伯比斯河口处埃弗顿（Everton）有一个烘干和煅烧铝土的加工厂，年产金属级铝土约50 万吨。

政府分别于 1971 年和 1974 年将两个外资铝土公司收归国有。之后，德梅拉拉铝土公司属圭亚那铝土公司（Guybau）管理；雷诺兹铝土公司被国有化后，政府成立伯比斯采矿企业有限公司（Bermine），接管其财产。1977 年 7 月政府将上述两个国营铝土公司合并，成立圭亚那铝土采矿企业有限公司（Guymine）。与此同时，政府又将铝土销售和运输业务同吸引开发资助和预先计划业务集中一起，成立了铝土工业发展公司（Bidco），由它和圭亚那铝土采矿企业有限公司一起统管铝土工业。圭亚那铝土开采后，经过当地简单加工制成氧化铝、烧结铝土、化学级铝土、干燥级铝土等。国内没有炼铝厂，上述初级铝土产品全部出口国外进行加工。从铝土生产早期岁月直到 20世纪 70 年代末，圭亚那一直是世界上首屈一指的烧结铝土生产大国。70 年代期间烧结铝土产量保持在 570 多万吨至 770 多万吨，销售份额约占世界烧结铝土市场的 80%。同期，圭亚那铝土年产量保持在 330 多万吨至 380 多万吨。另外，圭亚那和中国还是仅有的两大耐火 A 级铝土生产国。自从加拿大坎比奥的子公司欧迈铝土采矿公司在林登开业后，圭亚那耐火铝供应的可靠性进一步加强。2003 年耐火铝产量为 6 万吨，2005 年增至大约 23.5 万吨。该公司计划加大投资，使将来年产量增加到 40万吨。

20 世纪 70~80 年代铝土工业国有化后，由于管理不善，资金、设备和资料缺乏、专家和技术人员外流以及受国际市场萧条的影响等，铝土生产出现下降趋势，产量由 70 年代的 300 多万吨降至 80 年代末的 100 多万吨。1974 年铝土产量曾达 360 万吨，1976~1980 年平均年产量为 330 万吨；1981~1990 年平均年产量仅 200 万吨。1992 年降至 89.5 万吨，之后情况稍有好转。1994 年产量又升至 199.1 万吨，1995 年和 1996 年产量分别增至 202.8 万吨和 237.1 万吨。

另外，由于其他国家铝土工业的崛起及产品进入国际市场，圭亚那遂失去对国际市场烧结铝土的统治地位。1975 年圭亚那烧结铝土占世界烧结铝土总产量的 75%，1984 年则下降为 45%，1989 年又降至 30%。1990 年巴西进入世界烧结铝土市场后，圭亚那的铝土国际地位更为跌落。烧结铝土生产状况更为严峻，同年产量仅为 31.6 万吨，至 1997 年下跌到 16.3 万吨。氧化铝作为炼铝的中间产品，也是圭亚那的主要铝土产品，在 1982 年停止生产和出口。1989 年政府对铝土工业的控制有所放松，当年与雷诺兹公司签约，合资开采林登市东南 120 公里处的阿罗埃马（Aroaima）新的铝矿，1991 年中期新成立的阿罗埃马铝土公司开始营业。1992 年政府与澳大利亚敏普罗克工程师有限公司（Minproc Engineers Ltd.）签订合同对圭亚那铝土工业进行技术等方面的改造。同年为提高管理效率，政府解散了身负重债的国营公司圭亚那铝土采矿企业有限公司（Guymine），代之以两个新的经济实体，即德梅拉拉河畔的林登采矿企业有限公司（Linmine）和驻地在夸夸尼的伯比斯采矿企业有限公司（Bermine）。2002 年 6 月政府宣布将伯比斯采矿企业有限公司与阿罗埃马铝土公司合并。

根据敏普罗克公司的建议，政府设计出一个将铝土工业私有化的战略。后在世界银行贷款的帮助下，铝土工业开始恢复。1990 年全国铝土产量 140 万吨，2000 年升至约 270 万吨。2000 年美国铝公司加入阿罗埃马铝土公司（The Aroaima Mining Company），取代雷诺兹公司，次年后又撤出，将其股份售予政府，公司遂成为国营企业。2003 年圭亚那铝土产量为 171.6 万吨，产值仅占国内生产总值的 4%，而 20 世纪 70 年代铝土产值

平均每年占国内生产总值的 14% 。近年来圭亚那铝土生产成本日益增高，除了铝土矿藏的沙土覆盖层太厚清理费工费时外，由于缺乏深水港，铝土运输多有不便。2000 年政府开始实行一个 7 年工业发展计划，通过创立非铝土企业，复兴和发展国家重要的铝城林登市。

2004 年 12 月加拿大坎比奥尔公司（Cambior）与林登采矿企业公司以 70 比 30 的股份比例合资，成立林登欧迈铝土采矿有限公司（The Linden Omai Bauxite Mining Inc.）并开始营业。另外，俄罗斯铝公司的子公司"铝土公司圭亚那"（Bauxite Company Guyana）与圭亚那政府分别于 2004 年 12 月和 2005 年 3 月签约，同意投资和管理阿罗埃马铝土公司。2006 年 3 月俄罗斯公司接管阿罗埃马铝土公司，预期投资 6000 万美元于运输设备和 2000 万美元于采矿业务。该公司现正钻探调研新铝土矿藏的数量和质量，为下一步采矿活动做准备。2007 年将完成一个价值 1 亿美元的烧结铝厂的可行性研究。

然而，铝土生产至今尚未恢复到 20 世纪 70 年代的水平。从 2001 年开始产量再度下降，2002 年又降到 200 万吨以下。2002 ~ 2005 年铝土年产量一直浮动在 150 万吨左右。2004 年和 2005 年铝土产量分别为 150.3 万吨和 147.4 万吨。

（二）黄金

1840 年在圭亚那被人们首次发现，产地主要分布在中、西部及西北部高原地区的广大山区和河流冲积层地带，蕴藏量丰富。淘金是圭亚那最古老的采矿业。在殖民主义统治时期，英属圭亚那统一金矿有限公司曾在波塔罗河的图马图马里地区进行较大规模的采金活动。19 世纪 80 年代英属圭亚那出现"淘金热"。然而，自 1893 年以后，黄金产量日益下降。1959 年商业性采金活动中断。1965 年黄金产量为 2007 盎司（1 盎司等于 28.35 克）。1966 年圭亚那地质调查局探出两个有发展前途的黄金－石英大矿，但与此同时许多露天金矿被关闭。据介绍，1850～1967年黄金总产量估计为 400 万盎司。

独立后，圭亚那黄金和金刚石采矿业原由国家能源和自然资源部的地质和矿藏委员会统一管理。采矿者领到国家的勘探许可证后方可进行勘探和采掘。矿权归国家所有，采矿者按采得的黄金和金刚石数量向国家交纳矿区租用费。20 世纪 80 年代国家征收的矿区租用费标准是：1 盎司黄金交 45 圭元，1 克拉（1 克拉等于 0.2 克）金刚石交 5 圭元。1982 年，国家成立黄金管理局，负责黄金的开采和销售工作。但长期以来，采矿者抱怨黄金管理局所定价格低，估价人员能力差，许多采矿者将产品售予黑市。1997 年初，政府批准 8 个实体单位（后为 12 个私营公司）可以进行黄金出口和贸易活动，结束了黄金管理局作为国家唯一的有权收购黄金之机构的贸易垄断。竞争机制的实施为黄金开采业注入了活力，同时也有利于减少猖獗的走私活动。

20 世纪 80 年代黄金平均年产量为 13729 盎司。1986 年政府为阻止黄金走私活动，给采矿者提高黄金支付价格，由每盎司2384 圭元（约合 554 美元）增至 5537 圭元，1987 年又提至9600 圭元。与此同时，政府颁布法令特赦非法持有黄金者，等等。此后，采矿者申报的黄金产量有所增加。1987 年产量最高，达到 21424 盎司，比 1985 年增加一倍多。20 世纪 90 年代由于政府政策更加开放，黄金采矿业亦有较大发展。1990 年黄金管理局为吸引采矿者，决定为黄金支付市场兑换价格。1991 年黄金产量达到 59154 盎司，创 1916 年以来的最高水平，1992 年又升至 79579 盎司。

但是，在黄金开采过程中走私现象十分严重，屡禁不止，严重扰乱国家经济活动。据 20 世纪 90 年代的估计，每年走私黄金约合 3.6 亿圭元，去向主要是美国。1996 年走私黄金约达 10 万盎司。因此，采矿企业的黄金产量申报不准确，漏洞很大，加之采矿场地分散，产量统计有一定困难。

现在，黄金是国家第一位的出口创汇产品，黄金开采是采矿业中产值增长最快的部门。采矿者主要是中、小型企业，一般使用挖泥船进行黄金开采。2000 年，黄金工业中估计直接雇用 3.2 万人。与此同时，一些企业还使用同样的方法开采金刚石。

1990 年政府与加拿大坎比奥尔公司和金星资源公司合资的欧迈金矿有限公司（The Omai Gold Mine Ltd.）成立，共同开发圭亚那首都乔治敦南 160 公里欧迈地区的金矿。三者所拥有的股份分别为 5%、65% 和 30%，同意矿区租用费为总产量的 5%。1993 年 1 月欧迈金矿开工投产。该矿为南美洲最大露天金矿之一，黄金蕴藏量估计为 360 万盎司，投资 2.43 亿美元，雇用工人 800～1000 人。欧迈金矿年产量占全国总产量的 70%～80%，产值占圭亚那国内生产总值的 25%。欧迈金矿投产后，在矿业就业人数的比重升至 29%，圭亚那黄金产量骤增。黄金部门顿时成为圭亚那经济的"明星"。开工当年，圭亚那黄金产量一跃达到 30.98 万盎司，较 1992 年产量增加近 3 倍，出口收入 1.28 亿美元，占全部出口额的 18.1%，成为仅次于蔗糖的第二大出口产品。1994 年黄金产量又增加 21.2%，达到 37.56 万盎司。当年出口收入 1.28 亿美元，超过蔗糖出口收入（1.16 亿美元），位居出口榜首。1995 年 8 月，欧迈金矿废水池堤坝决口，大量氰化物泄入欧迈河、埃塞奎博河中，造成严重生态环境污染。金矿被迫关闭 6 个多月，直至 1996 年 2 月方恢复生产。1996 年该矿建成一个新的粉碎矿石的磨碎厂，投资约 5800 万美元，碎石能力为 2 万吨。黄金产量在 1995 年减产的基础上迅速回升，全国黄金产量遂达到 38.6 万盎司。同年 8 月，政府批准澳大利亚断山控股公司（Broken Hill Proprietary）和加拿大金星资源公司在西北部和东部面积约为 10117 平方公里的地区内进行金矿和其他矿藏的勘探工作。巴西的萨穆特巴公司（Zamuteba）也获得位于圭亚那和苏里南边界附近两个地区的 6000 平方公里的矿藏勘探权。

1998 年欧迈金矿生产进入鼎盛期，全国黄金产量达到历史的最高水平 46.96 万盎司。之后，圭亚那产量逐渐下跌，原因是产量占全国黄金生产大约 2/3 的欧迈金矿资源接近枯竭。但 2001 年和 2002 年黄金产量仍保持在 45 万多盎司，2003 年后黄金产量锐减，2004 年为 36.85 万盎司。2005 年 8 月欧迈矿关闭，全国黄金产量降为 26.77 万盎司，比上一年减少 27.4%。据报道，从 2000 年开始至 2004 年圭亚那黄金出口一直位居国家出口榜首，收入 1.2 亿多美元至 1.4 亿多美元不等。欧迈金矿关闭后给圭亚那采矿业和政府收入带来较大影响。虽有一些外国公司对开采新的金矿有所计划，但一般规模都相当小，而且也未发现大的矿床。

现在，圭亚那西部内地还有一些中、小型金矿在进行营业，但许多单位不向国家黄金局正式申报产量，而且从事非正规的黄金贸易活动。据报道，巴西的采金者也在南部内地进行非法的采金活动。政府正积极采取措施扭转这种局面。

（三）金刚石

1887 年左右在圭亚那普鲁尼河第一次发现金刚石矿，开采金刚石随之成为圭亚那一项重要采矿活动。金刚石矿层或"冲击矿床"的分布基本与金矿相同，主要分布在中、西帕卡赖马（山）高原地带。金刚石据信是从高原的岩石中冲洗出来的，在当地的马扎鲁尼河、波塔罗河、普鲁尼河、库尤尼河等河流的沙砾之中都可以找到。开采金刚石采用的方法同淘金一样，完全是小规模的传统手工作业或使用吸扬式挖泥船的方式等。西部地区沿河地区大小矿场有数千个之多。1887～1968 年金刚石总产量估计为 350 万克拉。

开采金刚石和开采黄金往往是联系在一起的。许多黄金生产者同时又是金刚石生产者。20 世纪 80 年代金刚石生产规模不大，平均年产量为 8300 克拉，1983 年产量最高达到 12400 克拉。进入 90 年代以后，金刚石生产有所发展，产量大幅度增加。1993 年达到 50900 克拉，1995 年又上升到 52300 克拉。1991 年金刚石出口 1.8 万克拉。2001 年金刚石生产创纪录，产量达到 184309 克拉，出口收入 1330 万美元，成为国家外汇收入的重要来源之一。金刚石产量骤增的主要原因，据称，主要是大量的巴西采矿者通过合法的和非法的途径对圭亚那边远内地的相关矿床开采所致。2004 年金刚石产量较 2003 年增加 3%，达到 425000 克拉。2005 年产量为 356948 克拉，较 2004 年下降 16%。2006 年第一季度产量为 107150 克拉，预期全年产量为 34 万克拉，比上年减少 5%。

（四）石油

圭亚那重要矿藏之一，据报道在圭亚那内地和沿海、近海均有一定储量，但至今尚未开采。现在国内石油靠进口，主要来自委内瑞拉、特立尼达和多巴哥等。

1998 年圭亚那政府批准加拿大 CGX 能源公司（A Canadian Company，CGX Energy Inc.）沿其大陆架（15000 平方公里，其中部分地区与苏里南有争议）进行石油和天然气勘探。2000 年 6 月，加拿大 CGX 公司勘探发现在圭亚那近海有两个巨大的油田。2001 年又据美国地质调查局研究认为，圭亚那近海有较大的石油和天然气储量，估计石油为 22 亿桶、天然气为 1690 多亿立方米。后经地震学研究证明，圭亚那系有开采价值的地质结构，因为邻国委内瑞拉、苏里南、特立尼达和多巴哥都是产油大国。圭亚那政府业已批准一些外国公司进行石油勘探工作。但因圭亚那海洋经济专属区与委内瑞拉、苏里南有争议，故有关能源公司无法进行测试性钻探工作。2000 年 6 月，加拿大 CGX 能源公司在科兰太因河口附近专属区钻探勘查时遭到苏里南海军的驱逐。委内瑞拉政府也声明，它将报复任何在委内瑞拉与圭亚那有争议的水域钻探的公司。与苏里南有争议的海域问题已交联合国海洋法国际法庭进行仲裁，估计 2007 年出结果。

2003 年，加拿大 CGX 公司又开始在圭亚那东北部地区 1530 平方公里的陆地上进行勘探活动，其地球化学和地震学研究分析工作已于 2004 年中期结束。2005 年 5 月底，其子公司圭亚那能源公司（ON Energy, a Guyanese Subsidary of Canada's CGX Energy Inc.）将在该地区开始 4 座油井的石油勘探性钻探，计划投资 520 万美元。2005 年，另一家加拿大公司即格朗德斯塔资源公司（Groundstar Resources），就勘探西南部塔库图盆地（The Takutu Basin）的三年石油勘探许可权同圭亚那政府进行谈判。之前已在该地发现石油。

三 制造业

圭亚那制造业包括食品工业、纺织工业、建筑材料工业、装配业、五金工业等。主要生产活动为蔗糖、大米、椰子、木材、虾、铝土、黄金和金刚石的加工，20 世纪 80、90 年代其产值占整个制造业的大约 75%。此外，制造业还包括大量的饮料、纺织、服装、面粉、香烟、肥皂、医药、饲料、油漆、鱼网、自行车、拖拉机、船只、电器、煤气炉等的小规模生产、加工或装配。20 世纪 80、90 年代，制造业产值占国内生产总值的大约 10%~12%，1995 年达到 12.5%。饮料中的朗姆酒是圭亚那的一大传统出口产品，享誉海外。1990 年出口朗姆酒800 万升，创汇 500 万美元，1994 年出口量和创汇分别增至 2000 万升和 1000 万美元。2000 年以来，制造业没有大的变化，产值在国内生产总值中占 10%~11%。2003 年制造业产值占国内生产总值的 11.6%，碾米、制糖、酿造朗姆酒、木材生产、植物油加工为主要工业项目，碾米与制糖占整个制造业的 50%以上。2004 年和 2005 年制造业在国内生产总值中所占比重分别为 11.7% 和 10.4%。

1966 年圭亚那独立后，为争取经济上的独立，努力发展民族工业。1969 年政府成立"圭亚那工业训练中心"，培训工业技术骨干。至 1980 年底，约有 1600 人在此中心接受培训。1981 年政府专门设置制造工业部，加强对工业化运动的领导，并对某些工业生产者免征所得税和原材料进口税，鼓励生产进口替代产品等。首都乔治敦的鲁伊姆维尔特以及新阿姆斯特丹和柏克斯顿等地逐渐成为圭亚那主要工业区，莫布利萨、萨那塔、法姆等遂成为制造业中心。

在 20 世纪 90 年代的 10 年中，由于黄金生产的突飞猛进和采矿业地位上升，制造业的重要性有所降低。1998 年，制造业产值下降 11%，直接原因是瓦楞纸箱、食品、煤气炉和电冰箱产量的减少。但 1999 年由于销售方式的改进、部门加工能力的提高和采用新的生产技术等综合原因，制造业恢复并增长 13.3%。1995～1999 年制造业平均每年在国内生产总值中所占比重为 11.9%，年均产值 6.12 亿圭元。1990～2001 年制造业产值年均增长率为 7.7%。2004 年 12 月，美国罗托尔韦国际（Rotor Way International）公司在圭亚那投资的一家小型直升机组装厂开业，专门组装两座的 EXEC 162F 型直升机。产品销往加勒比和南美洲，用于作物喷洒农药和监视（督）飞行等。

尽管人们的日常基本消费品均由当地生产，但在 20 世纪 90 年代许多工业部门如卷烟业、大型家用电器（亦称白色货物）和纺织业等均被关闭。与此同时，其他产品诸如肥皂、服装、鞋类等产量也大幅度下降。究其原因，主要是运输和燃料成本上升以及进口的日常消费品竞争力强所致，竞争力弱于其他加勒比国家。另外，服装产品的出口业务也因国际市场上中美洲等同类产品成本低、竞争力强而受挫。因此，2004 年相关出口业务基本停止，当年上半年的服装生产下降 55.8%。2005 年由于国际市场上轻工产品竞争日烈，圭亚那唯一在竞争中存活下来的主要出口创汇企业——丹莫尔服装厂生产面临严重威胁，其产品主要销往美国市场。

新世纪开始以来，圭亚那制造业仍然面临着强烈的国际竞争，产品的运输和燃料成本都高于其他加勒比国家。但多数的制造业部门有所发展，朗姆酒产量增长 23%，药品和油漆产量均有较大增长。2000～2004 年制造业年均产值与 20 世纪 90 年代相似，保持在 6 亿多（即 6.14 亿）圭元。2004 年产值最高，达到 6.53 亿圭元。据报道，2005 年制造业较 2004 年增长 2%。

表 4 - 1　近年来制造业主要产品的产量

年　份	1999	2000	2001	2002	2003
纺织品(万米)	0	0	0	44.7	21.3
服装(打)	245707	186087	289658	407681	279630
鞋类(双)	17750	15627	28069	53632	37518
黄油及人造黄油(吨)	1969	1889	2178	710	1926
食用油(万升)	199.4	119.5	111.9	222.5	314.2
面粉(吨)	35290	35880	36620	36570	34657
肥皂(吨)	293	115	109	115	344
饲料(吨)	26600	25900	31900	38400	27600
油漆(万升)	184.6	185.6	181.9	193.2	191.4

资料来源：Economist Intelligence Unit, *Country Profile*, *Guyana 2005*, The Economist Intelligence Unit Limited, London, 2005。

四　建筑业

圭亚那建筑业是国民经济的重要部门之一。近年来建筑业产值在国内生产总值中名列第五，位居服务业、农业、采矿业和制造业之后。1995～1999 年建筑业产值平均每年

占国内生产总值的 8.1%，2000～2004 年略有升高，达到
8.4%，2005 年为 9.8%。1997 年大选年建筑业增长 13%，之后
停滞至 2004 年。2000～2004 年建筑业产值年均增长 2.5%，但
2005 年建筑业产值增长 9.4%。主要原因是国际资助的在道路、
海堤和排灌等方面的公共投资有所增加，政府为迎接 2007 年的
板球世界杯大赛加大了对建筑业的投资。1995 年和 1999 年建筑
业产值分别为 3.49 亿圭元和 4.24 亿圭元；2000 年和 2004 年产
值分别为 4.52 圭元和 4.87 亿圭元。2005 年增至 5.33 亿圭元。

建筑业在很大程度上依赖于政府投资支出的多少。1996～
1997 年该部门得益于外国投资的流入和政府重新制订的公共工
程规划，同时也得益私人部门在制造业和住宅发展方面投资兴
隆。所以，1996 年和 1997 年建筑业产值分别增长 14% 和
13.1%，在国内生产总值中所占的比重分别达到 7.9% 和 8.4%。
1998 年国内政局动荡不稳，建筑业受到影响，发展缓慢。但产
值在上一年大幅度投资和发展的基础上仍创新高，达到 4.71 亿
圭元。1999 年初由于公务员长时间的罢工，政府的资本规划中
将流动资本变作固定资本，建筑业因此形势严峻，当年生产下降
10%。2000 年政府逐步扩大资本开支规划，加强了住宅和公共
部门的投资，建筑业形势恢复好转，产值增长 4.6%。2005 年产
值增长率为 9.4%，然而，由于圭亚那经济形势脆弱，缺少在基
础设施方面的公共投资，受经济形势影响比较大的建筑业波动也
比较大。

五　电力工业

圭亚那有巨大的水电潜力，辽阔密集的河道网拥有的水
电潜能估计超过 750 万千瓦，但至今尚未充分开发。
圭亚那用电长期依靠火力发电，燃料需要进口。主要的能源资源
是进口的石油、蔗渣和燃用木材。1992 年三项进口额分别占所

用能源的 49%、26% 和 25%；1998 年和 2000 年进口燃料和润滑油分别占全国进口总额的 12.0% 和 20.7%，主要来自委内瑞拉、特立尼达和多巴哥。

20 世纪 70 年代以来，发电设备不足和电力供不应求是一个经常性的问题。80 年代由于资金短缺等原因，妨碍了原计划 75 万千瓦的上马扎鲁尼河水电工程的修建。至 80 年代后期，圭亚那电力部门又面临体制、技术、商业和财政等方面的问题，原有的电力设施因缺乏保养和维修，发电能力受到限制，发电量长期徘徊不前，有的年份甚至大幅度下降，电力部门不得不实行限量供电。1985 年发电量为 3.9 亿千瓦时，至 1989 年降为 1.8 亿千瓦时，4 年内减少了 53.8%。圭亚那内地广大地区尚未有正规的电力供应。80 年代末，美洲开发银行同意为圭亚那提供 3300 万美元贷款，改进圭亚那的电力公司的发电、电力输送和分配能力。

国营的圭亚那电力公司（The Guyana Electricity Corporation）原是主管全国电力的主要公司，负责公共照明和小工业用电。近些年来榨糖厂和铝土公司等大的企业各有自己的发电设备，自 2000 年以来它们为乔治敦减少了 15% 的电力需求量。铝城林登另有独立的电力系统，现有欧迈铝土采矿公司经营。

1990 年以来国内经济的迅速发展对电力的需求量猛增，远远超过电力的增长水平。1993 年以来政府不断提高电价，控制用电量。1993 年 10 月至 1994 年 1 月，电费涨价 25%，至 8 月电费又提高 20%；1995 年电费已涨到临界水平，但供电状况并未见好转。政府为解决电力紧张问题，鼓励有效地使用国内可替代的能源资源和进行小规模的可替代能源项目的研究工作，积极吸引外资于电力工业。与此同时，国家计划将圭亚那电力公司私有化。20 世纪 90 年代初期圭亚那电力公司装机容量为 14 万千瓦，而实际发电能力仅 7.8 万千瓦。1994 年全国发电量为 2.42 亿千瓦时。1996 年底名义上的装机容量为 8.29 万千瓦，但由于设备老化实际发电能力只有 7.55 万千瓦。1996 年和 1997 年的发电量分别为 3.28 亿千瓦时和 7.92 亿千瓦时；2003 年仍保持在 7.79 亿千瓦时，可以满足国内的正常用电量。

1999 年初，中国援建莱瑟姆地区的莫科 - 莫科水电站 (Moco Moco Hydropower Station) 开工，同年 11 月 22 日竣工并投入使用，填补了圭亚那水电领域的空白。该电站是一座小型高水头引水式径流电站，总装机容量为 500 千瓦。电站的建成促进了莱瑟姆地区的社会经济发展。1999 年 10 月圭亚那电力公司私有化，政府拥有 50% 的股份，另外 50% 的股份售予英国的英联邦发展公司 (The Commonwealth Development Corportion) 和爱尔兰电力供应局国际 (The Electricity Supply Board International of Ireland) 拥有的国际财团 "美洲和加勒比电力公司" (The Americas and Caribbean Power)，公司易名为圭亚那电力和照明公司 (The Guyana Power and Light)。2001 年底公司总的发电能力增至 12.45 万千瓦。但由于在营业目标和增加电费等方面意见不一，美洲和加勒比电力公司于 2003 年 4 月退出圭亚那电力和照明公司，当年发电量降至 5.493 亿千瓦时。尽管如此，政府 2004 年以来仍打算将该国营公司变成私营部门。2005 年底公司的发电能力仍保持在 12.45 万千瓦。其他的几个电力项目在吸引外资方面都成效不大。如发电能力为 7500（后称 4800）千瓦的美资林登电力公司 (The US-owned Linden Power Company) 专为林登市提供电力，2002 年因财政严重困难而沦为破产案产业管理的地位，并已延续至 2005 年，问题尚未解决；2002 年中期，由美国公司资助的 10 万千瓦的西部阿迈拉瀑布 (The Amaila Falls) 水电工程开工后，因未得到圭亚那电力和照明公司的支持而于 2003 年初被迫停工。2003 年 5 月中国与圭亚那签署协议，决定对莱瑟姆地区莫科 - 莫科水电站给予更多技术援助，有关电站设备零件已经移交。由于内地广大地区缺乏正规的电力供应，

2004 年 8 月美洲开发银行批准为圭亚那贷款 3440 万美元，资助圭亚那政府的"无电力服务地区的电气化规划"，即一项农村电气化工程，至少将使 3 万个家庭加入电力供应系统中来，同时改进线路减少电耗。2005 年 1 月，中国进出口银行与圭亚那签订一项为期 20 年的 3220 万美元软贷款的协议，决定在中国等援建的斯克尔顿榨糖厂现代化工程中，建设一座发电能力为 3 万千瓦的以蔗渣为燃料的发电厂，生产足够糖厂用的电力，并为国家电力系统提供 1 万千瓦时的电量。预计工程 2007 年完工。

现在，圭亚那电力工业的发展除了受到资金和技术方面的制约外，国内消费者盗电现象严重，2003 年占发电量的 25%；电力输送过程中损耗巨大，2004 年占总电量的 44%。为此，减少线路电耗亦成为电力部门亟须解决的一个大的问题。

第四节 交通与通信

一 交通运输业

圭亚那交通运输业不甚发达，在一定程度上掣肘着国民经济的发展。现有的交通运输设施分布也不平衡。沿海地区交通状况比较发达，海上有船运，陆上有全天候公路，主要江河下游都可以通航，并有轮渡或浮桥连接河的两岸。然而，内地因山重水复、森林茂密和江河阻隔等，交通极为不便。

但是，圭亚那地理位置比较优越，三面接壤南美大陆，一面濒临大西洋，有漫长的海岸线和良港，与世界主要城市之间有轮船或飞机定期往来，客、货运输均为便利。

交通运输业（包括通信，下同）在国内生产总值中所占比重较小。1976 年交通运输业产值为 5500 万圭元（合 2157 万美元），占国内生产总值的 5.4%。20 世纪 80 ~ 90 年代，上述比重无大变化。1980 年和 1987 年交通运输业产值分别为 5000 万美元和 5500 万美元，在国内生产总值中所占比重分别为 5.9% 和 8.3%；1995～1999 年在国内生产总值中的比重年均为 8.3%。1995 年和 1999 年交通运输业产值分别为 3.75 亿圭元（合 264.1 万美元）和 4.48 亿圭元（合 251.7 万美元）。2000～2005 年交通运输业在国内生产总值中所占比重略有增长，年均达到 9.97%。2000 年和 2005 年产值分别为 4.80 亿圭元（合 263.7 万美元）和 6.29 亿圭元（合 314.66 万美元）。

（一）公路

公路主要集中于沿海，狭窄的沿海平原有比较发达的公路网。20 世纪 70 年代初全国有各种道路 1960 公里，其中铺面路为 724 公里，余为渣土路等。80 年代中期，全国铺面路、好天气路和小道等各种道路约 4830 多公里，其中绝大多数为沙砾和泥土路，只能在好天气时使用，主要分布在内地；少部分为铺面路，一般分布在沿海地区。

圭亚那独立后，政府注意发展内地交通事业，改善内地交通状况，通过集资和国家投资等方式加速内地道路建设。1982 年连接林登市和马布拉镇的公路正式开通。与此同时，政府还通过所谓的国家出钱和百姓出力的"自助"方式，修建了长达 200 公里的马迪亚镇至安奈镇的公路。另外，1986 年政府恢复在 1980 年中断的旨在连接圭亚那和巴西的道路工程；1989 年圭亚那和巴西签订一项修建莱瑟姆与库鲁普卡里道路的协议，建设工作重新开始。但是直到 1996 年中期，连接乔治敦与圭、巴边境城镇莱瑟姆的路段仅完成一半。1993 年 7 月加勒比开发银行批准 1100 万美元的贷款，帮助圭亚那修复铝城林登至首都的 71.2 公里的高速公路。1995 年全国的铺面路、"好天气路"和小道等各种道路增至 7820 公里。

1996 年以来，全国已拥有一个 7970 公里的以未铺面路为主的包括铺面路、"好天气路"和小道在内的道路网，其中铺面路698 公里。全国道路主要分为两大干线：一条是沿海公路，东西走向，长 305 公里，东起莫莱森湾（Moleson Creek）经过新阿姆斯特丹、乔治敦，西至查里提镇（Charity）。另一条是内地公路，南北走向，以乔治敦为起点向南通往铝城林登市，铺面路，长 105 公里；而后为未铺面路，由林登一直延伸至圭亚那西南边境城镇莱瑟姆（Lethem），最终与巴西公路连接。2001 年 8 月，位于林登至莱瑟姆路段上的塔库图河大桥动工修建，2002 年因资金问题停工。2005 年 2 月巴西总统卢拉访问圭亚那时，承诺建桥工作在当年重新开始。圭亚那至巴西的这条公路一旦建成，那么圭亚那即可与美洲大陆的道路网连接起来。2001 年 9 月，欧盟为帮助地区一体化而资助的，由圭亚那的蟹木湾至圭亚那—苏里南轮渡总站的道路改进计划现已完成。另外，美洲开发银行提供部分资金的马海卡至罗斯格诺尔的 4000 万美元道路修复工程也于 2002 年开工。

圭亚那三条大河中只有德梅拉拉河上有一座浮桥，1976 年动工修建，1978 年建成通车。桥长 1851 米（一说 1920 米），由52 座浮墩支撑，桥身距水面 8 米，中间两节桥身可以自动开启，以直线水平方向分别向两岸缩去，绽开一个 70 多米宽的缺口，供大型远洋货轮通行。与此同时，德梅拉拉东边的坎吉河大桥（520 米）也建成通车。其他河流如埃塞奎博河、伯比斯河以及圭亚那与苏里南的边界河流科兰太因河，现在尚未建桥。

20 世纪 90 年代以来维修和改进道路状况成为政府优先的财政支出。许多道路工程正在进行中。缓解乔治敦南边交通拥挤状况的 1600 万美元的道路改造工程已于 2005 年完工。2004 年 6 月美洲开发银行批准 3730 万美元的贷款，援助圭亚那改善东部的道路系统、进行德梅拉拉河上另建一座大桥的可行性研究以及城市运输状况研究。2000 年以来，人们一直建议在伯比斯河上修

建一座长 1020 米的大桥，提高当地运输效率。至 2004 年，绝大多数的建议是同意在伯比斯河修建一座耗资 3500 万美元的浮桥，以代替现在的轮渡。2005 年 8 月圭亚那开始建桥招标工作，2006 年 5 月，圭亚那伯比斯桥梁有限公司与中标的英国和荷兰两家公司组成的财团签订了一项合同，由该财团设计和建造伯比斯大桥。据报道，伯比斯大桥为浮桥，长 1550 米，高 12 米，下由 39 个平底浮船支撑，中间可以自动开启 70 米长的缺口，供远洋船只通行。工程将耗资 3800 万美元，计划一年半完工。

1980 年全国注册机动车为 45400 辆，其中客用车 32500 辆，商用车 12900 辆；当年注册的新机动车 1859 辆。1984 年各种注册机动车增至 72647 辆。1985 年注册机动车数目骤降为 54120 辆，其中客用车 38700 辆（含 15100 辆摩托车），商用车 15420 辆。1988 年和 1989 年注册机动车数目，据资料估计相同，均为 29500 辆，其中小轿车 21000 辆，商用车 8500 辆。1993 年注册机动车总数回升为 46100 辆，其中 32270 辆为小轿车，13830 辆为商用车。

20 世纪 90 年代与 80 年代相比，圭亚那使用的机动车辆数目在减少。1990 年注册的新车总数为 2830 辆，其中私人小轿车 776 辆，余为商用车。1996 年注册的新车数量增至 6966 辆。1998 年全国注册使用的机动车总共 12700 辆，其中小轿车 9500 辆，商用车 3200 辆。[1] 同苏里南一样，圭亚那的交通规则是左边通行，旅游者驾车需要有效的国际驾照。

（二）铁路

圭亚那原来的沿海铁路是南美洲大陆最早的铁路，始建于 1848 年 11 月。铁路分为东西两段：东段自乔治敦至罗西格诺尔

---

① *The Europa World Year Book 2003*, Europa Publications, London, 2003, p. 1939. *Regional Survey of the World*, *South America*, *Central America and the Caribbean*, Europa Publications, London, 2005, p. 507.

（Rosignal），标准轨距（1.435 米），长约 97 公里，称东海岸铁路；西段建于 1890 年，自弗里登胡普（Vreed en Hoop）至帕里卡（Parika），非标准轨距（1.67 米），长约 30 公里，称西海岸铁路。起初两段铁路主要用于货运，后来沿海船运和公路运输发展起来，铁路则改为客运为主，供早晚上下班人员用，剩余时间运货。1969 年和 1970 年铁路客运量分别为 3070336 人次和 3205819 人次，货运量分别为 49953 吨和 37709 吨。由于铁路营业经常出现亏损，其业务渐渐为沿海公路所取代。1972 年 7 月和 1974 年 6 月东西海岸铁路分别关闭停业。至此，圭亚那的公共铁路客运服务业宣告结束。1981 年政府领导人曾公开表示，中断沿海铁路运输是一大失误，但政府最终也未提出新的铁路运输发展规划。

20 世纪 80 年代资料显示，圭亚那仅存两条矿区专用铁路：一条在林登矿区，另一条在西北的马修斯岭矿区，两条铁路的服务范围和运输量都很有限。林登矿区铁路专门负责铝矿运输，原来由罗克斯通经林登至伊图尼，全长 128 公里。罗克斯通至威斯马路段曾一度用来往内地运送旅客，但在 20 世纪 60 年代中期因设施陈旧而停运。1995 年林登铁路缩减为林登至伊图尼，长 48 公里。现在，线路仅剩由林登至库马卡部分，长仅 15 公里。马修斯岭矿区主要生产锰矿和金矿。1958 年末修建马修斯岭矿区至凯图马港的铁路（1959 年通车），长 48 公里，专门运输锰矿等。1968 年锰矿生产停业后，铁路运输随之衰落。20 世纪 90 年代中期亦停运。现在，圭亚那没有公共的铁路运输业务。

（三）水运

圭亚那沿海及江河下游水运发达。内河全长约 6000 公里，其中可供小型船只通航的水路约 1077 公里。大型远洋船只仅可进入主要河流如伯比斯河、德梅拉拉河、埃塞奎博河、波麦隆河和威尼河等下游航行。伯比斯河、德梅拉拉河和埃塞奎博河可供远洋船只进入航行的河道分别为 150 公里、100 公里和 80 公里，其中德梅拉拉河航运历史悠久，远洋货轮可由河口直航林登市。当然，一些大河的支流如埃塞奎博河的支流波塔罗河、马扎鲁尼河等在一定距离内也可以供较大船只通航。但是，总的看来，河流的上游以及一些河流的支流均因水流湍急，瀑布和激流较多，加之水深较浅，一般不宜通航。尽管如此，水路运输仍不失为沿海与内地联系的重要途径和圭亚那最便利的运输手段之一。因此，国内木材、甘蔗、大米、矿石、石料等产品的运输，都是因地制宜，尽量利用水路。

1966 年独立时，圭亚那仅有大型船只 12 艘，1980 年增至 48 艘。国家航运公司和圭亚那运输和海港局主管沿海和内河的水运业务。国家航运公司拥有一支机动船和驳船队，主要负责把蔗糖由加工厂散装运往德梅拉拉蔗糖总站。1981 年圭亚那运输和海港局执行一项发展计划，其中包括建造新的渡口，修复和扩建陈旧的渡口、码头，建造大型甲板平底船，更换大批过时的旧船只等。过去，圭亚那使用的大型船只全靠进口。1977 年以来，随着圭亚那造船业的发展，一些大型海轮已能由本国制造。

沿海和几条主要河流的水运业务一般都由政府经营。圭亚那的远洋运输主要靠 10 多家外国运输公司的定期班轮，由它们担负圭亚那与英国、美国、法国、加拿大、印度、澳大利亚、中国、日本、墨西哥以及西印度群岛诸国之间的客、货运输任务。1998 年圭亚那和苏里南之间在科兰太因河上的轮渡开始营业。

首都乔治敦为全国最大港口。20 世纪 60～70 年代，港口长3.2 公里，宽 0.8 公里，泊位水深 5.5 米。其船坞长 1.9 公里，最长码头为 198 米。之后，政府予以资金投入，使港口的设施不断有所改善。港口年均货物吞吐量约 300 多万吨，其中 90% 以上为出口（主要为蔗糖）和中转货物。其他大型港口还有新阿姆斯特丹、林登等。新阿姆斯特丹是圭亚那第二大海港，主要业务是转运经河流由林登和埃弗顿运至海岸的铝土。林登为德梅拉拉河中游的重要河港，是内地往沿海运送铝土产品的中转站。由于德梅拉拉河和伯比斯河河口有沙洲，对进、出乔治敦和新阿姆斯特丹两港的航运业务有一定影响，多数船只不得不半载行驶。

20 世纪 70 年代末和 80 年代，水运业务在圭亚那贸易活动中曾出现一个严重衰退期。1989 年，国家实行经济复兴计划后水运业务有所好转。1993～1997 年乔治敦货物进、出口数量超过了圭亚那历史上任何时期。1996 年进出口额达 114.7 万美元，圭亚那水运部门承担了其中 90% 的运输任务。为适应海运事业发展的需要，政府已承诺在伯比斯河口修建一座深水港，但目前仍然处在计划阶段。据联合国《统计月报》资料，1990 年圭亚那国际海运装货量为 1730 吨，卸货量为 673 吨。至 2001 年 12 月底，圭亚那商船队有船只 59 艘，排水量为 15169 总注册吨数，2003 年 12 月两者分别增至 104 艘和 31633 总注册吨数。2006 年圭亚那商船队拥有注册吨数 1000 吨以上的船只 7 艘（5 艘货船、1 艘油轮、1 艘冷藏船），总注册吨数为 12461 吨，载重吨位为15155 吨。另外，圭亚那商船队中还有 1 艘德国船，有 4 艘船在国外注册。

（四）空运

1913 年 3 月的一天，乔治敦正在上学的孩子们忽然听到震耳欲聋的嗡嗡巨响，抬头一看，只见一只大黄蜂模样的怪物在空中盘旋，吓得惊恐万状，争相逃命。其实，这是圭亚那天空第一次出现飞机的情景，也可谓圭亚那航空事业的开端。英属圭亚那原本没有飞机，当时一位名叫乔治·施密特（George Schmidt）的外国人将飞机零件运到这块殖民地，在今天的贝尔航空公园（Bel Air Park，当时是一个赛马场）进行组装和试飞。于是，圭亚那的天空便出现了第一架飞机。尽管发展航空事业可以方便沿

海和内地的联系，但由于需要较多的经费，殖民地政府无力承担
而只好作罢。

圭亚那航空事业真正开始是在 1934 年。一位名叫阿瑟·詹
姆斯·威廉斯（Arthur James Williams）的美国少校飞行员来到
英属圭亚那，成立了一个小型的私营航空公司。当时英属圭亚那
和巴西勘察人员正在进行划定边界工作，政府需要为他们提供食
品、药品等。内地山重水复、森林茂密，通往那里最好的运输方
式就是航空，威廉斯公司即承担了这一工作。因此，1935～1938
年边界委员会在勘定边界过程中，后勤保障没有遇到太多困难。
此外，威廉斯公司在其他工作方面，如从内地往乔治敦运送病人
就医等发挥了重要作用。随之，政府觉得建立沿海与内地的联
系，空运是不可缺少的途径。人们也逐渐习惯了该公司的航空服
务。1939 年以威廉斯为首的英属圭亚那航空有限公司（The
British Guiana Airways Ltd.）正式成立。1955 年该公司决定出售，
政府买下了全部股份。至 1957 年内地建起 21 个小型简易机场
（即在丛林中辟出一块空地）和 43 处水上降落区（即选定一片
宽阔的河滩），使沿海与内地的联系进一步加强。

第二次世界大战期间海上出行发生困难，通过航空与国内外
联系更显得重要。泛美航空公司曾经多年经营圭亚那、西印度群
岛、美国和英国之间的水上飞机（sea-plane）服务工作。圭亚那
在鲁伊姆韦尔特（Ruimvelt）专门修建了供水上飞机使用的滑行
平台，在当时的马更些（今林登）修建了一座简易飞机场。大
战期间，美国在乔治敦南边 42 公里处修建了阿特金森军用机场
（Atkinson Airport），作为美军赴非洲的中转站。战争结束后机场
转为民用。1946 年起英属西印度航空公司及其他航空公司开始
陆续使用该机场。1959 年机场大楼被火烧毁，当局遂将一座旧
楼改建后用作机场大楼，历时 10 年。后在美国贷款援助下，圭
亚那在原地建起一座新的机场大楼和其他附属设施。机场更名为

蒂梅里机场（Timehri Airport）。1974 年圭亚那政府将原来的英属圭亚那航空公司国有化，改为国营圭亚那航空公司（The Guyana Airways Corporation），负责经营国内空运业务，飞行于沿海与内地之间。从 1980 年起，圭亚那航空公司开始租赁外航大型客机，经营乔治敦与加勒比地区、美国、加拿大等地的空运业务。20 世纪 80 年代初，6 家外国航空公司服务于圭亚那国际航空运输业。从 1989 年 6 月起，巴西国家航空公司的子公司南克鲁赛罗公司也开通巴西博阿维斯塔至圭亚那首都乔治敦之间的航线，每周飞行一次。

　　圭亚那航空事业规模不大。国内现在仅有一座现代化的大型机场，即蒂梅里国际机场，可供大型喷气式飞机起降。20 世纪 90 年代一些外国航空公司继续服务于圭亚那国际航空业务。圭亚那航空公司的业务亦不断扩大，主要从事至美国（迈阿密和纽约）、加拿大、库腊索、巴西、巴巴多斯、特立尼达和多巴哥等地的国际客、货运输。2000 年蒂梅里机场仿圭亚那已故总统契迪·贾根的名字，更名为契迪·贾根国际机场。另外，在乔治敦附近的奥格尔（Ogle）还有一座为私人所经营的简易机场，距乔治敦市中心约 20 分钟车程，可供一般轻型飞机起降。该机场从事国内特别是首都至内地的航运业务，估计每年运送旅客 5 万人次。2004 年奥格尔机场经营者开始对机场进行升级改造，工程包括将跑道由 600 米加长到 1200 米、建造一座新的候机楼等，最终使奥格尔机场由原来的仅供国内轻型飞机使用的机场，扩大为可供乔治敦至加勒比和南美洲北部地区短程国际航班使用的机场，成为契迪·贾根国际机场的一种替代选择。至 2006 年，全国各种机场总共有 90 个，其中绝大多数是简易机场，供国内一般轻型飞机起降。在 90 个机场中，9 个机场为跑道铺面机场，档次稍高：3 个机场跑道长 1524～2437 米，6 个机场跑道短于 914 米。另外的 81 个机场为跑道未铺面的机场，其中 2 个机场

跑道长 1524～2437 米，14 个机场跑道长 914～1523 米，65 个机场跑道短于 914 米。简易机场绝大多数分布在内地各大居民点，少数分布在沿海地区。

1996 年圭亚那与苏里南签订一项旨在巩固两国之间空中联系的协议。1999 年 6 月，圭亚那航空公司将其 51% 的股份出售给当地一个投资财团，遂更名为"圭亚那航空公司 2000"。但公司经营并不成功，2001 年 6 月被迫停业清理。圭亚那与苏里南签订的航空协议也随之中止。现在，英国西印度群岛航空公司（British West Indies Airways）、（荷属）安的列斯群岛航空公司（Antillaanse Luchtvaart Maatschappij）、利沃德群岛空运服务处（Leeward Islands Air Transport Services）、苏里南航空公司（Surinamse Luchtvaart Maatschappij）等多家外航班机定期来往，起降于契迪·贾根国际机场，联系圭亚那与世界各地。另外，每周还有从委内瑞拉首都加拉加斯起飞，经乔治敦飞往特立尼达和多巴哥首都西班牙港最终至苏里南的航班。

据联合国统计年鉴的资料，1998 年和 1999 年圭亚那航班飞行均 200 万公里，载客分别为 5.9 万人次和 7 万人次，分别飞行 2.31 亿人公里和 2.77 亿人公里；货物周转量分别为 2400 万吨公里和 2800 万吨公里。

二　通信业

由于长期遭受殖民主义统治，圭亚那通信业像其他行业一样发展缓慢。1969 年圭亚那建立第一个卫星通信系统，使远距离通信联络迈上了新台阶。但直至 20 世纪 70 年代中期，圭亚那与英国之间没有直通电话。1979 年圭亚那扩展了国际电话直拨设备后，两国之间电话直拨才得以实现。20 世纪 80 年代圭亚那开通了与其他国家的直拨电话业务。1987 年中期，由日本两家公司负责安装的一套新的国际电话系统部分地投入使用后，大大增强了圭亚那的通信能力。

1977 年初全国使用中的电话机共 22526 部，1983 年初增至 27000 部，即每 100 人中有 3.3 部电话。至 1988 年，全国电话数量达到 41000 部，但据报道，当年电话网络维修费需要 1.5 亿美元。实际上，圭亚那电话网络发展空间和潜力仍然很大。

圭亚那国际电信服务由圭亚那电话和电报公司（The Guyana Telephone and Telegraph Company）提供。该公司原名圭亚那电信公司，为国营企业。1991 年政府将该公司私有化，80% 的股份出售给美国大西洋电信网络公司（The Atlantic Tele-Network），将公司改名为圭亚那电话和电报公司。该公司私有化后，承诺 4 年内支出 4.8 亿美元，建立数字技术和引进蜂窝电话网络（the cellular phone network），在 3 年内使电话线路增加一倍。

1991 年以后，圭亚那电话网络功能有明显改进。1994 年全国使用中的电话数量为 5 万部，其中移动蜂窝电话为 1250 部。1990～1995 圭亚那电话和电报公司的电话系统工作线路增加 3 倍。1991 年公司电话工作线路为 1.3 万条，1995 年 9 月发展到 4.5 万条。至 2000 年电话工作线路已达 6.84 万条。1993 年上半年圭亚那对外电信业务量猛增，由 1992 年同期的 550 万电话分钟增加到 740 万电话分钟（minutes of calls）。与此同时，圭亚那移动蜂窝电话网亦有较大发展。在此情况下，电信设备需要进一步升级。1996 年中期，圭亚那电话和电报公司宣布一项 2500 万美元的投资计划，旨在增加 2 万条工作线路，将通信设备扩展到国家所有的地区。1998 年由于政府与该公司在增加国际电话费和设备租金等方面意见存在分歧，上述增加电话线路和扩展服务区域的计划受挫。因此，至 20 世纪 90 年代末，圭亚那内地绝大多数的居民区仍缺乏电话线路。

20 世纪末以来，圭亚那电话和电报公司移动蜂窝电话网络发展非常迅速。1998 年和 2001 年圭亚那固定电话和移动电话分别为每千人有 72.1 部和 178.4 部。2002 年 6 月，陆线（Landline）电话用户为 82043 个；同期的移动蜂窝电话用户由 2001 年 6 月的 18412 个（全年为 39500 个）增加到 57048 个。至 2003 年 6 月，全国移动蜂窝电话用户又增至 104852 个；2003 年 3 月陆线电话用户已达 87057 个。2004 年圭亚那移动电话用户总数为 150851 个，较上年增长 27%；有线电话用户达到 103267 个，较上年增长 11%。2004 年电话收入增加 6%，达到 8400 万美元，其中国际长途电话收入增长 12%。2005 年 1~9 月陆线电话用户和移动电话用户分别增长 7% 和 45%，达到 111215 个和 219329 个；至年底移动电话已达到 228000 户。公用事业委员会于 2006 年 2 月提出要求，在改进服务能力和质量之前，暂停发展新的移动电话用户。据国际电信联盟（The International Telecommunications Union）资料，2005 年圭亚那每百人中拥有的手机数已由 2003 年的 19 部增至 33 部，但尚低于苏里南（52 部）、特立尼达和多巴哥（61 部）、牙买加（102 部）。圭亚那信息技术有一定的发展，2001 年 6 月圭亚那第一家电信市场服务开业，有员工 85 人（但 2004 年宣布关闭）。2002 年另有两个电信市场服务和一个医疗转录服务部门开业，员工总数为 293 人。

2005 年圭亚那电话和电报公司计划投资 1500 万美元，进一步扩大有线电话业务以及以太阳能配电板为动力的内地边远地区的电话服务业务。政府决定将电信业实行自由化，以促进该部门进一步发展，但因在谈判条件上与圭亚那电话和电报公司意见不一而进展缓慢。尽管政府与环球电信公司（The Trans World Telecoms）的子公司 Cel * Star 就电信业完全自由化问题的谈判还在进行之中，但政府已给该公司发放了有关移动电话业务的许可证，2004 年 12 月底开始营业。在圭亚那东部有一家小的蜂窝电话公司已开业。同时，政府关于移动电话市场进一步自由化的活动已停止，在 2006 年 9 月之前不再发放新的许可证。移动电话服务目前仍由圭亚那电话和电报公司以及最近还开始由一个新的竞争者 Cel * Star 公司提供，后者的移动电话用户约 31000 个，占市场份额的 12%。另外，政府 2006 年 2 月宣布，将在年内给爱尔兰的 Digicel 公司发给初交费用为 120 万美元的营业许可证。

1990 年圭亚那共有传真机 195 台。1998 年圭亚那个人电脑数为每千人有 23.5 台。2001 年个人电脑总数为 2.3 万台，大约每千人有 30 台。因特网的使用受个人电脑数量的限制。1998 年和 2001 年全国因特网使用者分别为 2000 人和 9.5 万人。2004 年圭亚那个人电脑数为 2.7 万台，折合每百人有 3.5 台。当年因特网使用者增至 14.5 万人，大约每百人中有 18.9 人使用因特网。2005 年因特网使用者增至 16 万人。2006 年因特网主机为 1046 部。

第五节 财政与金融

一 财政

圭亚那的财政年与公历年度相同。每年 3 月中旬由财政部长向国民议会提交当年的财政预算报告，经国民议会讨论通过后予以实施。

政府财政收入来源主要依靠税收。20 世纪 80 年代直接税和间接税平均每年占财政收入的大约 74%；进入 90 年代，随着经济形势的好转，税收在政府财政收入中所占的比重略有增加，1990～1999 年达到 77%，2000～2003 年又增至 86%。为了更为有效地做好税收工作，保障国家的财政收入，2000 年 1 月圭亚那政府根据国际货币基金组织和世界银行"重债穷国倡议"的要求，建立了一个独立高效的税收机构"圭亚那税收管理局"（The Guyana Revenue Authority），专门负责国家的税收工作。

20 世纪 70 年代中至 80 年代，圭亚那国营经济占主导地位。由于生产连年下降，国营企业上缴利润和税收锐减，国家经济衰退，财政面临窘境。整个 80 年代政府的财政预算中都有巨额赤字。1979 年赤字为 1.84 亿圭元，占当年国内生产总值的 8.1%，1980 年升为 10.6%。1989 年公共部门财政赤字高达国内生产总值的 37.4%。为弥补国营公司的生产亏损以及其他各种开支，政府财政如牛负重，债务累累，甚至因无法偿还债务成为国际上丧失借贷能力的国家。

在 20 世纪 80 年代，政府财政支出中有很大部分是用于偿还债务的。1980 年偿还债务本息占经常性开支的 42%；1985 年所占比重为 38%。此后，偿还债务利息成为政府财政支出的最重要项目，1990 年为 41.92 亿圭元，占经常性支出的 55%。1991 年为结清利息欠款，政府财政支出巨大，达到总支出的 38%。1995 年支付债务利息占政府财政收入的 31.4%，当年债务还本付息共达 1.07 亿美元。

当时，政府迫切需要解决的问题是努力将财政赤字以及国营公司的赤字置于控制之中。鉴于国际信贷出现困难，政府一方面紧缩开支，另一方面遂转向国内银行系统求助解决财政赤字问题。1988 年政府在控制赤字方面取得进展，经常性营业赤字为 2.59 亿圭元，比 1987 年（9.13 亿圭元）减少 6.54 亿圭元。即使加上资本支出 8.09 亿圭元，当年总的赤字为 10.68 亿圭元，仍比 1987 年总赤字减少 30%。同年，政府实行经济复兴计划后，重新进入国际信贷市场，国外贷款逐渐增加。20 世纪 90 年代开始后，政府采取了提高税收和紧缩开支政策，财政形势趋于好转。1990 年政府财政收支差额赤字为 22.8 亿圭元，到 1993 年转为盈余 10.99 亿圭元，1996 年盈余增至 117.01 亿圭元，成为 1993～1997 年中盈余最高的年份。1996 年和 1997 年政府财政收入分别为 343.58 亿圭元和 226.56 亿圭元，支出分别为 335.77

亿圭元和 295.28 亿圭元。由于政府为了改善国家社会和物质基础设施，加大了投入，自 1990~1997 年资本开支增加几乎 4 倍。1995 年圭亚那外债总额达到 21.05 亿美元。1999 年 5 月，国际货币基金组织和世界银行根据"重债穷国倡议"，批准为圭亚那减债 4.4 亿美元。减债结果，最终使圭亚那在 1999~2003 年免除的债务还本付息额约占每年国内生产总值的 3%，在 2004~2009 年约占国内生产总值的 2%。2000 年 11 月，根据"重债穷国倡议"圭亚那有资格又成为追加的债务免除国家。由于不断实现了与国际信贷组织预先商定的各种条件，圭亚那有资格最终追加免除大约 5.9 亿美元的债务。2001 年公共外债降为 12 亿美元。据圭亚那银行介绍，公共外债大约保持在这一水平上，至2005 年底大约为 11 亿美元。国内的财政形势进一步好转。由于政府 95% 的债务是和官方按优惠条件签订的，2004 年的偿债率相当低，仅有 7.7%。尽管如此，但也占到政府收入的 20%。

表4-2 近年来中央政府财政情况

单位：亿圭元

年 份	1999	2000	2001	2002	2003	2004	2005
经常性收入	368.39	413.56	414.27	445.99	453.92	516.64	560.71
经常性支出	318.40	428.47	433.08	446.57	467.43	469.38	537.31
差 额	49.99	-14.91	-18.81	-0.58	-13.51	47.26	23.39
预算差额	-30.42	-83.76	-74.77	-43.33	-102.38	-75.57	-194.47

资料来源：Economist Intelligence Unit, *Country Profile Guyana*, The Economist Intelligence Unit, London, 2005, 2006。

二 金融

圭亚那货币以圭亚那元（文中简称圭元）为基本单位，十进制。1 圭元等于 100 分。货币分为纸币和硬币两

种。纸币的面额有 1 元、5 元、10 元和 20 元，硬币的面额有 1 分、5 分、10 分、25 分和 50 分。

圭亚那历史上曾为荷、英殖民地，货币也多次发生变化。1900 年，英属圭亚那所有的荷兰硬币（除了 4 便士的辅币）全部撤出流通领域，引进英国克朗、半克朗、弗罗林、先令、6 便士、3 便士、1 便士、半便士等硬币。但同时英国政府决定使用以元为基础的纸币代替 1 英镑和半英镑的纸币，此情况一直延续到 1951 年。之后，英属圭亚那政府又决定加入仅使用元和分的其他英属加勒比领地，从流通领域中收回英国硬币。独立前圭亚那货币为西印度元，随英镑浮动。1965 年 10 月改用东加勒比元，币值不变。同年 11 月发行自己的货币圭元，币值与东加勒比元相等。1967 年 11 月圭元贬值，保持与英镑等价。

圭亚那最早的银行是 1828 年建立的奴隶储蓄银行，即圭亚那邮政银行的前身。1836 年，在圭亚那又建立了殖民银行和英属圭亚那银行。殖民银行为英国财团所有，即后来的巴克莱银行的前身。英属圭亚那银行是一个地方性银行，当时拥有资产 171 万荷兰盾（荷兰货币名称），因遭受殖民银行的排挤，仅营业几年后便关闭了，资产为加拿大皇家银行接收。直到 1965 年以前，圭亚那没有政府银行或发行银行，其银行设备由美国和加拿大商业银行提供，一部分货币由英属加勒比货币局发行。1965 年圭亚那银行建立，政府才有了自己的发行银行。1966 年圭亚那独立后，又建立了一系列银行和金融机构，如圭亚那国民合作银行（1970 年）、圭亚那合作农业与工业发展银行（1973 年）、圭亚那合作抵押金融银行（1973 年）、圭亚那合作保险署（1976 年）等。1976 年圭亚那又成立了合作金融局，统一管理圭亚那的金融活动与保险业务。

20 世纪 80 年代，一些在圭亚那的外国银行相继将它们在当地的资产售与圭亚那政府，其中有加拿大皇家银行（Royal Bank

of Canada, 1984 年)、美国大通曼哈顿银行 (Bank of Chase Manhattan, 1985 年)、英国巴克莱银行 (Barclays Bank, 1987 年) 等。

1984 年 1 月,加拿大皇家银行将 1500 万圭元的资产售与圭亚那后,改名为国民工业和商业银行 (National Bank of Industry and Commerce),为圭亚那最大的商业银行。至 20 世纪 90 年代末该行已拥有 5 个分支机构,2002 年 9 月总资产达到 345.69 亿圭元。

1987 年,圭亚那贸易和工业银行 (Guyana Bank for Trade and Industry) 成立,吸收了巴克莱银行和大通曼哈顿银行的业务。1994 年 4 月政府卖掉了圭亚那贸易和工业银行的股份。至 1996 年,圭亚那贸易和工业银行已拥有 3 个支行,资金达到 8 亿圭元,存款为 144.11 亿圭元,总资产为 193.10 亿圭元;至 2000 年 12 月,该行的支行增至 6 个,其资金为 8 亿圭元,存款 193.98 亿圭元,储备金 5.07 亿圭元。2002 年三者分别为 8 亿圭元、196.61 亿圭元和 5.31 亿圭元。

1994 年 11 月,德梅拉银行 (Demerara Bank,一家私营的国内银行) 和公民银行 (Citizen's Bank,一家牙买加银行) 开始营业。1995 年 5 月,政府制定《金融机构法》,引入富有效率的银行规章和监督机制,赋予圭亚那银行 (Bank of Guyana) 即中央银行,监督各金融机构和为金融机构制定规章的责任。

1997 年政府以 2000 万美元的价格将其在圭亚那最大银行国民工业和商业银行 (National Bank of Industry and Commerce) 47.5% 的股份卖给特立尼达和多巴哥的最大银行共和银行 (Republic Bank)。又据 2005 年资料,该行 51% 的股份为政府所有,17.5% 的股份属国家保险体系,2003 年又购得圭亚那国民合作银行。

圭亚那银行为中央发行货币银行,又称圭亚那国家银行,是

金融系统制定规章制度的权威机构，是政府和商业银行的金融管理机构。主要业务是负责发行货币，保持国家货币的币值以利经济的发展。此外，它还实行银行检查，发行国内公债，并通过银行信贷发放某些信贷基金等。1965年该行开业时有资金600万圭元，至1981年12月，增加到11.018亿圭元。1994年该行资金为430万圭元，储备金112.48亿圭元，存款1404.901亿圭元；至1996年12月该行营业状况略有变化，资金仍为430万圭元，储备金和存款分别降为100.924亿圭元和1142.279亿圭元。2000年12月该行资金和储备金分别增至10亿圭元和111.21亿圭元。但存款降为978.52亿圭元。2001年12月，该行资金仍为10亿圭元，但储备金和存款分别降为41.97亿圭元和874.98亿圭元。另外，圭亚那银行还是一个外汇银行，主要经营英镑、美元、加拿大元和加勒比国家货币的兑换业务。

圭亚那国民合作银行（Guyana National Co-operative Bank）是国内第一家商业银行，成立于1970年。主要业务是对合作形式的企业提供资助。1970年底总资产为920万圭元，至1975年增至1.31亿圭元；1970年存疑额为700万圭元，1976年增至1.32亿圭元。1975年以后，拥有60多家邮政局和代办处的圭亚那邮政储蓄银行并入该行，大大加强了这一金融机构的力量。20世纪80年代中期该行拥有7家分行和3家代理机构。

圭亚那合作农业与工业发展银行（Guyana Co-operative Agricultural and Industrial Development Bank）和圭亚那合作抵押金融银行（Guyana Co-operative Mortgage Finance Bank）同于1973年建立，均为商业银行。前者主要是为农、林、渔业和工业等筹措资金，提供财政信贷和相关咨询服务。自成立到1980年，该行为制造业者、农民、商人提供贷款5710项，计1.145亿圭元，其中1.079亿圭元用于农业私营部门。20世纪80年代中期该行在全国有10家分行。后者主要为发展住房提供资金，鼓励和促进私人购房，资助购买低价住房并为某些抵押活动提供保证。

1995 年圭亚那国民合作银行同圭亚那合作农业与工业发展银行合并，统称圭亚那国民合作银行，为国家所有，设 11 个分支机构，并决定于 2002 年私有化，分批售予国家工业和商业银行。2003 年后该行与国家工业和商业银行均属特立尼达和多巴哥共和国银行。

现在，国内还有 7 家商业银行，其中 3 家为国外所有，它们是印度的巴罗达银行（Bank of Baroda ，1969 年在圭亚那开业）、加拿大的新斯科舍银行（Bank of Nova Scotia，1968 年在圭亚那开业）和牙买加的公民银行（1994 年在圭亚那开业）。国内商业银行有德梅拉拉银行（1994 年建立）、圭亚那美洲商人银行（2001 年建立）、圭亚那贸易和工业银行（1987 年建立，并吞了巴克莱银行业务）和圭亚那工业和商业银行（2003 年工业和商业银行购得国民合作银行），其中圭亚那美洲商人银行最大，国际金融公司、安全国际金融公司、圭亚那贸易和工业银行等在该行均有股份。该银行将主要为家庭所拥有的商业活动提供服务。另外，国内有 6 家保险公司，如德梅拉拉互济人寿保险会、钻石火险与普通保险公司、圭亚那合作保险署、圭亚那和特立尼达互济人寿保险公司、手拉手互济火险和寿险集团、圭亚那保险公司等；还有一些信托公司和信用合作社等。2003 年 6 月一家股票交易所开业，拥有 11 家上市公司。

在圭亚那独立后的一段时间内，圭元仍钉住英镑。但为了减少对过去宗主国的依赖，圭亚那在货币交易中逐步实行独立的货币政策。1975 年 10 月，政府宣布圭元不再钉住英镑，而改为根据黄金价格来确定货币比价，开始与美元挂钩。中心汇率为 1 美元等于 2.55 圭元。这一汇率一直保持到 1981 年 5 月底。同年 6 月开始，圭亚那根据美元浮动情况调整了汇率政策，决定圭元不再单一地钉住美元,改与特立尼达和多巴哥元、英镑、日元、联邦德国马克等"一篮子"货币挂钩,直至 1991 年 2 月底。此间政府规定的新汇率是:1 圭元分别等于 0.19 英镑、0.33 美元、0.80 特立尼达和多巴哥元、0.59 牙买加元、0.90 东加勒比元、0.67 巴巴多斯元。政府认为,新的汇率政策将使圭亚那在确定圭元的汇率方面具有灵活性和主动性,政府制定汇率政策的主要依据是国内的需要,而不再是机械地由外部因素来决定。

自 1991 年 2 月以后,政府实际上开始执行汇率完全自由浮动的政策。汇率由 1981 年 6 月以前的 1 美元等于 2.55 圭元继续下跌。至 1991 年年底,1 美元等于 122 圭元;1996 年底和 1999 年底美元与圭元的比价分别为 1 美元等于 141.3 圭元和 1 美元等于 180.5 圭元。2000~2004 年间,圭元与美元和其他货币之比价,除了 2002 年略有上升外,其他年份均在下跌,如表 4-3 所示。

表 4-3　近年来圭亚那汇率

单位:圭元,年平均数

年　　份	2000	2001	2002	2003	2004	2005
美　　元	182.4	187.3	190.7	150.5	198.3	199.9
英　　镑	276.0	269.7	285.8	245.8	363.1	363.4
欧　　元	168.6	167.8	180.2	170.4	246.6	248.8
巴西瑞亚尔	99.7	79.7	56.3	48.9	67.8	82.1
特立尼达和多巴哥元	29.0	30.1	30.5	23.9	31.5	31.7
日　　元	1.69	1.54	1.52	1.30	1.83	1.81

资料来源:EIU, *Country Profile 2005*, *2006*, *Guyana*, The Economist Intellignece Unit Limited, London, 2005, 2006。

20 世纪 80 年代中期以来圭亚那货币贬值,物价上涨,货币供应量亦大幅度增加,1987 年较 1986 年增加 34.3%;1989 年比 1988 年增加 50.3%。进入 90 年代后,由于货币进一步贬值,货币供应量猛增，1991 年和 1992 年分别增加 72.8% 和 60.4%，达到 162.66 亿圭元和 260.92 亿圭元。随后，因政府实行货币紧缩政策，货币供应量增长率逐渐降下来，1996 年只有 16.7%，货币供应量为 575.80 亿圭元。1999 年货币供应量增长率又降至 12.1%。2000 年以后货币供应量增长率大幅度下降，2001～2005 年平均每年仅为 7.72%，其中 2002 年最低为 5.7%。2001 年和 2005 年货币供应量分别为 961 亿圭元和 1283 亿圭元。通货膨胀率随着 80 年代末 90 年代初的货币贬值而上升，1989 年、1990 年和 1991 年分别为 90%、64% 和 106%。后由于政府实行紧缩性财政和货币政策，汇率趋于稳定。1996 年和 1999 年通货膨胀率分别降为 4.5% 和 7.5%。2000 年通货膨胀率为 6.2%，之后起伏不大，2005 年为 6.3%。

第六节　对外经济关系

一　对外贸易

圭亚那对外贸易在国民经济中占有十分重要的地位。传统出口产品主要有铝土、氧化铝、蔗糖、大米、黄金、金刚石等。非传统出口产品主要有朗姆酒、糖蜜、鱼、虾和木材等。随着生产的多样化发展，出口品种也在不断增加。进口产品主要有食品、饮料、烟草及其他消费品、燃料、润滑剂、工业原料、化工产品、资本货（capital goods）、中间产品（intermediate goods）等，其中资本货、中间产品、消费品、燃料和润滑剂等所占比重最大。圭亚那主要贸易伙伴是加拿大、英国、美国、荷兰、德国、意大利、日本、加勒比共同体及周边国家。

　　作为"圭亚那三大经济支柱"，铝土、蔗糖和大米在圭亚那

对外贸易中举足轻重。长期以来铝土及其制品位列出口产品榜首，其次是蔗糖和大米。在20世纪80年代，三项产品出口收入约占国家出口总额的80%以上。然而，三大产品的出口情况是随着国内产量、国际市场价格的不断变化而随时发生变化的。20世纪80年代中期，特别是1986年以后，由于国际市场铝土价格疲软等原因，铝土出口收入减少，蔗糖出口额遂超过铝土。直至1999年（1988年、1994年和1997年除外），蔗糖一直是圭亚那第一位的出口产品。2000~2004年，由于黄金产量大幅增长，蔗糖出口额让位于黄金，退居第二。与此同时，铝土出口额接连下跌，1993~2001年（1996年除外）成为第三位出口产品，2002~2004年又连续3年跌入第四位，低于大米出口收入，2005年重新升为第三位。值得一提的是，80年代末期虾出口额猛增，1987~1991年出口收入超过大米，排位第四名，部分原因是虾的转口贸易。1991年后大米出口逐渐恢复，虾的出口排位又退居第五位。

20世纪90年代以来，由于黄金出口呈上升趋势，传统的三大经济支柱已变为蔗糖、黄金、铝土和大米四大经济支柱。它们的出口收入占国家总出口的75%~85%。1993年圭亚那欧迈金矿投产后，当年黄金出口额为9980多万美元，超过铝土而仅次于蔗糖，居出口收入的第二位。1994年黄金出口额猛增至1.28亿美元，超过蔗糖（出口收入1.164亿美元）、铝土（出口收入0.789亿美元）和大米（出口收入0.556亿美元），独占鳌头。1994~1997年出口收入平均每年增长9.4%。当年，4项产品出口额共达3.789亿美元，占国家总出口的85%。90年代中期以后，由于木材、鱼、虾等其他产品出口收入增加，四大经济支柱产品在出口中所占比重明显下降，1995~1999年降为74%~77%，年均为75.4%。1999年蔗糖出口额为1.362亿美元，黄金为1.087亿美元，铝土为0.772亿美元，大米为0.711亿美元。4 项产品出口收入占总出口额的 75%。2000～2005 年 4 项产品出口收入在总出口中所占比重进一步降低为 63%～74%,年均所占比重为 69%。2005 年蔗糖出口收入为 1.18 亿美元,黄金为 1.119 亿美元,铝土为 0.628 亿美元,大米为 0.462 亿美元。4 项出口收入占出口总额的 63%。进口中间产品 2 亿美元、消费品 1.958 亿美元、燃料和润滑剂 2.206 亿美元、资本货 1.548 亿美元,占进口总额的 98%。

圭亚那对外贸易自 20 世纪 80 年代以来基本上一直呈逆差。80 年代初(1980～1983 年)进、出口贸易额分别在 2.14 亿～4.30 亿多美元、1.89 亿～3.89 亿多美元之间,贸易赤字约为 700 万～8000 多万美元。1992 年以后出口收入稳定增长,贸易赤字呈下降趋势。1993 年和 1994 年贸易赤字分别为 6830 万美元和 4100 万美元。1996 年进、出口贸易额分别为 5.95 亿美元、5.75 亿美元,1997 年两项分别为 6.42 亿美元、5.93 亿美元。但由于欧迈金矿近于枯竭,黄金和木材出口减少,1999～2003年出口收入由 1997 年创纪录的 5.93 亿美元降至年均的 4.98 亿美元,同期进口支出年均为 5.71 亿美元。之后外贸形势好转,进、出口额均有增长,2004 年和 2005 年出口额分别为 5.78 亿美元和 5.36 亿美元,进口额分别为 6.47 亿美元和 7.86 亿美元。2000 年贸易赤字再次升至 8000 万美元,2001 年达到 9400 万美元。2001～2004 年贸易赤字平均每年为 6948 万美元,2005 年高达 2.35 亿美元。

出现上述变化,原因是 2000 年以来一段时间内,由于国内消费需求减弱和投资活动减少,进口支出亦相应减少,2000～2003 年平均每年支出 5 亿美元。之后,国际油价上涨和消费品进口增加,2004 年和 2005 年进口支出分别增长 13% 和 21%。进口支出猛增,贸易逆差随之剧增。

长期以来,美国、英国、加拿大、特立尼达和多巴哥等始终

是圭亚那的主要贸易伙伴，在圭亚那的进、出口贸易中占有重要地位。1982年上述四国在圭亚那出口中所占比重分别为20%、28.8%、7.5%和12.5%，在圭亚那进口中所占比重分别为19.7%、11.7%、4.1%和39.5%。20世纪90年代，圭亚那与荷兰、意大利、德国、日本等国贸易额有所增加，但主要贸易伙伴基本未变。1995年在圭亚那出口额中，美国、英国、加拿大和德国所占比重分别为24.5%、21.8%、26.2%和6.1%，当年在圭亚那进口额中，美国、英国、荷兰和意大利所占比重分别为28.8%、11%、16.7%和18%。2000年以来，圭亚那与古巴、葡萄牙等国的贸易额逐渐扩大。2005年，美国、英国、加拿大和葡萄牙在圭亚那出口额中分别占22.2%、13.8%、22%和10.3%，在当年进口额中，美国、英国、古巴、特立尼达和多巴哥所占比重分别为26.4%、4.8%、6.8%和24.7%。[①] 此外，欧盟和加勒比共同体的其他一些国家在圭亚那对外贸易中也占有一定的比重。

在圭亚那国际收支中，经常项目长期存在赤字。20世纪90年代以来经常项目赤字数目一直较大，1994～2001年平均占每年国内生产总值的大约15%。1994年为1.01亿美元，2001年为1.73亿美元。又据报道，2000～2002年经常项目赤字平均每年为1.15亿美元，约占每年国内生产总值的16.7%。此后两年经常项目赤字有所下降，但2005年又由2004年的0.698亿美元猛增至1.5亿美元。不过，国际收支的逆差不太大，主要靠资本项目顺差来弥补。2005年的资本项目顺差为1.81亿美元，故当年的国际收支有810万美元的顺差。

20世纪80年代圭亚那国际货币储备水平较低，而且一再下

① EIU, *Country Profile Guyana*, The Economist Intelligence Unit Limited, London, 1989 – 90, 1997 – 98 and October, 2006.

降，无法满足国家进口需求和弥补国际收支逆差。1988 年储备为 404 万美元，仅相当于国家一周进口所需的支出。1989 年后形势好转，当年国际储备升为 1335 万美元。1991 年储备突破亿元大关，达到 1.2442 亿美元，1993 年超过 2 亿美元，达到 2.475 亿美元。1996 年国际储备创最高纪录达 3.297 亿美元。1997 年仍保持在 3 亿美元以上，之后出现下跌趋势，降至 3 亿美元以下。2000～2005 年间，除了 2000 年一次回升至 3.05 亿美元之外，其余年份都不足 3 亿美元，均保持在 2 亿多美元至 3 亿美元之间。2001 年国际储备为 2.873 亿美元，2005 年为 2.519 亿美元。

二 外国援助

20 世纪 80 年代，圭亚那经济出现严重衰退，无力厉行债务偿还义务。1985 年国际货币基金组织正式宣布圭亚那无资格获得进一步援助。世界银行、加勒比开发银行等也相继作出类似决定。面对如此严峻的金融形势，圭亚那政府开始认真考虑国际货币基金组织的以拒绝所谓"社会主义"政策为基础的经济复苏计划。1986 年圭亚那着手经济结构调整，之后，外国对圭亚那的援助逐渐恢复和增加。

1990 年，圭亚那与国际货币组织等最终达成一项协议，使圭亚那能够偿还国际货币基金组织 1.41 亿美元、世界银行 5500 万美元和加勒比开发银行 3000 万美元的债务。据此协议，圭亚那重新获得世界银行 8100 万美元和加勒比开发银行 4400 万美元的贷款。同时获得国际货币基金组织关于圭亚那经济结构调整计划的资助。1992 年 4 月，世界银行继续对圭亚那经济发展表现出信心，又批准 1400 万美元的贷款。1993 年 5 月，西方债权国"巴黎俱乐部"和特立尼达和多巴哥根据"加强的多伦多条款"（Enhanced Toronto Terms），重新安排了圭亚那债务。1996 年它们又同意免除圭亚那 67% 的短期双边债务。次年 3 月，丹麦、英国政府也为圭亚那免除一定数额的债务。上述国家同意为圭亚那减免的债务共计约 1.30 亿美元，剩余的债务重新安排为 23 年的偿还期。1999 年 5 月国际货币基金组织和世界银行根据"重债穷国倡议"，批准为圭亚那减债 4.40 亿美元。至此，上述所有提供的援助共减少了圭亚那大约 24% 的外债负担。2001 年圭亚那外债由 1992 年的 20 亿美元减少到大约 14.06 亿美元。

2002 年 9 月，国际货币基金组织根据"减贫发展基金"（The Poverty Reduction Growth Fund）条款和圭亚那的高级结构调整计划实行情况，又批准给圭亚那扶贫贷款 7300 万美元。12 月美洲开发银行同意为圭亚那一揽子免债 6400 万美元。与此同时，欧盟为圭亚那提供赠款 3890 万欧元；世界银行批准 680 万美元的无息贷款，支持圭亚那执行"减贫战略"（The Poverty Reduction Stradegy），特别是用于促进经济增长，加强公共管理部门的能力和责任，提供良好的卫生和教育设施等领域。2003 年 12 月，国际货币基金组织和世界银行董事会确认圭亚那符合"重债穷国倡议"条件，同意为圭亚那 10 年内免去净现值 3.34 亿美元的债务。

2003 年，在非"巴黎俱乐部"债权国家中，中国同意为圭亚那取消三项贷款共计 2130 万美元的债务，印度也取消了双边贷款中大约 50 万美元的未偿还余额。2003 年 9 月初，国际货币基金组织根据"减贫发展基金"的条款对圭亚那进行考察后，对执行情况表示满意，遂又发放 820 万美元的援助资金；12 月世界银行根据"扶贫扶持贷款"（The Poverty Reduction Support Credit）条例，支付给圭亚那 1320 万美元。至 2003 年底，圭亚那外债还本付息增加 16.4%，达到 4970 万美元；债务减少13%，降至 10.08 亿美元。

2004 年，圭亚那接受的外国无偿援助较 2003 年增加 20%。当年 1 月印度同意向圭亚那提供 600 万美元的赠款和 1400 万美元的优惠贷款，用于建设一座多功能体育场；11 月印度向圭亚那提供了 2500 万美元的援助，以建设一个可容纳 1.5 万人的板球场。印度同时还宣布向圭亚那再提供 3520 万美元的贷款，帮助其改造伯比斯地区 3 家糖厂加工设备。委内瑞拉、特立尼达和多巴哥曾于 2004 年 2 月分别同意免除圭亚那 1200 万美元和 1300 万美元的债务。美国当月也表示免除圭亚那 330 万美元的债务，并将圭亚那列入 63 个接受美国"千年激励项目"援助的候选国家之一。美国还于 5 月份同圭亚那签署一项协议，向圭方提供 2000 万美元无偿援助。日本政府出资 1320 万美元援建新的阿姆斯特丹医院一期工程已在 2004 年 3 月竣工。欧盟同月为林登地区的经济跨越发展计划提供了 1200 万欧元的资金援助。5 月，欧盟又与圭亚那政府签署一项协议，同意在未来 5 年内为圭亚那提供 8.4 亿圭元的资金援助，用于扶持弱势群体和非政府机构的小规模发展项目。11 月，欧盟向圭亚那提供了 3.27 亿圭元的援助，用于建造居民住房。世界银行 4 月曾向圭亚那提供 1000 万美元的赠款，用于艾滋病的预防和控制工作。美洲开发银行于 6 月批准为圭亚那提供总额为 9180 万美元的贷款，帮助圭亚那改善医疗卫生设施、修复道路、科研培训和提高农业水平等，7 月又向圭亚那提供了 2800 万美元的援助，用于提高圭方的财政管理水平。与此同时，荷兰和加拿大政府也分别同意免除圭亚那 470 万美元和 140 万美元的债务。加勒比开发银行向圭亚那提供贷款 1000 万美元，用于职业、技术教育和培训工作。8 月，法国政府免除圭亚那 2.829 亿圭元的债务。2004 年年底，俄罗斯免除圭亚那 32.9 亿圭元的债务，此数相当于圭亚那欠俄方债务的 98.32%。

三 外国资本

在 20 世纪 70 年代国有化运动中，圭亚那政府将英国、美国、加拿大等外国资本所控制的制糖、铝土、木材加工、航运等企业收回国有，实现了外资国有化。国营经济在国民生产总值中的比重达到 80% 以上。70 年代末至 80 年代中期国民经济出现衰退。之后，政府开始实行经济调整和改革计划，逐步推行国营企业私有化。为吸引外资，政府制定了新的投资政策。

随着经济改革的深入和私有化进程的发展，政府邀请原英国资本布克·泰特公司和原美国资本雷诺兹公司返回圭亚那，分别帮助管理糖业生产和铝土生产，提供技术和资金援助等。与此同时，加拿大、韩国、马来西亚、印度尼西亚、日本等国公司相继来圭，在金矿、林业、渔业等部门大量投资。

美国雷诺兹公司与圭亚那政府于 1989 年联合成立"阿罗埃马铝土公司"，双方各拥有 50% 的股份。至 1995 年 6 月时雷诺兹公司投资 9250 万美元，其中包括在伯比斯河口建设深水港的投资。2000 年美国铝公司取代雷诺兹公司，后又将公司售与政府。2003 年后俄罗斯铝公司的子公司"铝土公司圭亚那"（Bauxite Company Guyana）与圭亚那政府签约，同意投资和管理阿罗埃马铝土公司。2006 年 3 月俄罗斯公司接管阿罗埃马铝土公司，预期投资 8000 万美元于运输设备和采矿业务。该公司现正钻探调研新铝土矿藏的数量和质量，为将来采矿生产做准备。2007 年将完成一个价值 1 亿美元的烧结铝厂的可行性研究。

1991 年加拿大坎比奥尔和金星资源公司与圭亚那政府合资开发南美最大的露天金矿——圭亚那欧迈金矿，成立欧迈金矿有限公司。加拿大公司和圭亚那政府分别拥有公司 95% 和 5% 的股份。加拿大公司已在圭亚那投资 2.43 亿美元，用于欧迈金矿。该矿产量在鼎盛时期占到全国黄金总产量的 70% 以上。2004 年加拿大坎比奥尔公司鉴于欧迈金矿近于枯竭，遂亦投资圭亚那铝土采矿业，与"林登采矿企业公司"以 70 比 30 的股份比例合资，成立"林登欧迈铝土采矿有限公司"。

以特立尼达和多巴哥为基地的"殖民人寿保险公司"（Colonial

Life Insurance Company）于 1989 年购买圭亚那政府的木材公司，成立"加勒比资源有限公司"，共计投资 1500 万美元于圭亚那木材采伐。1991 年韩国和马来西亚资本合资成立"巴拉马木材公司"。这是圭亚那林业第一家大型外资直接投资，同意投资1.54 亿美元。至 1995 年 6 月公司已投资圭亚那 6000 万美元，用于 178 万公顷的林区的采伐权和在乔治敦制造胶合板的出口业务，现在仍是圭亚那林业的主要投资者。1991 年欧洲银行财团成立"德梅拉拉木材有限公司"，接收了原国营德梅拉拉林业公司购买人（一家英国集团）的资产，投资 2000 万美元。但 1995年报道，该公司没有再进一步投资。

圭亚那电话和电报公司是 1991 年美国在维尔京群岛的"大西洋电信网络公司"和圭亚那政府合资的公司，两者分别拥有80% 和 20% 的股份。大西洋电信网络公司已经在圭亚那投资 1亿美元。1994 年美国"肯德基炸鸡公司"投资 100 万美元在乔治敦开业，从事快餐经营活动，业务发展很快。美国和日本公司还投资圭亚那渔业生产。1997 年"加勒比金星海味加工厂"在罗斯格诺尔建成一个 1 亿美元的加工厂，给予了圭亚那渔业发展以很大的动力。

第七节　旅游业

一　概况

圭亚那旅游业不发达，2001 年产值在国内生产总值中所占比重不足 2%，但发展潜力很大。圭亚那历史悠久、民族众多，风光秀丽，气候宜人；有多种多样的动、植物群，茂密的原始森林，辽阔的内地热带草原，变化万千的地形、地貌和自然景观以及乔治敦、新阿姆斯特丹等地的历史古迹，丰富多彩的民族文化等。所有这些都为发展旅游业创造了有利条件。然而，这些旅游资源至今尚未完全开发，特别是生态旅游的潜力一直未得以充分发挥。

20 世纪 60 年代后期圭亚那成立了陆地旅游公司（Guyana Overland Tours），可以安排一般的乔治敦至内地凯厄图尔瀑布以及马扎鲁尼河畔的库鲁蓬（Kurupung）金刚石采掘地的旅游活动。可是，直至 80 年代中期，尽管人们可乘轻型飞机直达著名的凯厄图尔瀑布旅游景点，乔治敦及内地也建起了一些供观光旅游用的服务设施，但圭亚那真正意义上的旅游业仍是一个很薄弱的行业。1986 年 5 月以罗伯特·查普尔（Robert Chappell）为首的一批美国企业家宣布一项计划，要在著名的凯厄图尔瀑布附近修建一座 100 间客房的旅馆，并且表示对境外银行业务也有兴趣。这一计划无疑对圭亚那的旅游业是一个促进。此后，圭亚那旅游业逐渐有所发展。1988 年圭亚那共有 538 间旅馆客房。大约 71100 名旅游者造访圭亚那，给圭亚那带来 3000 万美元的经济效益。

从 20 世纪 90 年代中期开始，政府确认内地生态旅游的重要性，注意开发内地生态旅游资源，吸引各地游客。1992 年成立了"圭亚那旅游与交际协会"（Tourism and Hospitality Association），有组织的内地旅游活动逐渐发展起来。政府及乔治敦的一些个体旅馆在内地景点纷纷建起小型的自然旅馆。由于内地交通不便，有关单位主要用轻型飞机往内地运送游客。圭亚那作为南美洲唯一的英语国家，在吸引巨大的欧洲、美国和加拿大市场中的日益增长的生态旅游兴趣方面是名列前茅的。1993 年圭亚那接待旅游者 10.7 万人，旅游收入为 4500 万美元。据 1994 年的调查显示，当年旅游收入为 4700 万美元，来圭亚那旅游人数为 11.3 万人，其中专程来圭亚那旅游的仅 2000 人，主要是为圭亚那尚未破坏的美丽景观、奇特的地形和多样性的动、植物群等生态旅游资源所吸引的欧洲人、美国人和加拿大人。其他绝大多数旅客是商贸旅游者或圭亚那海外侨民回国探亲旅游者。1995 年政府为发展旅游业，加大对旅游业的投入，当年投资额较上年增长600%。但是，由于国家基础设施缺乏，旅馆设备不足而且多集中在乔治敦以及国际航空服务方面的限制，加之 1997 年大选后国内政局长期动荡不安，圭亚那旅游业受到一定影响。1998 年和 1999 年接待旅游人数分别为 6.58 万人和 7.49 万人，总收入分别为 6000 万美元和 5200 万美元。

最近几年，来圭亚那旅游人数未见大幅增加，2000 年总数11.18 万人，其中绝大多数旅游者同前所述，为商贸旅游和侨民回国探亲等，真正消闲度假旅游者仍为少数。2001～2003 年来圭亚那旅游人数较 2000 年有所减少，每年徘徊在 10 万人左右。2002 年总数为 10.43 万人，2003 年减至 10.09 万人。2001 年和2002 年旅游收入分别为 6100 万美元和 4900 万美元。旅游业此种停滞状况实际上自 1994 年以来一直持续到 2003 年。2004 年旅游业峰回路转，出现了 21% 的大幅增长，来圭亚那旅游总人数达到 12.2 万人。由于圭亚那的旅游业主要依赖于商贸旅游和侨民回国探亲旅游，因此该部门的发展模式有别于其他加勒比国家的旅游业。2005 年，圭亚那旅游业因年初的特大洪水灾害再次受挫。到圭亚那旅游者 11.66 万人，其中 51.5% 来自美国。

2007 年圭亚那与其他加勒比国家合办板球世界杯大赛，预期来旅游人数会有大幅度增加。现在，圭亚那首都有五大旅馆，加上一些小型旅馆，共有客房约 700 间，其中 200 间为达标房间；而运动员、官员、媒体人员和主办者将需要 441 个房间。所以当局正在积极想办法解决这一问题。为迎接板球世界杯大赛，一座由印度政府投资 2500 万美元、圭亚那政府投资 50 万美元的新体育场正在建设中，工程计划于 2006 年 10 月完成。由中国援建的可容纳 370 多人的会议中心已于 2006 年 2 月竣工。板球赛

场附近几家总共拥有 270 间客房的新旅馆也在建设或计划建设中。据报道，这些旅馆未必都能在赛前完成，但它们完成后无疑对旅游业的发展大有好处。

二　主要城市和景点

圭亚那可供旅游的名胜古迹和人文景观一般集中在沿海城镇。当然，也有一些分布在城镇之外，而且是在内地，如古老的印第安人居民点、黄金和金刚石采矿地、古代岩画和雕刻景观等。可供旅游的自然景观一般都分布在内地，如鲁普努尼热带草原、茫茫热带雨林、奔腾湍急的江河、绵延起伏的山峦、宏伟壮观的瀑布和急流等。下边仅将几个大城镇和主要景点作简要介绍。

（一）城市

乔治敦（Georgetown）　圭亚那最大城市、首都和主要港口，全国政治、经济和文化中心。位于德梅拉拉河入海口右侧大西洋海岸。涨潮时部分地区低于海平面大约 1.2~1.5 米，故沿海、沿河须筑堤岸保护。1970 年 4 月 29 日成立大乔治敦，包括德梅拉拉河东岸的阿格里科拉一直到东海岸的库明斯·罗基的广大地区，面积 40 多平方公里。1983 年人口为 18.8 万，2004 年增至约 22.96 万。热带雨林气候，因终年受东北贸易风的吹拂，天气并不炎热，月平均气温 26~28℃。气候宜人，风景秀丽，素有"加勒比花园"之称。

该城市历史悠久。1748 年荷兰殖民者在此建哨所，取名"布兰德瓦格特"（Brandwagt，意即警戒屋）。1781 年英国人占领此地，建居民点。同年 12 月 10 日宣布为殖民地政府所在地。次年法国夺取圭亚那，宣布在此建镇，起名"隆尚斯"（Longchamps，意即新镇）。1784 年根据《凡尔赛条约》转归荷兰，为德梅拉拉—埃塞奎博殖民地总督府驻地，首次取名"斯塔布罗克"

（Stabroek）。后英国再次夺占，定为英属圭亚那首府。1812 年 5 月 5 日仿英王乔治三世的名字改称"乔治敦"（即乔治城）。1966 年圭亚那独立后，成为国家首都。

由于乔治敦是在过去种植园的旧址上发展起来的，整个城布呈格式布局，犹如棋盘。市区街道垂直交叉、宽敞笔直，绿树成行，花草连片。梅因大街是乔治敦最漂亮的街道，过去的复式车行道中间的渠沟已填平，成为今天宽阔的人行道。街道两旁树木遮天蔽日，树下绿草如茵，花卉争芳斗艳。市中心有政府机构和市政厅等。房屋和公共建筑多为木质结构。街道两旁的"高脚木屋"十分引人注目。一排排的秀丽木房由数根柱子撑离地面 2 米多高，旁有木梯供人上下。上面住人下面停车或放物。这种房屋既能通风防潮，又能减少蚊虫袭扰，可谓一举两得。经 1945 年和 1951 年大火后，商业区建筑多改为钢筋混凝土结构。

市内现存许多 19 世纪欧洲式的白色古建筑，如哥特式的市政厅、世界最高的木结构教堂之一"圣乔治教堂"、议会大厦和总统府等。市内有圭亚那大学、国家博物馆、沃尔特·罗思人类学博物馆、艺术馆、运动中心、植物园、动物园、骑马公园等许多文化教育、游览娱乐机构和场所。沿海大堤（又称海墙）也是一道亮丽的风景线。它系 1855 年以来陆续所筑，宛如一条巨龙沿海而卧，雄伟壮观。人们在闲暇时登堤观潮、散步和享受海风吹拂乃是十分惬意的事情，复活节许多人在海堤上放风筝。

市区北端高大的圆锥形印第安人大茅屋"乌马纳·亚纳"（Umana Yana，系印第安语，意为"人们开会的地方"）是 1972 年为迎接不结盟国家外长会议的召开所建，今天成为人们参观游览的好去处。在"乌马纳·亚纳"旁边有一座被墨绿色小径环绕的解放纪念碑（Liberation Monument），是献给世界各地为自由而进行斗争之人们的。纪念碑建于 1974 年纳米比亚议会代表团来访之际，由 5 根木柱组成，木柱前边有一块花岗岩圆石，上面镌刻着以下文字："不要为我们死去的人感到哀痛，但是要为我们各地的至今仍被奴役和生活在哀痛之中的兄弟们感到哀痛，转过身去采取行动吧。"在公司路（The Company Path）还有一座不结盟纪念碑，也是 1972 年为迎接不结盟国家外长会议召开而修建的。另外，加勒比共同体的总部也设在乔治敦。

乔治敦为沿海地区农产品和内地林、矿产品的加工中心和集散地。市内有制糖、酿酒、服装、木材加工等大型企业以及著名的斯塔布鲁克市场。水、陆、空交通连接全国及世界各地。港口可泊吃水 6 米的海轮，全国大部分进、出口货物都经此港。南面 40 公里蒂梅里处有以前总统契迪·贾根名字命名的现代化国际机场，可供大型飞机起降。西边有奥格尔小型机场，专航内地及周边加勒比国家。

林登（Linden） 圭亚那第二大城市、最大工业基地。位于该国东北部地区德梅拉拉河畔，北距首都乔治敦 112 公里。系因铝土采掘和加工业发展起来的新兴城市，故有圭亚那"铝城"之称。1983 年人口为 3.5 万，2004 增至约 4.45 万，居民主要为黑人，也有一些欧洲人等。

该城原为相互分离的马更些、威斯马和克里斯蒂安堡三镇。1970 年政府决定合并建市，仿圭亚那时任总理（后任总统）林登·福布斯·桑普森·伯纳姆的名字被命名为林登。

马更些原为加拿大铝公司的子公司德梅拉拉铝土公司所在地，克里斯蒂安堡和威斯马均为铝土采掘区。三镇合并建市后仍为圭亚那铝土工业生产的主要基地。现在，城市街道整洁，社区布局合理。市内有林登消费品中心、医疗中心、学校和民族英雄柯菲广场等。附近铝土矿为露天型，矿坑遍布，深度一般 61～91 米。有氧化铝厂、炼铝厂等铝土加工企业。周围所采铝土矿均在此加工、装船，经德梅拉拉河外运出海。有公路和小型机场与外部联系，航班直通乔治敦。南部及东南部毗邻圭亚那另外两大铝土工业基地：伊图尼和夸夸尼。西边有优质公路直达埃塞奎博河渡口罗克斯通镇。

新阿姆斯特丹（New Amsterdam） 位于伯比斯河入海口右岸，首都乔治敦东南 105 公里处。圭亚那第三大城市、重要港口。东伯比斯－科兰太因行政区首府，沿海地区商业和制造业中心之一。热带雨林气候，年均气温大约 27℃。1983 年人口为2.5 万，2004 年增至约 3.29 万。居民多为黑人，也有一些欧洲人和亚洲移民。

1740 年由荷兰人始建。仿荷兰首都阿姆斯特丹命名为新阿姆斯特丹，名称沿用至今。1790 年成为荷兰统治时期伯比斯殖民地的首府。1803 年为英国占领，1891 年取得镇的地位。城市的总布局和市中心的运河、渠道均为荷兰风格。街道整洁，绿树浓阴，环境幽雅。现存许多荷兰式建筑，一般为木质结构，外表浅蓝色；房屋多为矩形箱式。市内有英国圣公会教堂，还有制糖、碾米、牛肉和木材加工等企业。港口吞吐国家部分进、出口货物。该市附近有铝土采矿和加工企业等。公路及沿海水运方便，西边直通首都乔治敦，东经科里弗顿、莫莱森湾两镇至科兰太因河，有轮渡可达苏里南。

（二）景点

圣乔治教堂（St. Georges Cathedral） 位于乔治敦市内西部，哥特式建筑，圭亚那建筑艺术的代表。世界上最高的木结构建筑之一。由 1891 年英国皇家建筑协会金奖得主阿瑟·布卢姆菲尔德爵士（Sir Arthur Blomfield）设计，修建于 1892 年（1894年落成）。所用木料主要为圭亚那特产绿心木。教堂高 44 米，在距乔治敦很远的地方，人们就可以看见教堂高大的塔式屋顶。教堂外观峻伟挺拔，通体为银白色，四面有窗，通风透光；内饰华丽，轩敞明亮，可容纳近 2000 人。祭坛上方有一盏造型美丽的大吊灯，系维多利亚女王所赠。长期以来一直是乔治敦市中心的英国圣公会主教区的主要教堂。

金斯顿灯塔（The Lighthouse in Kingston） 位于乔治敦市郊区金斯顿，高 31.4 米。为乔治敦历史遗址之一，也是现存的 19 世纪最后一批砖瓦建筑之一。该灯塔由英国人建于 1830 年，当年 6 月 1 日启用至今。2006 年中期再次进行整修翻新并对游人开放。据史载，该灯塔是原址上的第二座灯塔。第一座由荷兰人建于 1817 年，木质结构。

斯塔布鲁克市场（Stabroek Market） 乔治敦水街（Water Street）乃至全市的主要商场。系完全预制的铸铁建筑，并由陆地一直延伸到德梅拉拉河上。市场历史悠久，1881 年由美国人麦凯（Mckay）设计并开业，现由市议会管理。市场商品齐全，小到一根针，大到船锚等。售货摊位上肉类、时装用品、珠宝饰物等应有尽有，被誉为"任何东西都有的市场"。是乔治敦市民及外来游人观光购物常去的地方。

乌马纳·亚纳（Umana Yana） 一个巨大的印第安式圆锥形茅屋，位于乔治敦市区北部，濒临大西洋。房屋先用木头搭好架子，然后盖上茅草棕榈树叶等，高 16.76 米、占地面积 460 平方米。有浓郁的土著气息，与现代化城市建筑相映成趣。1972 年建立，为同年 8 月在圭亚那召开的不结盟运动外长会议的贵宾休息和娱乐中心。现已成为乔治敦市一个永久的和备受赞美的景观。当年为迎接不结盟运动外长会议的召开，政府决定建立一座富有民族特色而又清凉实用的会议用房。最终决定由圭亚那 9 个印第安民族之一的韦韦族的一个建筑队施工。房屋样式仿照圭亚那内地深处可以见到的韦韦族印第安人的"班纳布"（Benabs，即住房）。

不结盟纪念碑（The Non-Aligned Monument） 位于乔治敦市的公司路，故又称公司路不结盟纪念碑。建于 1972 年不结盟国家外长会议召开之际。1907 年时旧的英国圣公会教堂的入口处及前面的公司路一起由政府交由市长和市议会管理。1908 年时此处部分土地被铁栏杆围起来，种植花草、树木，建成一座公园，即公司路公园。为迎接 1972 年 8 月 8 日至 11 日不结盟国家外长会议在乔治敦召开，政府在公园里建立一座不结盟纪念碑。圭亚那总统阿瑟·钟亲自为纪念碑揭幕。纪念碑为齐胸高的贴面水泥墙，墙的正面中间位置镶有一块方石，上面刻有碑文。在墙的顶部，由左至右塑有 4 位不结盟运动的缔造者即埃及总统纳赛尔、加纳总统恩克鲁玛、印度总理贾瓦哈拉尔·尼赫鲁和南斯拉夫总统铁托的胸像。纪念碑周围花草环绕，绿树浓阴。气氛幽雅肃穆。据报道，此种类型的纪念碑在不结盟国家中是绝无仅有的。各国来访政要一般都借访圭之机前往拜谒这些不结盟运动的伟大政治家，并在纪念碑前敬献鲜花等。

植物园（The Botanic Guarden） 位于乔治敦市区的东部，公众最喜爱的休闲场所之一。占地面积约 48.58 公顷，原为废弃的种植园。1877 年政府投票决定用 7.2 万美元修建该园。1878 年 12 月，第一个园丁美国人约翰·弗雷德里克·瓦拜（John Frederick Waby）来到乔治敦，他经过 1879～1884 年的设计和规划，花费了 35 年的时间从事植树、栽花、种草等绿化和美化工作，将其建成了当地最优秀的热带花园之一。园中除了本地的植物之外，还移植了世界各地的名贵植物，如世界各地棕榈树，亚洲的名贵荷花，澳大利亚的玉树，非洲的猴面包树以及高达15～16 米的竹子等。

现在，种植园内种有各种各样的热带花卉，汇集了世界各地的优质棕榈树以及漂亮的百合属植物。园中品种广泛的莲花和巨大的维多利亚·雷加百合花（Victoria Regia Lily，亦称 Victoria Amazonica），十分引人注目。维多利亚·雷加百合花为圭亚那国花，亦称王莲，属睡莲科，在伯比斯河中首次发现。现在，王莲生长在 1.2～1.8 米深的水中，浮叶巨大、呈圆形，一株不超过

4～5 片，每片直径可达 60～180 厘米。叶脉粗壮，叶子周边略微向上翻卷，呈浅盘状，俗称水盆，上面坐一娃娃不会沉没。花朵硕大、芳香，近黄昏开放，颜色初为白色，渐转粉红色，直径 25～30 厘米，两天后凋谢。另外，园中专设有培育重要经济作物的苗床，其中兰花和羊齿草可谓之佼佼者。

园中还有一个国家动物园，被人称作"土著动物族群的缩影"。里面驯养了当地各种各样的动物。其中海牛和种类繁多的鹦鹉等鸟类十分招人喜爱。

蒂梅里国际机场（Timehri International Airport） 又称贾根国际机场。在德梅拉拉河右岸，距首都乔治敦 42 公里。蒂梅里一词系印第安语，意为"岩画"（Rock Painting 或象形文字 Hieroglyphics），是印第安人对在内地发现的特别是在瀑布和急流附近发现的岩画或岩雕的称呼。蒂梅里艺术据说是美洲印第安人民间传说之神"阿马利瓦卡"（Amalivacar）的作品。此神在发大水时曾造访圭亚那。然而，人类学家则认为这些岩画是古人所为，时间可以追溯到 14 世纪。现在，机场贵宾休息室外墙上的蒂梅里式的壁画装饰是已故圭亚那著名艺术家奥布里·威廉斯（Aubrey Williams）的作品。

贝壳海滩（Shell Beach） 又称阿尔蒙德海滩（Almond Beach），位于圭亚那东北部沿海，长约 145 公里。海滩地势平坦，上面布满成千上万种色彩斑斓、形状各异的大小贝壳，成为一道亮丽的风景线，海滩因此得名。另外，海滩还是朱鹭和海龟的栖息、繁殖之地。世界上有 8 种大海龟，在此生活着奥利夫·里德利海龟（The Olive Ridley）、霍克斯比尔海龟（Hawksbill）、草龟（Leatherback）和绿龟（Green Turtle）等 4 种。贝壳海滩现为人们喜爱的旅游景点。

凯厄图尔瀑布（Kaieteur Falls） 圭亚那最大和最著名瀑布，世界最大和最著名瀑布之一，位于圭亚那西部埃塞奎博河的支流波塔罗河上。此处两块褶皱地壳相重叠，波塔罗河至此水满而溢，形成瀑布。1870 年 4 月 29 日（一说 24 日）首次为英国地质学家、著名内地探险家查尔斯·巴林顿·布朗（Charls Barrington Brown）所发现。"凯厄图尔"系印第安语，源自帕塔莫纳族（Patamona Tribe）印第安人一位伟大的老酋长的名字。传说帕塔莫纳族的一位老酋长名叫凯厄（Kaie），为了让伟大的神灵"马科奈马"拯救本部族不被野蛮的加勒比人所毁灭而作出自我牺牲，乘独木舟从瀑布上飞流而下，跌入深谷。瀑布因此仿老酋长的名字被人称为"凯厄图尔"。现在尽管瀑布以"凯厄图尔"闻名于世，但据认为，瀑布更确切的名字应该是"凯-图克"（Kai-tuk），就像它附近的一些瀑布名叫阿马-图克（Ama-tuk）、瓦拉-图克（Wara-tuk）、帕卡-图克（Paka-tuk）等一样，都是源出印第安语。

瀑布由河水从一片砂岩高地上飞流直下而形成。共分为两级，第一级垂直高度为 226 米；而后瀑布下蚀一条 8 公里长的峡谷，又垂落 25 米。总落差为 250 多米，相当于非洲维多利亚大瀑布落差的 2 倍，北美洲尼亚加拉大瀑布落差的 5 倍，气势磅礴，蔚为壮观。旱季瀑布宽度为 76 米，雨季可达 122 米。瀑布每秒钟都有巨大的水量从悬崖边上轰然而下，落入五彩缤纷的深谷，泡沫四溅，形成一排色彩多变的巨练；泡沫、巨练连在一起，状如一座由亿万只使人着迷的眼睛堆积起来的高山；又如一片棕色的、然后是土黄色的、最后是奔腾咆哮的白色狂潮。山谷间雾气蒸腾，时有彩虹出现。瀑布周围为原始热带雨林，环境优美。观赏瀑布的最佳位置是一块突出的悬崖，距瀑布只有几米之遥。

瀑布地处高原密林之中，过去人迹罕至。探险家由首都乔治敦沿小道或河流抵达瀑布需要 7～9 天。由于瀑布环境封闭、孤立，周边原始雨林至今未遭破坏，附近仍然生存有多种野生动物，如猴子、狐狳、貘、豹猫、银狐、动冠伞鸟和其他鸟类等。瀑布后边岩罅内多洞穴，生活着一种褐雨燕，每至黄昏穿越瀑布飞进飞出，成为一景。游人可攀岩至瀑布顶端，观看蓝、白、褐等诸色纷呈之水流飞落悬崖的壮观景象。瀑布地区现为国家公园、著名游览胜地。有小型机场和各种自然旅馆，乔治敦每周有班机往返。国内外游客络绎不绝。

波塔罗河（Potaro River） 圭亚那最长河流埃塞奎博河的一条支流。发源于北鲁普努尼草原的阿岩甘纳（The Ayanganna Mountain）山脉，全长 225 公里。河流穿山丘，过林海，越草原，跌宕起伏，急流瀑布甚多。据报道，河上共有 9 个比较著名的瀑布，其中最著名、最壮观的瀑布是凯厄图尔瀑布。河流两岸有风化的砂岩，上面生长着羊齿植物、青苔和其他各种植物，风光秀丽，景色迷人。波塔罗河因有众多瀑布，特别是因有凯厄图尔瀑布闻名遐迩，吸引游客接踵而来。另外，河上还有一座1930 年修建的名叫加拉威·斯蒂姆（Garraway Stream Bridge）的吊桥；河中还有两个小岛。旅游景点颇多。

奥林杜伊克瀑布（Orinduik Falls） 位于圭亚那西南部与巴西接壤的伊伦河上。河水涛声雷动，色如碧玉。瀑布周围砂岩起伏，森林茂密，相对封闭。对首都乔治敦来讲，可谓"天之涯，海之角"。该瀑布虽不及凯厄图尔瀑布宏伟壮观，但亦为理想的游泳和野餐的好去处。许多游客远道而来，追求的就是一份瀑布下面游泳的刺激。

谢伊岩石（Shea Rock） 位于圭亚那南鲁普努尼草原上。一块非同寻常的裸露突起的火成岩。形状奇特，高大挺拔，数公里之外即可看见，是圭亚那著名的地理标志和地质构造的典型代表。

除了谢伊岩石外，圭亚那西南部地区奇形怪状岩石很多，巍然矗立，人称石景。那里的丘陵、山脉是一片砂岩地层。巨大岩石绵延耸立，大概都属新生的红砂岩，长约 225 公里，宽 161 公里。许多巨大岩石宛若城堡、木薯压榨机、倒木或呈其他怪状。其中罗赖马岩为最高，海拔约 2430 多米。其他巨大岩石还有库克南岩、伊崴卡里马岩、怀亚卡皮亚普岩等。这些岩石配上四周仙境般的山谷、瀑布，美丽茂盛的羊齿植物、藓苔、兰花和其他花草，非常壮观。

在埃塞奎博河岸边有一座奇特的天然岩石大建筑，印第安人称之为塔奎阿里（Taquiari）或科木提（Comuti），意为"水瓮"，因其形状似瓮而得名。它包括 4 块巨大花岗岩，傲然屹立在长满树林的山冈上，高约 90 多米。继续上溯，在圭达鲁河（Guidaru River）岸边有一块金字塔形的巨岩名叫阿塔罗伊普岩（Rock Ataroipu），更加引人注目。它耸立在海拔 107 米的森林茂密的山冈上，本身比山冈又高出 168 米。因其状若庞然大物，上面凸凹处酷似鼻、眼等五官，远视面目狰狞，故又有"魔鬼岩"之称。

第八节 国民生活

20 世纪 80 年代，圭亚那国家经济严重衰退，与人民生活相关的就业、教育、医疗卫生、基础设施等均受到影响。1977 年国民收入平均每人约为 600 美元。但至 1985 年，据世界银行估计，圭亚那人均国民生产总值按 1983 ~ 1985 年的平均价计算降为 500 美元，成为西半球第三个最贫穷的国家。随着 90 年代中期以来经济的不断恢复和发展，人民的生活状况出现好转。但是，据 2005 年外刊认为，2004 年圭亚那仍像过去的 30 年一样，还是西半球最贫穷的国家之一。国民生活水平在拉美国家中属于比较低的。20 世纪 70 年代和 80 年代，圭亚那的社会服务一直因资金短缺和管理不善而欠佳。在 1992 年联合国

开发署的人文发展报告列出的 175 个国家中，排名第 134 位，是加勒比共同体国家中排位最差的。此后，社会服务状况有某些改进，至 2003 年名次在 175 个国家中升至第 92 名。但在 2004 年联合国开发署的人文发展报告中所列出的 177 个国家中又排名靠后，降为第 104 位。2005 年排名第 107 位，低于名列第 86 位的苏里南、第 57 位的特立尼达和多巴哥等加勒比国家。

在就业方面，妇女的就业率低于男人，失业率高于男人。农业是国民就业的主要行业。1975 年受雇劳动力 21.97 万人，农业就业人数占 30%、工业和商业部门就业人数占 30%，总失业率为 18%。20 世纪 80 年代以来，就业格局未发生大的变化，在农业就业者约占 30%，在工、矿业就业者占近 20%，其余的在建筑、交通运输、服务和管理部门就业。由于经济衰退，失业率猛增，1983 年为 26%，但非官方数字估计为 40%。非正规经济部门的失业人数无法准确统计，故失业率的统计不是很正规的。80 年代中期开始经济改革，公共部门大量裁减劳动力，失业问题更加严重，问题一延续直到 90 年代末。1992 年公共部门的就业人数由 1985 年的 75947 人减少到 63689 人。失业率为 11.7%，半失业率则更高一些。1999 年的"家庭收入和开支调查"表明，当年劳动力总数为 263807 人，失业率为 9%。但是，有大约一半的工作年龄的人处在半失业状态。

全国没有统一的最低工资标准，各个行业不同工种拥有相关的最低工资标准。1977 年公共部门雇员最低日工资约为 8 圭元（合 3.2 美元）。1985 年增至 15.10 圭元（约合 3.6 美元）。1985 年 11 月政府与工会大会达成协议，将最低日工资由 15.10 圭元增至 18 圭元（含奖金，约合 4.2 美元）。1988 年 4 月最低日工资又由 16.80 圭元（合 1.72 美元）增至 24.93 圭元（合 2.5 美元）。1989 年最低日工资又从 25 圭元增至 30 圭元（合 0.91 美元），但是，由于圭元大幅贬值和物价上涨，实际上最低日工资按美元计算不但没有增加，反而由 2.5 美元降至不足 1 美元。1989～1991 年间通货膨胀率居高不下，导致国家公务员按美元计算的实际收入下降 50%。20 世纪 90 年代以后国民收入有所提高。

又据 1999 年调查，国家雇员工资低，公务员的最低月工薪为 140 美元（原为 111 美元）多一点。但是，私人部门的雇员待遇较好，其工资要比公共部门雇员工资高 5～6 倍。1991 年政府批准为公共部门工作人员及退休金领取者增加工资。1992 年公共部门最低月工资为 3317 圭元（约 27 美元），1993 年和 1996 年分别提高到 4314 圭元（约 34 美元）和 7337 圭元（约 52 美元）。1992～1998 年最低月工资增长幅度为 15%～37.5%。1998 年当年增长 27.5%，最低月工资开始变成 5 位数，达到 11445 圭元（约 76 美元）。1999 年和 2000 年最低月工资增长率分别为 31.1% 和 26.7%，工资分别达到 15000 圭元（约 84 美元）和 19000 圭元（约 104 美元）。2001～2004 年工资增长速度有所放慢，但增长幅度稳定，每年保持在 5% 或 5.5%。2004 年最低月工资增为 23204 圭元（约 117 美元）。

20 世纪 90 年代，由于通货膨胀率高，每年的家庭实际支出上升 12%，最低收入的家庭上涨的幅度更大。1999 年的调查结果表明，全国贫困人数较 1993 年的调查结果有所减少。然而，据联合国开发署编撰的资料，1990～2002 年圭亚那有 35% 的人口处于国家规定的贫困线之下，19% 的人口生活在极端贫困之中。1999 年人均国内生产总值低于 1000 美元。2002 年圭亚那有 6.1% 的人口生活费每天不足 2 美元，这些人主要是农村小农户成员和城市半失业的棚户区居民。据世界银行估计，2002 年圭亚那人均收入为 840 美元。2003 年和 2004 年人均国内生产总值分别为 1276 美元和 1051 美元。2005 年则又降至 992 美元。

像其他拉美国家一样，收入分配不公是一个突出问题。资料

显示，1995 年 20% 的最上层家庭拥有 52% 的国家财富，而最底层的同样比例的家庭仅拥有 6% 的国家财富。1999 年上述两种类型的家庭拥有国家财富的比例分别为 50% 和 4.5%。

当地就医条件较差，医护人员、医疗设备短缺，于疾病防治不利。1980 年 8170 人拥有 1 名医生，217 人拥有 1 张医院病床。疟疾是当地一种常见的危害人民健康的流行疾病，1988 年由 1985 年的 7680 起增至 35451 起。90 年代以后医疗条件有所改善，疟疾逐步得到控制，但在内地某些地方仍为严重问题。1994 年每万人中拥有 3.1 名医生，至 2000 年万人拥有医生数增加到 4.8 名，同期医院病床由 1 万人拥有 35.9 张增至 42.3 张。

政府对 6～14 岁儿童实行免费义务教育，儿童入学率高，2002 年小学入学率达到 99%。2003 年中学入学率为 76%。官方资料显示，1980 年成人识字率为 95.5%，2002 年升为 97.2%，尽管他们之中许多人仅有较低的和一般的文字水平。学校、学生数量以及电话、电脑、电视等使用情况详见本书有关章节。

1969 年 9 月，政府建立了国民保险制度（The National Insurance Scheme），为绝大多数的工人和雇主、提供社会福利，为老年人提供退休养老金、为产妇提供产假福利、为工伤事故者提供抚恤金等。根据规定，职工保险金根据本人的工资数由劳、资双方按比例交纳。凡 16～65 岁的职工交纳保险金者，均可享受生、老、病、死、残等方面的补助。参加国民保险项目的圭亚那公民在公共医院看病，医药和住院费等均可享受公费待遇。1971 年 4 月国民保险范围扩大到个体经营者，规定凡独立劳动者均应登记参加国民保险。现在，医疗服务则由政府（部分地通过国民保险制度）、非政府组织、私人部门和国营公司等提供。2001～2004 年公共社会保险和养老基金支出猛增，平均每年上升 7.9%，2004 年达到 50.5 亿圭元，而同期投资收入每年下降 17.1%。从 2004 年开始上述状况出现好转。

第五章

军　　事

第一节　军事简况

尽管圭亚那社会由多种民族构成，但没有一个民族集团有自己的军事传统。现有的军事传统是与英国的军事传统紧密相连的。自 1814 年以来直至独立后一段时间内，英国长期在圭亚那驻军，对圭亚那军队在组织、训练、后勤和教义等方面有明显的影响。圭亚那军队即"圭亚那国防军"（Guyana Defence Force）正是英国指导和设计的产物。1966 年独立后直到 60 年代末，国防军没有设置海军和空军，而且对国家的政治、经济和社会生活的影响也很小。最初，圭亚那建立武装部队与其说是国家的直接军事需要，倒不如说是国家声望和意识的一种象征。20 世纪 70～80 年代，随着国内民族关系紧张的加剧，军事组织和准军事组织也都带上了明显的种族色彩。

圭亚那武装力量由正规军国防军和预备役部队（准军事部队）组成。总统为国家武装力量最高统帅，通过国防军参谋长对武装力量实施领导和指挥。国家军事最高行政长官是国防军参谋长。现在，圭亚那国防军仅设陆军一个军种，但有少量海军和空军部队成员，隶属陆军指挥。国家实行志愿兵役制，服役期为 3 年。每年 11 月 1 日为国防军建军节。

第二节　圭亚那国防军

一　国防军的建立

圭亚那国防军前身称作"特种服务队"（Special Service Unit），由英属圭亚那时期的总督理查德·卢伊特创建于 1964 年 2 月。特种服务队形式上是一种保安队（A Constabulary Force）亦即军事警察，有别于正规部队，旨在帮助一般的警察部队维持国内秩序等。一般认为，当时创建特种服务队的目的就是为圭亚那独立后的国家正规军队打基础。在人员组成方面，特种服务队创建时其中印度人和黑人的比例基本上是平衡的。其组织和训练由英国军队调派的军官罗纳德·波普上校（Colonel Ronald Pope）负责。此外，英国还提供一名军事训练官员。特种服务队的军官团（Commissioned Officer Corps）和军士团（The Noncommissioned Officer Corps）成员均来自一个预备役军人组织"英属圭亚那志愿队"（The British Guiana Volunteer Force，绝大部分成员为黑人公务员）。当然，预备军官（Officer Cadets）也从志愿队之外人员中选拔和送往英国进行培训。圭亚那军官通过快速晋升的方式，以便在独立后从英国人手中接管军事指挥权。鉴于 20 世纪 60 年代初圭亚那面临的种族问题和在警察部队中黑人居统治地位的状况，总督卢伊特当时有意识地使特种服务队在组成方面保持种族平衡，特别是在选拔军校学员方面更为注意。因此，在选送前往英格兰蒙斯预备军官训练学校（The Mons Officer Cadet Training School）的候选人中有相当数量的印度人。

1965 年 11 月 1 日，特种服务队改名为圭亚那国防军，继续由英国军官罗纳德·波普上校领导组织和训练工作，直至他 1969 年 3 月离任。圭亚那国防军完全是按照英国的军事原则，即军队应该忠于政府和不卷入政治，以及英国军队的编制方式，进行编制、管理和训练的。国防军的作用主要是帮助政府维持法律和秩序，维护国家领土完整，为国家经济开发工作作出贡献。1966 圭亚那获得独立后，军队控制权逐渐过渡到圭亚那本地军官手中。所有这一切都是在当时任总理和国防部长的伯纳姆监督下完成的。有人认为，继承英国军官波普上校工作的首位人选，即圭亚那第一位军队指挥官，显然应该是曾在桑德赫斯特皇家军事学院（The Royal Military Academy at Sandhurst）受过训练的印度人雷蒙德·萨塔乌尔（Major Raymond Sattaur）少校。但出于民族方面的考虑，伯纳姆任命了前志愿部队黑人军官克拉伦斯·普赖斯（Major Clarence Price）少校。

二　国防军的发展

（一）军队的民族特征

19 68 年大选后，伯纳姆为牢固控制政府之需要，开始清洗军官团中的非黑人成员。至 1970 年，国防军从入伍的士兵到军官团成员均是黑人占优势。[①] 与此同时，圭亚那停止了派遣预备军官到英国接受训练的工作，改为在蒂梅里基地进行为期 6 个月的国内训练。这样做更有利于伯纳姆政府从政治因素方面挑选预备军官，故参加训练的新学员中黑人居压倒多数。外论认为，圭亚那军队与国家的关系发生了变化，即从忠于整个国家过渡到了忠于人民全国大会党所代表的部分国家，波普的离任为这种关系的形成进一步创造了条件。[②] 1973 年国防军主要的"政治"军官、伯纳姆的副手戴维·格兰杰（Major David

---

① Chaitram Singh, *Guyana Politics in a Plantation Society*, Praeger Publishers, New York, 1988, p. 77.

② Colin Baber and Others, *Guyana Politics*, *Economics and Society*, Frances Pinter (Publishers) Limited, London, 1986, p. 168.

Granger）少校公开主张军队应该保证对人民全国大会党的忠诚。此观点并非所有的军官团成员都同意，但有不同意见的军官特别是更为注重专业技术的军官一般都很谨慎，不会公开地去发表不同意见。在任何情况下，沉默看起来是换取军官高水平生活方式所要支付的较小代价。享受高薪、免费医疗和住房以及其他津贴的军官待遇使得许多只受过中等教育的人有利可图。1974 年人民全国大会党召开第一届双年代表大会，要求国防军保证忠诚于该党，并开始经常调整军队的主要官员。国防军战士按照常规要接受库鲁库鲁合作学院的政治教育，要参加人民全国大会党的重要代表大会和重大事件的庆祝游行活动。但军队中也不乏对人民全国大会党持非议和主张军队政治中立的官员，不过这些人毕竟是少数。其他政党对人民全国大会党的做法自然持有反对意见。但它们也只是有意见而已，毕竟没有能力加以改变。当然，人民全国大会党也采取了一些缓和措施，尽量不使矛盾激化。1992 年贾根的人民进步党重新执政后，同样注意抓军队建设和保障军人待遇，注意军队的人心背向和发挥军队在保卫国家主权、维护国内治安以及其他方面的作用。

（二）军队的编制与装备

1983～1984 年期间，圭亚那国防军成员约为 7000 人，编制分为 20 个队（corps），从训练队和情报队到伙食队和军乐队等无所不有。国防军没有专门设置空军和海军编制，当时只是有一支小型的拥有 10 架轻型飞机和 6 架直升机的空军分队以及一支小型的拥有 8 艘海岸巡逻艇的海军分队。但国防军设有步兵、工兵、海上和空中指挥机构。像所有的准军事组织一样，圭亚那国防军还积极参与农业、矿业、渔业、建筑业等领域的发展工作。由于国际形势和国家安全的需要，同期国防开支大幅度增加。1980 年为 5590 万圭元；1984 年升至大约为 7890 万圭元，较 20 年前（1964 年国防预算为 150 万圭元）增加将近 52 倍。1986 年和 1988 年的国防开支均为大约 6500 万美元（折合 6.5 亿圭元）。1984 年国防军兵力大约 6500 人，1987 年和 1988 年分别为 5425 人和 5450 人。[①]

之后，国家武装部队仍为一个单一的各军种的联合体（The armed forces are combinded in a single service, the Guyana Defend Force 或 the Combined Guyana Defence Force），统称圭亚那国防军，其中包括常备陆军、空军和海军。1990 年国防军兵力为 1950 人，其中 1500 人为陆军。至 1995 年，国防军兵力稍有变化，常备陆军为 1400 人，空军为 100 人，海军为 187 人（其中 17 人为全天候成员，170 人为预备役人员）。20 世纪 90 年代末，陆军编制为 1 个步兵营、1 个特种兵分队、1 个火力支援分队、1 个工程兵连等。总统兼国家武装部队总司令。国防军设参谋长，负责领导军队的日常工作。参谋长下设军事训练、国内治安、边防、水上服务等部门。陆军司令协助参谋长工作。

由于历史原因，武装部队官兵仍然多为黑人。永久性的军事营区一般集中在乔治敦和蒂梅里基地，其建筑坚固，设施现代化。远离营区的军事驻地绝大多数为临时的兵营设施。全国有两处海军基地：一个在乔治敦，另一个在新阿姆斯特丹。现在，一般来讲军队在待遇上仍然较好，而且在某些方面应该说相当好。国家对现役军人、军属以及退伍伤残军人、烈属等都有一定的优待。军人在军队可学到技术，退役后可以找到报酬较好的地方工作。故国防军对平民百姓具有一定吸引力。

20 世纪末以来，由于接连不断的边界纠纷，左右国家政局的人民进步党和人民全国大会党都把加强国防军建设作为优先考虑之事。但由于财政困难，政府无力进行任何重要的军事建设，

---

① Chaitram Singh, *Guyana Politics in a Plantation Society*, Praeger Publishers, New York, 1988, p. 76. Colin Baber and Others, *Guyana Politics, Economics and Society*, Frances Pinter (Publishers) Limited, London, 1986, p. 159, 169.

因此军事装备相当差。2004 年国防军现役军人大约为 1600 人，其中陆军 1400 人、空军 100 人、海军 100 人。国防军中 1/3 的人为文职人员，加之军事后备队人员 1500 人，国家军事人员共计 3100 人。圭亚那军事装备大致如下：装甲车 9 辆、牵引炮 6 门、迫击炮 48 门、作战飞机 2 架、武装直升机 2 架、舰艇 2 艘。近年，圭亚那曾派出 6 名军人参加联合国维和部队。1998 年和 1999 年国防预算分别为 9.03 亿圭元和 9 亿圭元，2001 年和 2002 年分别增至 9.37 亿圭元和 10.20 亿圭元。2003 年军事开支估计为 11.09 亿圭元，约占国内生产总值的 0.3%。前任参谋长为迈克尔·乌尔里克·阿瑟利（Michael Ulric Atherly）准将，2004 年 5 月换为柯林斯（Collins）准将，同月 28 日就职。2005 年国防军现役军人缩减为 1100 人，其中陆军 900 人，海、空军各 100 人。

第三节　准军事组织

亚那除正规军事力量外，还有一些准军事（预备役）组织。如圭亚那警察部队（The Guyana Police Force）、圭亚那国民服务队（The Guyana National Service）、人民民兵（The People's Militia）、国民警卫服务队（The National Guard Service）等。所有参加上述组织训练的人员均可以成为国家军事力量的后备队。1987 年时准军事人员约为 3500 人。后来随着时间的推移和国内形势的演变，所谓准军事组织主要是指警察部队和人民民兵。尽管上述组织有的已无影响，但为了解全貌，仍一并简介如下。

一　警察部队

圭亚那警察部队是根据《第十号警察法令》（Police Ordinance No. 10）于 1891 年建立的。1966 年国家独立以后，警察部队根据《圭亚那警察法令之 77 章》（Chapter 77 of the Guyana Police Ordinance）之规定继续保留下来。作为一个半军事性质的武装力量，警察部队负责预防犯罪和侦破案件，镇压国内动乱，防止火灾，保卫国家安全和反对外部侵略以及政府赋予的其他职责；在人员组成上黑人比例始终占据优势，政治上同情人民全国大会党。自 1961 年以来警察部队中的印度人有所增加。这是因当年贾根自治政府发布一项规定：国家安全机构征收新成员时必须是黑人和其他种族的人各占 50%。但 1965 年统计表明，警察部队黑人仍为绝对多数。在 1600 名警察中黑人约为 1200 人，印度人约 300 人。20 世纪 60 年代末圭亚那警察部队将近 2000 人。至 80 年代中期警察部队成员大约近 4500 人。

二 人民民兵

19 76 年伯纳姆政府针对边界紧张状况，建立"人民民兵"组织，参加者以志愿为原则。当初，有关创建民兵组织的建议是由反对党领袖贾根提出来的。他认为，圭亚那国防军应该由更能代表圭亚那人民的军事组织所代替，这就是人民民兵。按照他的理解，民兵应该是一个由人民管理的组织，在每个城市的街区和乡村都有分支。伯纳姆接受了贾根关于建立人民民兵的建议，但他所创建的人民民兵实际上是现存安全部队的一个附属组织。80 年代中期（1986 年）人民民兵有 3000 人，至 1991 年民兵人数尚有大约 2000 人。几乎全部是黑人。民兵的主要训练中心一般都在人民全国大会党的传统势力地区。一开始印度人也志愿参加训练，但黑人和印度人在训练内容上存在明显差别。在印度人地区，青年志愿者只是简单地进行队列走步训练；而在黑人地区，青年志愿者接受武器装备训练。当地新闻媒体用照片曝光后，印度青年感到失望和放弃民兵训练。民兵又变成了以黑人为绝对多数的组织。与国民服务队相同的情况是，民兵创建不久便成了安全部队的另一个组成部分和国家正规军的又一支抗衡力量。由于其征召成员的模式和政治教育的内容，人民民兵自然非常忠于当时执政的人民全国大会党。

三 国民服务队

74 年政府为 8～25 岁的学生和青年建立了集军事、教育和开发活动为一体的准军事组织"圭亚那国民服务队"，旨在培养干部和开发内地资源。随后，国民服务队发展成为一支可与国防军抗衡的武装力量。20 世纪 80 年代中期国民服务队有成员 4500 人，至 1991 年成员尚有大约 1500 人，同样黑人居多数；国民服务队初由国防军负责军事训练，后自己建立训练机构，训练中心均在内地边远地区，许多教官为国防军前官员。当初国民服务队规定，学生不参加一年训练不能升高一级学校；所有圭亚那大学的在校学生或打算享受政府奖学金出国深造者均需到培训基地进行一年训练，否则不能毕业或出国深造，等等。由于训练基地在边远内地，家长担心孩子出问题，一般不愿意让孩子尤其是女孩子参加。印度人家长由于宗教信仰等因素更是如此。许多女孩子因此失去上学深造机会。所以，许多印度人家长为了子女的前途只好自费送其出国求学。后来国民服务队成员不断减少。

四 国民警卫服务队

80 年圭亚那还建立了国民警卫服务队，专门用以保护政府官员和保护国家其他财产不受盗窃或颠覆活动的损害。国民警卫服务队征召的人员是已受雇于政府各部、学校、医院和其他政府领域的人员。另外，国民警卫服务队还征召包括退休的警察官员在内的其他人员。20 世纪 80 年代中期国民警卫服务队成员近 2000 人。

　　20 世纪 90 年代初政府更迭以来，准军事组织规模逐渐缩小。90 年代末圭亚那国民服务队和人民民兵大量裁员。21 世纪开始以来至 2004 年，所谓预备役人员总共大约 1500 人。但最新资料显示，2005 年的预备役人员仅约 670 人；也有的资料中根本没有预备役准军事人员。

第六章

教育、科学、文艺、卫生

第一节　教育

一　教育简史

圭亚那有记录可查的正规学校教育最早开始于大约1685年。当时，圭亚那为荷兰人所统治，一位教会老师从欧洲来到埃塞奎博地区开办学校，从事教育工作。但在17和18世纪时，种植园主们一般都将子女送往欧洲学习。本地的学校教育发展非常缓慢，乔治敦直到1789年才有了第一所私人资助的专为孤儿和非欧洲人子女设立的学校。为了普及教育，传教士们在奴隶中间以及奴隶制废除后又在印度契约劳工中间做了不懈的努力，但遭到种植园主们的反对。直到20世纪开始很长时间后，印度契约移民的教育情况才有所改进。据报道，1933~1937年间印度人子女的小学入学率增加了将近50%。

19世纪期间，殖民地为富裕的非英国殖民者子弟设立的私人学校和研究机关纷纷建立并维持下来。第一所公共学校建立的时间大概是在19世纪初。到1834年时在城镇中心已有相当数量的小学和中等学校。1841年殖民地共有小学101所，其中绝大多数为伦敦传教士协会所管辖。19世纪50年代一所教师培训学

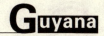

校和一所学院开业。根据英国 1870 年教育条例，小学教育在 1876 年被法定为义务教育。但殖民地对条例施行并不严格，特别是在种植园的印度人中间。在 1869～1939 年经济衰退期间，人们对中等教育的资助能力下降，结果许多私人中等学校关闭。政府接管了英格兰教会的一所男子中学和一所女子中学。但罗马天主教和加拿大长老会仍然经营各自的中等学校。其间新建的学校一般寿命都不长久。为鼓励发展小学以上的教育事业，殖民地政府为公办学校提供许多奖学金，并且还对完成中等学校课程学习的女孩子们给予奖励。但是直至 20 世纪 50 年代，无论政府还是私人部门对技术教育和职业教育都未产生太大兴趣。小学注册人数增加比较快，主要原因是由于人口大量增加。1945～1946 年小学生人数 63046 人，至 1956～1957 年增加到 106459 人。小学数目亦由 1951 年的 279 所增加到 1959 年的 327 所。

　　20 世纪 50 年代末 60 年代初，圭亚那对中等教育的需求大大增强。1960 年政府学校、政府资助的学校和私人的无须资助的学校均提供初等和中等教育。当时圭亚那绝大多数学校为教会所有。这些学校每年接受政府的大量资助，以供添置设备、进行维修和给教师发工薪。也有一些教会学校为甘蔗种植园、采矿公司或其他小的组织所有，服务对象仅限于它们各自的社区，但它们同样受到政府的财政资助。之前，虽然中等教育的蓝图几经修改，但是并没有实质性改变。在乔治敦有两所中等学校颇有名气：一个是专为男生设立的女王学院（Queen's College，1844 年建立），另一个是专为女生设立的毕晓普中学（Bishop's High School），两校共招学生 1000 余名；此外还有两所这样的男女分设的中学，它们均由政府经营。另有 11 所政府资助的中等学校和 10 所完全私营的中等学校。以上所有学校全部向学生收费。同时期出国升学的中学生估计有 1000 多人，其中大约 1/2 前往英国，1/10 的人在西印度群岛大学分校学习，剩余的人到加拿

大、美国、印度和其他欧洲国家学习。出国留学大部分是自费的。领到各类奖学金的大多数学生按规定毕业后都得回国工作。1963 年 10 月 1 日开办了圭亚那大学,结束了当地无高等教育的时代。圭亚那大学初为夜校,学生 450 人,暂时利用女王学院白天上课的教室。设立 5 年制的艺术、社会科学和自然科学等一般学位课程。由于每年招生量 150 人,教学设备不能满足需要,后在特克岩(Turkeyen)建立新校园。

城、乡在教育方面存在明显差别,上述 23 所中等学校中只有 3 所私人学校在农村,其余均在城镇。男、女生入学率差别也很大,接受中等教育在很大程度上是男子的特权。1959 年在中等学校中男生占 72%。常规中等学校入学年龄一般在 12 岁,但是另一方面入学年龄在很大程度上取决于学生的经济条件和学识水平。许多人远远超过这个年龄,而且青年女子越来越多地进入中等教育体系。入学中等学校要通过每年的竞争考试,但家庭支付学费的能力也是一个重要的录取标准。

1966 年圭亚那独立后,政府注意清除殖民主义在教育方面的影响,重视发展教育事业,并一再强调在教育领域人人平等,强调培养能够满足圭亚那国家和地方需要的新型人才。从 20 世纪 60 年代末开始,政府进行教育体制的结构改革,设置社区中等教育和多边中等教育,在传统科目和非传统科目如农业、工艺美术、机械学和家庭经济等方面提供综合性的中等教育,使教育事业更能与国家和当地之需求紧密联系。1975 年伯纳姆在人民全国大会党的代表大会上讲话,再次强调必须对教育给予特别的重视。他认为,圭亚那没有足够的技术熟练的人力资源是不能够发展的;如果国家想要充分利用人力资源,就必须为所有的圭亚那人提供教育机会。此外,政府领导人在其他场合还多次强调,教育领域的平等是社会平等的基础,对内地印第安人的教育目标是减轻他们世世代代保留下来的孤立状态,把他们一体化到圭亚

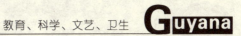

那社会中去。当时反对党尽管对教育有各种各样的批评，但对教育理论和总的实践方向的进步性是很难予以否定的。①

从 1975 年 1 月起，政府对大学实行免费教育，中等学校实行男女同校，公办中学和政府资助的中学基本教科书实行免费供给，小学课本减价 25% 等。1976 年 9 月，政府接管了国内大约 600 所学校，其中教会学校约 200 所。此后政府对各级学校包括从幼儿园到大学全部实行免费教育，实现了教育"圭亚那化"。1979 年约有 2.9 万个孩子即 78% 的相关年龄的孩子进入了学前教育系统（托儿所学校），有 164836 人和 46000 人分别进入了小学和中学。在政府公共支出中教育经费一直是名列前茅的，基本上是与通货膨胀率保持了同步。1980 年全国有小学 4124 所，学生 164830 人，中学 87 所，学生 46595 人，另有 15 所职业和师资学校，学生 4647 人。圭亚那大学学生 1889 人。全国成人识字率为 95.5%。

表 6 – 1　1964～1984 年医疗卫生、文化教育和国家安全开支状况

单位：万圭元

年　份	医疗卫生	文化教育	法律和秩序	国家安全
1964	680	1150	650	150
1970	1100	1910	1100	650
1974	1910	3900	1760	1590
1980	4210	9500	3590	5590
1984*	4700	9750	5220	7890

*预算数字。

资料来源：Colin Baber and Others, *Guyana Politics*, *Economics and Society*, Frances Pinter (Publishers) Limited, London, 1986, p. 159.

---

① Colin Baber and Others, *Guyana Politics*, *Economics and Society*, Frances Pinter (Publishers) Limited, London, 1986, pp. 155 – 156.

二　教育现状

现　在，圭亚那教育通过学校系统由教育部管理和监督。教育部部长是教育部的政治领导，负责国家的教育政策的制定和教育管理工作。由于 80 年代国民经济严重衰退，教育经费出现一些困难。1991 年 9 月政府决定对教育服务中的中学、技术学校、职业学校等实行有选择地恢复收费制度，但对 6～14 岁（80 年代资料为 5～14 岁）儿童仍实行 8 年免费义务教育。1994 年 9 月政府又决定对圭亚那大学设置的所有科目都收取讲授费。据联合国开发署《人类发展报告》，2001 年圭亚那成人识字率约为 98.6%，其中男性为 99%，女性为 98.2%。2003 年成人识字率估计达到 98.8%。圭亚那教育部公布的教育简况如表 6－2 所示。

表 6－2　20 世纪末圭亚那教育简况一览表

类　　别	学年	学校（所）	教师（人）	学生（人）
学前教育	1999/2000	320	2218	36995
初等教育	1999/2000	423	3951	105800
普通中学	1999/2000	70	1972	36055
特殊教育	1999/2000	6	64	617
技术和职业教育	1999/2000	6	215	4662
师资培训	1999/2000	1	297	1604
大学教育	1999/2000	1	371	7496
私人教育	1999/2000	7	120	1692

资料来源：*The Europa World Year Book 2003*，Europa Publications，London，2003，p. 1939. *Regional Survey of the World*，*South America*，*Central America and the Caribbean*，Europa Publications，London，2005，p. 507.

1999～2001 年，教育经费在政府总支出中的比例由 1990 年的 4.4% 增加至 8.6%，2000～2002 年为 8.4%，2003 年占国家预算的 14.4%。近年来，由于在公共开支中教育经费的比例不断增加，教育状况有所改进。教师的数量也有所增加，质量有所提高。2000 年不合格的教师比例为 43%，至 2003 年降为 31%。尽管政府通过各种努力挽留合格的教师，然而教师外流现象仍然比较严重。14～19 岁孩子的中学入学率由 1992 年的 35% 提高到 2000 年的 75%。2001/2002 年小学入学率为 98%。政府不断努力改善教师的工作条件、提高教师的业务水平和工作报酬。1996 年中央政府的教育支出为 45.9 亿圭元，占政府总支出的 10%，1998 年增至 63.81 亿圭元。英国和欧盟也为圭亚那发展教育事业提供了援助。2002 年美洲开发银行批准为圭亚那基础教育现代化提供 3000 万美元的贷款援助。

2005 年以来的资料显示，圭亚那改为对 6～15 岁的少年儿童实行免费义务教育。现在，学校教育系统包括学前/托儿所教育、初等教育（小学）、中等教育（中学）、特殊教育、职业教育、师资教育、大学教育和成人教育等。

（一）学前/托儿所教育

为 3 岁零 1 个月的孩子提供两年的早期儿童教育。这一阶段的教育不是义务教育，但保证每一个圭亚那孩子在学校中有一个位置。家长可以选择不送孩子进学校。据 2004 年的资料，圭亚那此类学校共有 350 多所，学生 2.6 万多名。学校中教师与学生的比例是 1∶18。上课时间为每天早上 8 点半至中午 12 点。

（二）初等教育

接受年满 5 岁零 9 个月的孩子入学，学制至少 6 年。之后，学生可以考中等学校。这一阶段的教育法定为义务性教育。如果孩子年满 5 岁零 9 个月以上还未注册和上学，家长则会被认为是疏忽。其间，学生从周一至周五每天接受 5 小时的学习教育，即上午 8 点半至 11 点半，下午 1 点至 3 点。午饭时间 11 点半至 1 点。每个学年从 9 月开始至第二年 8 月结束，分为圣诞节学期

（9～12 月，两周假期）、复活节学期（1～4 月，两周假期）和 8 月学期（4～7 月，6 周假期）等 3 个学期（每期上课时间为 13 周）。一个学年大约 378 课时（189 天）。孩子完成初等教育学业后，则进行中等学校的入学考试。这样他们才可以获得进入中等学校的资格。1998/1999 年学龄儿童入学率为 97.5%（其中男孩 100%，女孩 94.3%）。2002 年初等教育学龄儿童入学率为 99%。

（三）中等教育

对完成初等学业和通过了中等教育入学考试的孩子进行社区中学（The Community High School）、多边中学（The Multilateral High School）和普通中学（The General Secondary School）等 3 种类型的教育。录入 3 种不同类型中等教育的孩子唯一依据是他们的中等教育入学考试的分数。中等教育从 12 岁开始入学。学制一般为 5 年，前 3 年为第一阶段，后 2 年为第二阶段。1992 年、1997 年和 2003 年中等学校学龄人群入学率分别为 35%，74.9%（其中男 73.4%、女 76.4%）和 76%。

社区中学 类同职业中学，通过培养社会所需要的各种工作的实际操作技能，为学生能够在圭亚那社会中生存做准备。学制 4 年，头 2 年学生接受基本的专业学习，如英语、数学、自然科学、社会研究、卫生和体育、音乐以及职业前期活动诸如美术和雕刻、农业、家庭经济、工艺美术和社区所需要的职业活动。在后 2 年中，基本的专业学习仍然是学校经历中一个重要部分，但其间重点放在职业活动上面。根据学生的能力、兴趣和适应性，老师指导学生选择一种职业或者部分职业，如农业、美术和雕刻、家庭经济、工艺美术等，进行集中学习。后两年中的重要经历是接触实际的工作经历和任务，为今后的工作生涯做好准备。

多边中学 提供普通中学的教学科目，但重点强调实际应用。教学科目为学生参加加勒比考试委员会的考试做准备。

普通中学　学制为 7 年（5 年为初级阶段，2 年为高级阶段）。提供更为专业化的教育内容，以使学生获得加勒比考试委员会证书和伦敦普通教育即高等水平证书。取得前者证书平均要花费学生 5 年时间，取得后者高等水平证书还要再花费 2 年时间。为达到考试水平，学生要学习英语、英国文学、法语、西班牙语、美术、化学、物理、生物、经济、理论数学和应用数学、综合科学、地理、历史、家庭经济和营养学、音乐和体育等。多边中学和普通中学通过安排如此广泛内容的学习，为圭亚那人在教育和专业机会方面提供广泛的选择。在学校学习的第四年，学生可以从科学、技术、农业、家庭经济或商业等领域中选择主修课程重点学习。

（四）特殊教育

政府为满足残疾儿童和成人的特殊需要而设置的一种教育形式。一些儿童接受工作相关的技术教育，这样有助于他们以后找到适当的就业机会。

（五）职业教育

政府和私人部门共同实施这一水平的教育。政府在包括商业、家庭经济、汽车机械学、农业研究、工程学、建筑学和其他技术在内的一些职业领域提供培训项目，这类学校主要有政府技术学院、政府工业培训学院、圭亚那农业学校（设在蒙·雷颇斯 Mon Repos）和卡纳基（Carnegie）家庭经济学校、伯罗斯（Burrowes）艺术学校。私人学校提供商业和贸易等学习项目。

（六）师资教育

在圭亚那有两所教师进修学校：一是为小学教师或中学低年级教师参加工作前提供培训；另一是为小学教师和中学教师取得研究生证书所进行的培训。培训时间为一年。两所学校分别是师资教育综合学校和圭亚那大学。

（七）大学

圭亚那仅有 1 所大学即圭亚那大学，1963 年创立，1968 年开始授予学位。2001 年在圭亚那东部开设第二校园。2003 年圭亚那大学入学人数共计为 3500 人。学校提供获得文科、美术、自然科学、社会科学、教育、林业、工艺学和法律等方面学士学位的学习课程，还提供历史硕士学位的学习课程。在公共管理、医疗和社会工作等方面设置颁发证书的学习课程。圭亚那大学中还设有一所医学院。

（八）继续教育

继续教育即成人教育，现有两个成人教育系统：一个是由圭亚那大学主办的，另一个是由成人教育协会与教育部合办并受其资助的。此项教育旨在提高成人的技能和知识水平，以便获得圭亚那大学和国外大学所必需的入学资格。

第二节　科学

国家重视发展科技事业。1972 年圭亚那成立全国科学研究委员会，主任由圭亚那大学常务副校长欧文博士担任。委员会下设工业、农业、林业、医学、度量衡等 5 个专门委员会，负责在科研方面向政府提出建议和帮助政府拟定政策，促进全国科学研究工作的发展及其应用。此外，圭亚那还有一些研究中心和试验站，主要从事农作物栽培和种植等方面的研究工作。现在，科研工作有一定发展。

第三节　文艺

一　概述

圭亚那系多民族国家，语言、文化、艺术均呈多样性。但文艺主题中占统治地位的是圭亚那的土著居民印第

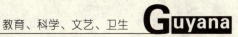

安人、民族的多样性和自然地理的秀美。近 20 年来，艺术大家斯坦利·格里夫斯（Stanley Greaves）、罗纳德·萨沃里（Ronald Savory）、菲利普·穆尔（Philip Moore）和已故的奥布里·威廉斯（Aubrey Williams）的文艺作品颇受人们的欢迎。特别是萨沃里的作品描写了在城市居民的观点中难以看到的内情，很有新意。

由于圭亚那在历史上长期为欧洲列强荷兰、英国等殖民地，文艺的发展受到一定影响，甚至出现畸形现象。在欧洲殖民统治期间，殖民者利益至上，强调自身价值，看不起甚至否定、摧残土著印第安人、非洲奴隶以及后来的其他劳工移民的价值和文化，在一定程度上阻碍了文艺的正常发展。黑人奴隶和印第安人的文艺受害尤甚。在贩运非洲奴隶的船上，为了防止奴隶举行暴动，将同一语种的人群分隔开来，使他们交流成为不可能之事；在同时期的德梅拉拉和伯比斯地区，种植园里的黑人奴隶之间只能使用荷兰语进行交流；后来在学校中教授学生的语言是英语；黑人奴隶的语言则被完全抛弃。这样，奴隶们没有自己的书写语言和写作机会，不能记述自己的思想和感情。因此，早期黑人没有留下什么文艺作品。印第安人曾因遭受殖民者的野蛮屠杀而濒于灭绝，基本上也没有文字作品流传下来。

除了古老的印第安人文化的影响外，20 世纪之前居住在圭亚那的荷兰、法国和英国的艺术家们对圭亚那艺术的发展曾起过重要作用。之后，对艺术有较大影响的第一个圭亚那人是塞缪尔·布鲁德哈根（Samuel Broodhagen），他是一位著名的雕塑家和插图画家。另一位圭亚那著名艺术家，名叫 E. R. 伯罗斯（E. R. Burrows），被人称作圭亚那艺术的"尊严老人"（The Grand Old Man）。他是一位艺术家、教师和雕塑家，终生为促进圭亚那艺术而勤奋工作。他所取得的成就被认为是圭亚那最成功的。他还创办"劳动人民艺术班"（The Working People's Art Class），培养了不少青年艺术家，其中许多人后来成为圭亚那艺术舞台上的重要人物。

圭亚那独立后，政府实行积极发展民族文化多元化的政策，在注重保持文化多样性，努力发掘和推广典型的和有影响的文化传统的同时，又注重民族文化的融合，最终目标是从中发展成为一种共同的圭亚那民族文化。为此，政府将非洲人的欧比亚（伏都教）合法化，还将其他一些民族的重大宗教节日法定为国家的公共节日，届时普天同庆。这样使一个民族有机会充分展现自己的文化艺术形式，同时也鼓励其他民族积极参与。另外，政府设立了全国历史艺术委员会，统一领导和组织全国的文艺活动。1972 年圭亚那发起并主办了"加勒比艺术节"。加勒比和南美 29 个国家的作家、艺术家、音乐家、舞蹈家、剧作家等参加汇演，展示了地区特有的艺术形式、成果和风采，收到了很好的效果。1975 年政府开始定期（每隔 2~3 年）举办圭亚那艺术节。与过去音乐节不同的是，艺术节巡回全国各地以便使更多的人观看和欣赏圭亚那的文化人才。基层的文艺组织，如化装舞会乐队、钢鼓乐队、民间小调组织等各得其所，活动频繁。圭亚那每年还举办全国各种艺术展览。

为进一步开展群众文艺活动，便于大型文艺演出，1976 年圭亚那政府在乔治敦建成一个可容纳 2000 多观众的大型剧场——全国文化中心（National Cultural Centre）。剧场舞台设备和后台设施在英联邦加勒比地区都属一流的，并成为当地和国际演出重要的场所。另外，印第安人的"马什拉马尼"（Mashramani，意为合作活动成功后之欢庆）已成为圭亚那每年共和国日（2 月 23 日）庆祝活动的重要内容，而且政府一直试图将"马什拉马尼"办成全国最大规模的季节性节日活动，甚至超过圣诞节。古老的印第安文化是丰富多彩的，是圭亚那文化

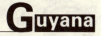

艺术宝库的重要组成部分。但由于欧洲人的入侵以及他们的价值观念和技术方面的影响，许多古老的土著文化逐渐随之消失。因此，现在人们对印第安人文化传统知之甚少。但不容否认，印第安人对圭亚那艺术的发展有重大影响，印第安人文艺至今仍在圭亚那艺术舞台上占有一定地位。

二　诗歌

圭亚那有记录的最早的诗集是 1832 年的《德梅拉拉夜半之冥想》（*Midnight Musings in Demerary*）。作者情况不详，只知道他是一个殖民者，是原籍英格兰为他提供了诗作热情。已知的圭亚那第一个黑人诗人是西蒙·克里斯琴·奥利弗（Simon Christian Oliver）。他是布克斯顿地区圣奥古斯丁斯的一位小学校长，其创作时间为 19 世纪 30 年代。仅有两首诗流传下来，并且被认为是早期黑人在文艺方面贡献之典范。此后，圭亚那还出现过一些诗作，但直到 19 世纪 70 年代才出现一位著名诗人而且同样是一位黑人小学校长，名叫托马斯·唐（Thomas Don）。他的作品绝大多数局限在与圣经题材相关的范畴之内，而且结构粗糙，成为他所生活时代的象征。圭亚那第一个多产的描写题材广泛的诗人是埃格伯特·马丁（Egbert Martin）。此人名声较大，被认为是他所生活时代的当地的"桂冠诗人"（Poet Laureate），曾受到英国维多利亚时代杰出诗人艾尔弗雷德·洛德·坦尼森（Alfred Lord Tennyson）的注意和尊重。他的诗作被认为是新旧时代之间、维多利亚时代末期和现代圭亚那诗作兴起时期之间的连接和过渡。

第二次世界大战时期是圭亚那诗歌同旧模式决裂和向新模式发展的转折点。战后诗歌模式变得更为多样化和复杂化，出现了诸如阿瑟·西摩（Arthur Seymour）、马丁·卡特（Martin Carter）、威尔逊·哈里斯（Wilson Harris）和沃兹沃思·麦克安德鲁（Wordsworth MacAndrew）等著名诗人，他们作品努力表现社会反抗者的感情、暴露不公正现象和鼓励人们为了自由对旧的欧洲殖民统治发起攻击。

三　小说

有关描写圭亚那的小说很早就出现了，作者一般都是外国人。例如，被认为第一个描写圭亚那与众不同景况的小说作家是詹姆斯·罗德韦（James Rodway），他在 1899 年发表了一部小说，名为《在圭亚那的未开发之地》（*In Guiana Wilds*），披露了圭亚那印第安人的心理和在他们之中工作的英国传教士的态度。继他之后，又有一位小说家同时也是一位政治家，名叫 A. R. F. 韦伯（A. R. F. Webber），于 1917 年发表一部小说《被束缚中的那些人》（*Those That Be in Bondage*），对 20 世纪初的甘蔗种植园制度进行了严厉批判。早期的小说家对圭亚那的写作展示了两个基本倾向：一是注重描写内地荒野、浪漫的土地和人民，二是注重描写人口稠密的沿海地区的社会和政治问题。两者成为他们文艺作品所描写的主题。

埃德加·米特尔霍尔塞（Edger Mittelholzer）在 20 世纪 50～60 年代成为圭亚那最为多产和国内外闻名的小说家。他的作品标志着现代时期的开端。在他的诸多著作中，《科兰太因的雷声》（*Corentyne Thunder*）以及凯瓦纳三部曲《凯瓦纳的孩子们》（*Children of Kaywana*）（1952）、《凯瓦纳的血液》（*Kaywana Blood*）（1954）和《胡贝图斯的苦难》（*the Harrowing of Hubertus*）（1958）最为著名。凯瓦纳三部曲表现了一个家庭在圭亚那 350 年历史中的变迁。由于他的著作能够准确地反映历史，故对了解圭亚那历史很有用处。另一位当代杰出小说家威尔逊·哈里斯（Wilson Harris）在 1960 年发表第一部小说《孔雀宫殿》（*Palace of Peacock*），之后又出版《乌丹的长途旅行》（*The Far Journey of*

Oudin，1961)、《完整的盔甲》(*The Whole Armour*，1962)、《神秘的梯子》(*The Secret Ladder*，1963)、《心脏地带》(*Heartland*，1964)、《稻草人的眼睛》(*The Eye of the Scarecrow*，1965)等。在此期间，许多小说家还选择了与圭亚那社会结构密切相关的主题，例如简·卡鲁 (Jan Carew) 的作品，就是以在贫困和种族歧视的艰苦环境中成长起来的青年人寻求成年身份的斗争为基础的。他的著作主要有《彼得·迈达斯》、《荒凉的海岸》(*The Wild Coast*)、《最后一个野蛮人》(*The Last Barbarian*) 和《莫斯科不是我的麦加》(*Moscow Is Not My Mecca*) 等。同样主题的著作还有 E. R. 布雷思韦特 (E. R. Braithwaite) 的自传小说《给先生的爱》(*To Sir With Love*) 以及克里斯托弗·尼科勒 (Christopher Nicole) 的《截根苗》(*Ratoon*) (1962) 等。《给先生的爱》详细描述了作者作为一个黑人中学教师，在白人统治的伦敦贫民窟的生活经历和在不同种族环境的伦敦东区的学校中所面临的各种困难。但他的著作中对难以相处的种族关系充满希望的观点受到人们的赞扬，并且成为一部重大影片的选题。

四 戏剧

圭亚那正式的戏剧传统开始于 19 世纪 40 年代。为了上演戏剧，当时在乔治敦建起一座音乐厅。由于人们对音乐的兴趣如此浓厚，音乐协会遂在 1860 年又建立一座交响乐音乐厅，供当地艺术家们表演话剧、歌剧和音乐喜剧以及由欧洲和美洲公司资助的演出。30 年后交响音乐厅被放弃，戏剧主办方转入乔治敦俱乐部。该俱乐部拥有一座大型木结构建筑，名曰"聚会间" (Assembly Rooms)，楼上设有一个可容 700 人的剧院。1900～1945 年间戏剧爱好者不断增加，一些业余的戏剧和音乐公司相继建立，如德梅拉拉戏剧俱乐部、三艺 (The Three Arts) 公司、耶路撒冷演员公司以及一个歌剧社。此间上演的话剧的剧

本一般为外国人所创作，圭亚那人创作的很少。圭亚那第一个话剧写作于 1872 年，最终出版是在 1892 年。它由圣斯坦尼斯劳斯学院的院长伯纳德神甫（Father Bernard）创作，名叫《坎特伯雷的圣托马斯》（*St. Thomas of Canterbury*），全剧共分 5 幕。圭亚那第一个为舞台创作众多作品的人是诺曼·卡梅伦（Norman Cameron）。他是一位数学教师、诗人和作家，20 世纪 30 年代才成为一个剧作家。他创作了一些大型话剧，其中有《巴尔萨泽》（*Balthaser*）、《阿多尼萨》（*Adoniza*）和《牙买加家伙》（*Jamaica Joe*）等。1945 年一场大火烧毁了"聚会间"，后因缺乏演出场地和设备，戏剧活动受挫。直至 1957 年，经诸多戏剧团体共同努力建起一座单一的行会剧院（Theatre Guild）。剧院每年至少上演 8 个大型剧目，并且还举办剧作竞赛、全国范围内戏剧节和学校的戏剧研究班等。此外，剧院还拥有一个图书馆、实习班和舞蹈团。行会的行动重新激发了大家对戏剧的兴趣，随后一些小的戏剧团体，如马更些小剧院、格雷戏剧团和乔治敦戏剧俱乐部等纷纷成立。圭亚那独立庆典时即上演了里卡多·史密斯（Ricardo Smith）的作品《圭亚那的传说》（*Guyana Legend*）。

五　音乐

随着不同民族成员的到来，多样性的音乐传统遂发展起来。有一些团体几乎原封不动地保留了非洲部族的舞蹈和音乐。但最为流行的是混合的表演形式，它将西方的诗歌和非洲的歌曲结合在一起。许多调子是原来歌曲的，唱的时候使用当地口音的英语。这样做的好处是，受到语言限制的不同部族可以共同参与演唱。民歌发展起来的时间比较晚，只是在 20 世纪 50～60 年代才广泛流行。其中最典型和最流行的是《伊塔纳密》（Itanamee，埃塞奎博河上一个瀑布的名字）。它所表现的是，当一群淘金者接近该瀑布时，其中一位淘金者对瀑布的畏惧心情。另外，许多当地的游戏都有民歌伴唱，例如《戒指游戏歌》（*Ring Play Songs*）。它是一套儿童唱的月下情歌，表现一对订婚夫妇在举行婚礼仪式之前两周的心情的。游戏歌中包括《一个奇奇歌》（*A Chee Chee Lay*）、《放放贝西下来》（*Lay Lay Bessie Down*）和《在游戏场上有一个混血姑娘》（*There's a Coloured Girl in the Ring*）等。20 世纪 30 年代以来，学校增加了音乐活动，一些音乐协会纷纷成立，经常举行音乐比赛活动，作曲家日益增多，圭亚那的音乐事业有了较大发展。1952 年圭亚那音乐教师协会创立了国家音乐节（The National Music Festival），活动以圭亚那诗歌配曲、钢鼓民歌和诗朗诵等为特色。1954 年政府实施一项"对学校广播"计划，给孩子们教授圭亚那音乐史，为孩子们提供欣赏自己文化遗产的机会，鼓励孩子们参与音乐活动。60 年代为促进经典的音乐会传统不断发展，圭亚那建立一些管弦乐队，如普林斯维尔乐队、乔治敦管弦乐队、毕晓普中学乐队和全国历史和艺术委员会建立的国家交响乐团。现在，圭亚那以钢鼓乐队为伴奏的现代音乐活动也比较流行。钢鼓乐队源于特立尼达和多巴哥，后来逐渐为传统音乐家们广泛接受。许多音乐评论家把圭亚那音乐作曲成熟的时间和菲利普·皮尔格林（Philip Pilgrim）联系在一起。他的贡献主要是在 1944 年对 A. J. 西摩的《凯厄图尔的传说》（*The Legend of Kaieteur*）进行了音乐上的诠释。其他当代著名作曲家还有休·萨姆（Hugh Sam）、瓦莱里·罗德韦（Valerie Rodway）、霍勒斯·泰特（Horace L. Taitt）、塞西尔·诺布雷加（Cecil Nobrega）和沃尔特·弗兰克（Walter Franker）。

　　印第安人的传统音乐，在殖民统治时期几乎毁灭殆尽。现在人们知道的仅限于历史上和目前各种乐器的使用，譬如打击乐器、芦笛、管乐器和弦乐器等。像世界上几乎所有的国家和

民族一样，鼓和笛子是圭亚那印第安人最早使用的和最大众化的乐器，而且今天仍在广泛使用。鼓有大小之别，用于宴会、舞蹈、狩猎活动等。笛子主要用竹子做成，也有使用其他材料如美洲豹、貘或鹿的肢骨做成的。在一些印第安人部族中，许多乐器过去和现在都被认为是神圣之物。如博鲁托小号（Boluto Trumpet）和塔鲁马笛子（Taruma Flute）两种乐器在内地部族中间是受人崇敬的。前者是一种又长又大的泥制管乐器，主要由年长的男人在魔鬼宴会（Devil Feast）上使用。魔鬼宴会仪式仅限于村里的男人，不允许妇女参加，也不允许妇女近距离观看仪式的准备和实施过程。塔鲁马笛子与宝鲁托小号相似，只是笔直呈管状。最普通的弦乐器是塔里姆巴（Tarimba），可能有非洲渊源，因为它与古巴的巴姆巴（Bamba）很相似。在波梅隆和其他一些地区，印第安人发明的一种粗糙的小提琴，兼有当地乐器和欧洲乐器的特点，很时髦。

印度族的音乐传统是东方文化的代表，因深受西方音乐主题的影响而有所变化。但东方本土的影响始终是起主要作用的。音乐和舞蹈在印度族农民的日常生活中，特别是在印度教教徒们的日常生活中是极为重要的。印度族语言和文化通过婆罗门教士们进行传播。宗教的教义往往通过连续数个晚上的表演或者仪式上的诗歌和戏剧活动进行传授。其中典型的是表现罗摩猴王（Lord Rama）和克里希纳大神（Sri Krishna）事迹的梵文叙事诗《圣罗摩衍那》（Holy Ramyana）。最初宗教节日常常是缓解契约劳工痛苦的重要途径，其中包括孩子降生、婚礼和葬礼等内容。有些较大节日后来被确定为国家公共节日如灯节，届时夜幕下垂后，汽车列队亮灯游行庆祝，场景十分壮观。什叶派穆斯林还有"塔德加节"（Tadjah），纪念穆罕默德的两个孙子为反对异教徒作战而死亡一事。在农村流动的印度

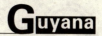

族吟游诗人、音乐家们在保留音乐传统方面也发挥重要作用。现在，他们表演时有乐队伴奏，乐队是有组织的并配备有现代的乐器。

六　绘画

圭亚那当代许多绘画艺术家像文学界的同行一样，多选择在国外生活和工作。其中两位杰出代表是丹尼斯·威廉斯（Denis Williams）和奥布里·威廉斯（Aubrey Williams）。前者于 1968 年在尼日利亚讲学，是圭亚那第一位享受英国艺术委员会奖学金的圭亚那艺术家。随后他在坎伯韦尔（Camberwell）学习并成为霍尔本（Holborn）中心艺术学校的艺术课讲师。他的著作可以分作两个时期：一个是人文主义时期，绘画作品有《渊源》（*Origins*）和《负重与解放》（*Burden and Release*）；另一个是强调自由运动时期，代表作品有焊接的铜雕刻和绘画，例如 1954 年的《六大相关韵律绘成的图画》（*Painting in Six Related Rhythms*）等。奥布里·威廉斯的艺术生涯与前者相似。他曾在 E. R. 伯罗斯（E. R. Burrows）的劳动人民艺术班学习，1952 年离开圭亚那赴英格兰。他的创作灵感来源于圭亚那的宏伟壮观的自然风景。他的绘画作品《波塔罗》（*Potarro*）、《瓦奈马》（*Wanaima*）、《熔岩》（*Lava*）和《火山》（*Volcano*）等可为此方面的典型代表。

移居国外的画家和艺术家除上述两位之外，尚有罗伯特·巴彻勒（Robert Batchelor）、弗兰克·鲍英（Frank Bowing）、迈克尔·利拉（Michael Leila）、斯坦利·格里夫斯（Stanley Greaves）等。当然，也有许多杰出艺术家选择留在圭亚那国内从事艺术创作。例如，埃默森·塞缪尔斯（Emerson Samuels）、西里尔·坎海（Cyril Kanhai）、戴维·辛格（David Singh）、阿尔文·鲍曼（Alvin Bowman）等。其中最为活跃的是罗纳德·萨沃里

（Ronald Savory）。他创作的主题是关于圭亚那内部地区的，所以有时被人称作"内地艺术家"。他作为一个印象派艺术家，通过绘画描写了鲁普努尼热带草原、卡努库山脉和帕卡赖马山脉、马扎鲁尼的原野和森林地区等圭亚那自然风光。

第四节　体育

圭亚那系国际奥林匹克组织的成员。广大人民群众热爱体育活动，体育活动项目也多种多样。

独立前，圭亚那板球和足球运动比较普及。板球运动与棒球活动大致相似，这项运动在英国以及殖民时期英国在亚洲（印度）、非洲和西印度群岛的殖民地非常流行。圭亚那作为英国的前殖民地自然受其影响，喜爱和参加板球运动的人员也比较多。

独立后，政府重视发展体育事业，设立了全国体育理事会（The National Sports Council），负责各项体育活动的组织和领导工作。为推动体育事业的发展，理事会聘请了板球、足球、篮球、排球、乒乓球、游泳、拳击、田径等项目的教练，去全国各地巡回讲授和训练。政府还决定定期举行全国运动会。圭亚那首次全运会于 1975 年 10 月底至 11 月初在新阿姆斯特丹举行，收到很好的效果。1979 年圭亚那建成一座能够容纳 3000 多人的国家体育馆，可以举行大型体育赛事。现在，除了板球和足球之外，篮球和排球亦成为圭亚那最大众化的集体运动项目；曲棍球、乒乓球、拳击、游泳、自行车、草地网球等活动也广为流行。女子曲棍球协会至 2005 年 2 月已有 75 年的历史。

机关、学校、地方机构和专业俱乐部一般都有体育运动相关的团队。单位为其提供活动场地、经费等，同时积极组织它

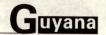

们参加各种表演和比赛活动，在经费方面政府每年给予适当补助。

第五节 新闻出版

一 通讯社

81 年 1 月成立的圭亚那新闻社（Guyana Information Services）为政府主管的新闻部门。现设在总统府，负责发布官方新闻。内容主要为国内生产建设情况、领导人活动、政府各部门的新闻和声明以及圭亚那外事活动等。另外，圭亚那公共通讯社亦为官方新闻机构。

二 报刊

全国有多家报刊，其中以下几种较有影响。

《圭亚那纪事报》（*Guyana Chronicle*，日报），1881 年创刊，为政府官方报纸，日刊发行量约为 2.3 万份，星期日刊为 4.3 万份，主编：沙里艾夫·汗（Sharief Khan）；

《斯塔布罗克新闻报》（*Stabroek News*，日报），1986 年创刊，私人自由独立报纸，日发行量为 1.5 万份，星期日刊为 2.8 万份，主编为戴维·德凯雷斯（David De Caires），编辑为阿南德·珀索德（Anand Persaud）；

《镜报》（*Mirror*，周报），人民进步党机关报，由新圭亚那股份有限公司出版，发行量为 2.5 万份，珍妮特·贾根曾长期担任主编，现为罗伯特·珀索德（Robert Persaud）；

《新国家报》（*New Nation*，周报），人民全国大会党机关报，1955 年创刊，发行量为 2.6 万份，编辑：弗朗西斯·威廉斯

（Francis Williams）；

《天主教旗帜报》（*The Catholic Standard*，周报），教会报纸，1905 年创刊，发行量为 1 万份，编辑：科林·史密斯（Colin Smith）；

《凯厄图尔新闻报》（*Kaieteur News*，周报），私人独立报纸，1994 年创刊，发行量 3 万份，编辑：W. 亨利·斯克雷特（W. Henry Skerrett）；

《圭亚那商业报》（*Guyana Business*，季刊），乔治敦商业和工业协会主办，1889 年创刊，编辑：C. D. 柯顿（C. D. Kirton）；

《圭亚那官方公报》（*The Official Gazette of Guyana*，周报），由圭亚那国家印刷者股份有限公司出版，发行量为 450 份。

《雷声》（*Thunder*，季刊），人民进步党机关刊物，1950 年创刊，发行量 5000 份，编辑：拉尔夫·拉姆卡兰（Ralph Ramkarran）；

《晴日》（*Dayclean*，双周刊），劳动人民同盟机关刊物。

三　出版

亚那国家印刷者股份有限公司（Guyana National Printers Ltd.）为政府经营的印刷和出版机构，1939 年建立，每年印刷出版大量书刊，现拟私有化。董事长：德斯蒙德·N. 穆罕默德（Desmond N. Mohamed）。另外还有两家私营出版单位，一家是圭亚那自由出版社（Guyana Free Press），另一家是圭亚那出版公司（Guyana Publications Inc.），出版一些书籍和学术刊物等。

四　广播

亚那国内至少有 6 家广播电台从事广播事业，主要为私营；政府经营的广播电台有两家。

　　广播事业发端于 20 世纪 20 年代。1926 年圭亚那开始广播服务，最初由邮政局的电信分支工作人员提供，接收器不是收音机而是电话机。由于受到广泛欢迎，当地一家广播电台（Station VRY）应运而生，成为加勒比地区甚至所有英国殖民地中第一家广播电台。电台每周播出 3 个晚上，每次 3 个小时。1931 年由于政府财政困难并抽回拨款，圭亚那第一家广播电台随之关闭。1938 年一家商业性电台即"德梅拉拉电台"（Radio Demerara）建立，由"英属圭亚那联合广播有限公司"（The British Guiana United Broadcasting Co. Ltd）经营。公司系英国垄断组织"伦敦无线电转播集团"（Rediffusion Group of London）的分支，私人企业。1958 年 12 月，另一商业性电台"英属圭亚那广播电台"（The British Guiana Broadcasting Service）成立。在政府征收为国有前，两家电台均靠广告收入维持。播出内容主要是"为学校广播"、新闻公报（英国广播公司的录音广播）、肥皂剧、民族和宗教节目、体育和其他文娱节目。1968 年 10 月原英属圭亚那广播电台为圭亚那政府所征购，正式改名为圭亚那广播电台（Guyana Broadcasting Service），成为国家官方电台，属国家新闻部管辖。1979 年初圭亚那政府又征收了德梅拉拉电台的资产，将其与圭亚那广播电台合并，成立了"圭亚那广播公司"（Guyana Broadcasting Corporation，GBC）。公司现拥有 2 家广播电台，开设 3 个频道：一频道（GBC 1）为"沿海服务"，二频道（GBC 2）为"全国服务"，三频道（GBC 3）为"圭亚那之声"（Voice of Guyana）。2004 年圭亚那广播公司与"圭亚那电视广播公司"（Guyana Television Broadcasting Company）合并，成立"国家通信网络公司"（National Communications Network），为政府所有，经营 3 个广播频道（即热线 FM、"罗赖马广播"和"圭亚那之声"）和 6 个电视频道（即 8、11、13、15、21 和 26 频道）。1988 年估计全国有 30 万台收音机。1993

年全国收音机数量达到 40 万台，1996 年增至 41.5 万台；1997
年收音机使用量继续增加，达到 42 万台；但至 1999 年使用量则
又降为 40 万台。其中原因大概是由于电视的普及和电视机的大
量增加以及电脑网络的开通和广泛使用所致。

五　电视

19　88 年政府开始提供有限的试验性电视服务，当年全
国电视机估计有 3 万台。1993 年成立"圭亚那电视
广播公司"，前身为"圭亚那电视有限公司"，后来又改为"圭
亚那电视公司"（Guyana Television），属政府所有，进行有限制
服务（Limited Service）。国内电视节目较少，主要内容为新闻、
"脱口秀"（Talk Shows）和特别文化节目。观众主要是通过私营
电缆公司收视美国等邻近国家播放的卫视节目。1993 年全国有
电视机 3.2 万台，1996 年增至 4.5 万台；至 2000 年已达到 7 万
台。20 世纪 90 年代末，有 6 个私营卫星电视频道服务于首都乔
治敦和其他一些地区；另有 6 家社区电视台服务于农村地区。
2001 年 5 月，政府对所有播出频率实行新规定，要求所有电视
播出活动在 7 月 31 日前必须得到政府许可。至当年 12 月，圭亚
那 18 个电视台中有 15 个得到了许可证。又据 2006 年资料显示，
国内有一家国营电视台，另有两家私营电视台，共约 14 个电视
频道。国内节目依然是有限制的。两家私人电视台仍依赖转播美
国的卫视节目。电影事业不发达，国内电影院放映的影片主要靠
进口，有关业务多为私人经营。

第六节　医疗卫生

圭　亚那独立后，国内的医疗卫生状况不断改善。工人的
医疗卫生服务由政府（一部分通过国民保险制度）、

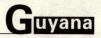

非政府组织、私人部门和国营公司提供。但医疗卫生设施短缺、设备陈旧、医护人员外流，农村缺医少药的现象仍然是一个严重问题。后经政府不断加大投入，努力加强有关方面的工作，在改善卫生和供水条件、开展防治肺结核运动、控制疟疾等疾病方面取得了较大进展。国内医疗卫生水平有所提高，婴儿死亡率和总人口死亡率不断下降。

20世纪70年代中期，政府曾实施一项有关医疗卫生的新规划，其中包括改建乔治敦医院、新建一个拥有250个床位的新阿姆斯特丹医院和一个医护人员培训中心。1979年在政府医疗系统工作的医生为85人。至1980年和1987年医生数量分别增至100人和增至142人，折合8170人拥有1名医生和5326人拥有1名医生；至1989年约合3360人拥有1名医生。1980年全国共有55家医院，其中48家由政府经营，医院床位比率为217人拥有1张床。1984年医疗卫生经费占中央政府支出的3.7%，达到5150万圭元。

20世纪80年代国家经济衰退，对医疗卫生系统投资不足，1988～1991年政府医疗卫生支出下降46%。医疗卫生系统出现资金匮乏、合格医务人员和医院床位短缺现象。但据政府披露的资料显示，自1991年以来情况有所改进。1994～1998年医疗卫生支出平均每年占政府总支出的6.5%，主要用在维修陈旧设备上，重点是保证基本的医疗需求，而且已见成效。又据报道，2002年政府用于医疗卫生的支出由1990年占国内生产总值的2.9%增加到4.3%，继续加强基础医疗设施的维修和提高其功能方面。1994年政府在"国民医疗计划"（The National Health Plan）中将疟疾、严重的呼吸传染病和性传染病规定为优先控制的疾病。1997年政府在"国家发展战略"（The National Development Strategy）中强调提高人民健康水平和改进医疗服务，特别是改进地理上孤立的印第安人社区的医疗服务。

据资料显示，20 世纪 90 年代中期圭亚那公共医疗服务分为几个不同层次，即卫生站、卫生中心、地方医院、地区医院、国家级医院/乔治敦公共医院、特长专科医院。病人就医一般以就近治疗为主，若需要时逐级转院。当然由于种种原因，患者也有越级就医的现象。1996 年全国共有各级公共医疗单位 256 家，有 111 个内科医生、15 个牙医、29 个麻醉师、172 个助产士和 854 个护士。1999～2002 年医护人员每年增加 5%。据 1998 年报道，圭亚那公共医疗机构仍为 256 家，另有 10 家私人医院或将要为国家所有的医院。20 世纪 90 年代末至 21 世纪初，圭亚那医疗卫生机构达到 375 家，包括 27 家医院、348 家诊所和卫生站。在诊所和卫生站中，有 166 家是专为内地偏僻的村社服务的。在诊所或卫生站内至少设 1 名医务工作人员，人们可以通过无线电与其联系。医疗卫生部门的改革一直是政府一项优先的工作。又据 2006 年资料，国内共有 27 家医院和 294 家医疗中心和卫生站。其中有 157 家医疗中心和卫生站设在内地偏僻的村社地区，在那里工作的医务人员有所增加，无线电联系方式也有改善。1992 年每 1 万人中拥有的医生、护士和医院床位数分别为 2.0 个、5.9 个和 28.0 张，1998 年它们分别增加到 4.3 个、9.4 个（1997 年）和 42.3 张，至 2000 年，上述情况基本未有大的变化。婴儿死亡率由 1987 年的 49‰ 和 1992 年的 42.9‰ 下降到 1999 年的 22.9‰；2006 年大约为 32.19‰。预期寿命由 20 世纪 70 年代初的 60 岁上升到 1980 年的 70 岁。90 年代后预期寿命出现下降，1996 年和 2000 年分别为 64 岁和 66 岁，2002 年降至 63.2 岁，2006 年又提升为 65.86 岁。

目前，在圭亚那内地的一些地区疟疾仍然是一个严重问题。另外，艾滋病也是一个值得关注的问题，在 15～49 岁的公民群体中有相当比例的人 HIV 检测呈阳性，2001 年资料显示为 3%。

政府尽管财力有限，但在防治艾滋病方面采取了坚决的态度。当地一家制药公司也在积极研制相关治疗的药物；圭亚那卫生部计划实行三级治疗方案，每个病人每年治疗费用为 250~350 美元。2002 年和 2003 年的资料均显示，15~49 岁人群中 HIV 检测呈阳性的人数上升为 5.5%；但 2004~2006 年资料中下降为 2.5%。2004 年政府投资 2000 万美元，实行一项艾滋病教育和防治计划。该计划得到了美国国际开发署的援助。

第七章

外　交

第一节　概述

20世纪60年代中期独立后，圭亚那对外奉行独立自主的不结盟政策，坚持不干涉别国内政的原则，反对帝国主义、殖民主义和种族主义，主张与各国发展友好合作关系。特别是70年代以来，圭亚那努力推动加勒比地区的一体化运动，是加勒比共同体和共同市场创始国之一，加勒比共同体的秘书处即设在乔治敦。圭亚那还积极参加不结盟运动，1973年当选为不结盟运动协调局成员国。与此同时，圭亚那还积极发展同古巴、苏联以及其他社会主义国家的密切关系。因此，从1973年到80年代初，圭亚那同美国的关系一直比较紧张。

80年代中期以来，圭亚那政府调整对外政策，主动改善与美国、英国、加拿大等西方国家的关系，改善和加强同周边国家的关系；重视开展经济外交，把争取外援、寻求发展和增强国际竞争力以及减免债务、发展与美欧关系等，作为外交政策和外交工作的重心，呼吁发达国家在共同承担责任和国际相互依赖的原则下政治解决债务危机；进入90年代以后，圭亚那外交进一步活跃，积极主张全面裁军，支持中东问题的和平解决。1991年圭亚那被接纳为美洲国家组织正式成员国。至 90 年代中期已同 106 个国家建立外交关系。在圭亚那积极进行国内经济调整和改革的同时，美、英、加等国家和国际货币基金组织、美洲开发银行等国际金融组织加大对圭亚那的援助力度。现在，圭亚那同主要的西方国家，特别是英国、加拿大以及英语加勒比国家有着良好的关系，尽管与上述加勒比国家之间时有一些意见分歧。同时，圭亚那积极发展同拉美国家的密切关系，促进拉美与加勒比国家的地区合作。2006 年 1 月圭亚那取得"里约集团"主席职位，成为该集团自 1986 年成立以来获得此项职务的第一个加勒比共同体成员国。

为解决旧的国际经济秩序问题，圭亚那前总统切迪·贾根曾提出了建立"全球人类新秩序"的主张。其主要内容有：改革现有国际组织，削减各国军费开支，对富国征收环境税，为发展中国家设立发展基金，减轻发展中国家的债务负担，增加对发展中国家的援助，等等。贾根 1997 年去世后，圭亚那政府继续奉行其外交政策和主张。2000 年圭亚那总统贾格德奥在联合国千年首脑会议上，提出了"联合国在促进全球人类新秩序方面的作用"的议案。截止到当年年底，圭亚那已同 113 个国家建立了外交关系。

圭亚那于 1966 年 5 月加入英联邦，成为该组织第 23 个成员国。同年 6 月独立后，成为联合国第 118 个成员国。此后，它又陆续参加一些其他国际组织，至今已是国际货币基金组织和世界银行（1966 年）、加勒比共同体和共同市场（1973 年）、非洲加勒比和太平洋国家集团（1973 年）、国际铝土协会（1974 年）、美洲开发银行（1976 年）、国际金融公司和国际发展协会（1976年）、亚马孙合作条约组织（1978 年）、不结盟国家组织（1979年）、美洲国家组织（1991 年）、加勒比国家联盟（1994 年）等40 多个国际组织成员国。欧盟、美洲开发银行、联合国开发计划署、世界卫生组织和美洲国家组织等在圭亚那首都均设有办事处。

第二节　同邻国的关系

长期以来，圭亚那与委内瑞拉对埃塞奎博河以西地区的归属一直存在争执，涉及面积 15 万多平方公里，约为圭亚那领土的 2/3。60 年代中后期曾多次发生小规模边界冲突。1970 年 6 月，圭、委两国签订《西班牙港议定书》，决定将领土争议问题搁置 12 年。1981～1982 年两国关系因领土争议而降至最低点。1983 年 4 月联合国秘书长根据圭、委要求正式接受两国的领土争议调解工作。1987～1990 年两国总统、外长等多次互访，相互关系有明显改善，两国在贸易、经济、科技、卫生等领域来往增多，并签订了一系列协议。1993 年 2 月圭亚那总统贾根应佩雷斯总统邀请访问委内瑞拉，两国总统讨论了领土争议问题，同意继续在联合国秘书长主持下寻求解决方法。两国总统还签署了访问谅解备忘录和联合公报，委内瑞拉向圭亚那提供 2000 多万美元的援助。同年 11 月双方代表在纽约就边界问题再次进行会谈。1998 年圭亚那总统珍妮特·贾根访委，指出两国关系正朝着积极的方向发展，呼吁两国加强多方面合作，她被授予"解放者勋章"。1999 年 10 月，圭亚那纪念圭、委边界问题的国际仲裁 100 周年，而委方宣布该仲裁无效，重申对圭境内的埃塞奎博地区拥有主权。2002 年圭、委两国外长虽然进行互访，实施了能源合作协定，两国关系有所改善，但因边界争端问题，仍进展不大。2004 年查韦斯总统访圭，双方就领土纠纷、免除债务、供应石油等问题进行了磋商。2003 年 4 月和 2006 年 3 月，两国重申了通过联合国支持的调解程序来解决领土争端的承诺。至今边界问题仍是影响两国关系的主要障碍。

圭亚那与苏里南也有领土纠纷问题，争议始于 1871 年，涉及地区是科兰太因河上游的新河三角洲，面积约 1.7 万平方公里。20 世纪 60 年代末两国间曾发生小规模边界冲突。1970 年两国总理会晤并达成谅解，同意和平解决边界争端。1979 年两国总理互访，重申了上述立场，同意将争议交双方专门机构进行研究。1989 年两国总统互访后，决定将争端交有关部门进行讨论解决。1990 年和 1991 年圭、苏合作委员会先后在苏、圭首都举行会议，讨论双方在贸易、科技、渔业、自然资源开发、移民等方面的合作问题。1994 年圭亚那总统贾根访问苏里南，两国领导人重申解决边界争端的愿望并表示边界争端不应成为发展两国关系的障碍。1995 年圭、苏合作委员会再次讨论了两国经贸、渔业、非法移民和技术合作等问题。1995 年、1996 年圭、苏双方领导人互访，讨论了边界争端和各个领域的合作问题。1998 年两国同意加强双方在联合国、加勒比共同体、美洲国家组织、拉美经济体系、世贸组织等多边机构的合作，重新启动圭、苏边界委员会和双边合作理事会的工作，商讨在有争议的海域共同开发资源和新河三角洲非军事化问题。两国总统一起出席圭、苏边界河流科兰太因河轮渡首航式。2000 年圭亚那授权加拿大 CGX 能源公司在圭、苏有争议的海域进行石油勘探，苏里南派遣军舰将该公司的钻井平台强行逐出，圭亚那也出动舰艇陈兵海域，两国关系顿时紧张升温。但与此同时，双方政府始终强调要和平解决历史遗留的边界问题。后经加勒比国家领导人等调解，冲突得以避免。2004 年双方同意将争议提交联合国海洋法庭仲裁，大约 2007 年方有结果。目前，两国边界平静。

圭亚那与巴西 1978 年 12 月 18 日建交。1989 年两国总统互访，双边经济技术合作进一步发展。1990 年圭亚那总统霍伊特亲自参加巴西总统科洛尔就职典礼。1993 年 5 月两国签订了《领事合作条约》，规定在没有圭亚那外交机构的国家，圭亚那

的外交事务由巴西代理。近年来，圭亚那进一步重视发展两国关系，希望与巴西建立合作伙伴关系，提出使圭亚那成为加勒比通往巴西等南美国家"门户"的主张。2003 年 1 月圭亚那总理海因兹前往巴西出席卢拉总统的就职仪式。同年 7 月圭亚那总统访问巴西，两国达成了广泛的合作协议，双边关系进一步加强。

第三节　同美国的关系

圭亚那与美国于 1966 年 8 月 15 日建交。20 世纪 50 年代中期至 70 年代末，按人均计算圭亚那曾是获得美国援助最多的国家之一。仅在 1965 年，美国给予圭亚那的贷款和赠款就达 1230 万美元，是美国在 1957～1964 年的 8 年间给予日本援助（490 万美元）的 2.5 倍。在之后的 3 年中，美国给予圭亚那的援助平均每年达 860 万美元。70 年代中期圭、美关系曾因圭亚那秘密向古巴提供中转机场及古巴航班爆炸事件等一度紧张。1983 年，圭亚那公开谴责美国入侵格林纳达，美国停止了对圭亚那的一切援助，两国关系降至历史最低点。

1985 年霍伊特总统上台后努力改善与美国的关系，双方来往增多。1986 年美国开始恢复向圭亚那提供人道主义援助。1988～1989 年霍伊特 3 次访问美国，受到热情接待。1989 年美国决定向圭亚那提供 700 万美元援助。1990 年圭亚那总理格林访问美国。同年 10 月美国前总统卡特以"自由当选的政府首脑委员会"主席身份访问圭亚那，考察圭亚那的大选问题。1991 年圭、美签署协议，重新安排圭亚那欠美国的债务 2200 万美元。1992 年贾根执政后，承诺实行民主、采取更多的自由市场经济政策和持续发展政策，推行经济外交，把改善圭、美关系作为政府的外交重点，力争美国及其控制的国际金融组织的支持。美国给予贾根政府约1000万美元的赠款，并免除圭亚那近4000万美元的债务。1986～1993年美国向圭亚那提供了总价值约5亿美元的援助。

1993年8月30日贾根总统出席克林顿总统为加勒比5国首脑举行的午餐会。同年下半年美国在圭亚那境内举行圭亚那独立后首次军事演习。1995年美国在较大幅度削减外援的情况下，仍适当保留对圭亚那的赠款援助，同时以软贷款弥补被削减的赠款，并重开美国国际开发署驻圭亚那办事处和恢复向圭亚那派遣和平队。两国还延长了反毒合作协定并就双方签订投资协定开始进行谈判。1997年5月，海因兹总理参加了克林顿总统和14个加勒比国家领导人在巴巴多斯举行的第一次美国和加勒比地区峰会，会议加强了地区在司法、反毒、金融和发展方面的合作基础。1998年克林顿总统和奥尔布赖特国务卿在不同场合分别表示支持圭亚那的大选结果，不允许西半球民主倒退。美国还通过国际货币基金组织、美洲开发银行等国际组织向圭亚那提供经济援助，对圭亚那经济恢复与发展起到重要作用。美国军事医疗和工程队还在圭亚那进行训练演习、挖井、建学校和卫生所，提供医疗服务。2001年"9·11事件"后美国减少了对圭亚那的经济援助，但在基础设施、减贫、教育、卫生、打击毒品走私等与美国利益密切相关的方面，仍继续向圭亚那提供技术和经济援助。为帮助圭亚那防止艾滋病的蔓延，2002年美国疾病控制和预防中心在美国驻圭亚那使馆开设了专门的办事处。2003年1月圭亚那被提名为接受美国布什总统关于防治艾滋病紧急计划的仅有的两个西半球国家之一。在未来5年内，美国疾病控制和预防中心和美国国际发展署共同实施一项数百万美元的教育、预防和对那些感染艾滋病患者的治疗计划。2003年2月贾格德奥总统访问美国，2004年8月美国前总统卡特访问圭亚那。圭、美关系不断发展。

第四节　同古巴的关系

古于 1972 年 12 月建交，两国关系发展较快，高层领导人互访频繁。1973 年 8 月卡斯特罗主席访问圭亚那。1975～1984 年伯纳姆总理曾 3 次访古，被授予古巴最高级勋章——何塞·马蒂国家勋章。1975 年两国互换常驻大使，成立双边混合委员会。1977 年双方签订科技、文教等协议，规定增加赴古巴接受训练的圭方人员的奖学金和增加古方在圭亚那的医疗队人员等。1983 年又签订了新闻交流合作协议。1984年双方签署在劳工、社会治安和合作社方面进行合作的备忘录。1975～1989 年霍伊特 4 次访问古巴，进一步加强了双边关系。1981 年、1984 年、1990 年、1993 年古巴外长多次访问圭亚那。1990 年双方签署延长两国互免签证议定书和外交部合作备忘录。1993 年 12 月加勒比共同体－古巴联合委员会在圭亚那成立。至20 世纪 90 年代初，古巴在圭亚那服务的医生已达 104 人。自两国建交以来，相互关系一直较好。长期以来古方一直向圭亚那提供留学生名额，在农业、卫生等方面向圭亚那提供技术人员和技术援助。圭亚那批评美国对古巴实行经济制裁，呼吁美国与古巴实现关系正常化。

第五节　同中国的关系

中两国很早就有友好联系。1853 第一批契约华工到达圭亚那，至 1912 年在圭亚那的契约华工达到约 1.4 万人。他们为圭亚那的经济发展和增进圭、中两国人民的了解和友谊作出了重要贡献。现在，在圭亚那的华人有 1500 多人。

　　长期以来，圭、中双方在国际事务中互相同情和互相支持。圭亚那独立前，中国积极支持圭亚那人民的独立解放斗争。1962年毛泽东主席和周恩来总理热情接待来访的圭亚那人民进步党总书记珍妮特·贾根率领的代表团，1964～1966年圭亚那还多次派遣工、青、妇代表团访问中国。1963年8月26日，中国银行和圭亚那进出口公司签署一项金额为46万英镑的现汇贷款协议，标志着中国和圭亚那经济技术合作的正式开始。1966年5月26日圭亚那独立时，中国总理周恩来致电伯纳姆总理表示热烈祝贺并予以承认。1970年以来，圭亚那坚持奉行"一个中国"的政策。1971年10月，圭亚那在联大投票支持关于恢复中国在联合国合法席位的提案。1972年6月27日圭亚那与中国建交，开创了英联邦加勒比地区与中国建交的先河。此后，两国友好合作关系不断发展，经济、贸易、新闻、文体、工、青、妇等方面的代表团互访不断。双方签订有经济技术合作，文化、贸易、科学技术合作，互免公务旅行签证协定以及外交部官员会晤机制、医疗合作议定书等。

　　建交以来，两国高层领导人互访频繁。圭亚那总理（后任总统）伯纳姆（1975年和1984年）、总统阿瑟·钟（1977年）、人民全国大会党主席兼副总统拉姆萨罗普（1981年和1984年）、第一副总统兼总理格林（1987年）、副总理帕里斯（1988年）、副总理科尔宾（1988年）、国民议会议长纳拉因（1989年）、外交部长杰克逊（1990年）、总统贾根（1993年）、外交部长克莱门特·罗西（1996年）、人民进步党执委珍妮特·贾根（1996年）、总理海因兹（1996年和2005年）、新闻部长纳加木图（2000年）、国防军参谋长阿瑟利（2001年和2003年）、现任总统贾格德奥（2003年）、地方政府部长诺克塔（2003年）、国民议会议长拉姆克兰（2004年）等相继访问中国。特别是20世纪70年代伯纳姆总理的来访，开创

了英联邦加勒比国家中当选首脑访问中国的先河，产生了很大的影响。

中国副总理耿飚（1978 年）、全国人大常委会副委员长阿沛·阿旺晋美（1981 年）、纺织工业部长吴文英（1988 年）、外交部副部长刘华秋（1990 年）、全国人大常委会副委员长陈慕华（1993 年）、中联部副部长李北海（1996 年）、外经贸部副部长孙振宇（1996 年）、文化部副部长艾青春（1997 年）、国务院副总理钱其琛（1998 年）、全国人大常委会环境与资源保护委员会副主任委员李蒙（2000 年）、中联部副部长蔡武（2002 年）、国务委员吴仪（2003 年）、外交部长李肇星（2004 年）、中联部副部长马文普（2005 年和 2006 年）等相继访问圭亚那。

高层互访进一步推动了两国关系的发展。2003 年 1 月，中国国务委员吴仪率政府代表团访问圭亚那，与圭亚那总统贾格德奥和全体内阁成员举行会谈，双方签署了中、圭经济技术合作等 4 项协议，将两国经济贸易合作推向了一个新的高度。2003 年 3 月贾格德奥总统应邀访华，与胡锦涛主席就双边关系和其他共同关心的问题深入交换了意见并达成广泛共识；两国签署了关于促进和保护投资协定、经济技术合作协定等。2004 年 6 月圭亚那国民议会议长拉姆卡兰访华，受到吴邦国委员长亲切会见。2005 年 7 月圭亚那政府总理海因兹访华，分别与国务院总理温家宝、国务委员唐家璇和外交部长李肇星等进行会见或会谈，并与中国企业界代表举行了"投资圭亚那——圭亚那总理与中国投资企业代表团座谈会"。会议结束后，海因兹总理分别与中国香港凯晖国际实业有限公司和顺能国际投资有限公司签署了有关石油、水电、矿产、能源及城市开发等领域的投资合作备忘录。

圭亚那重视发展与中国的关系和加强两国人民之间的友

谊。1982 年 8 月 23 日"圭亚那—中国友好协会"成立。圭亚那国民议会议员阿伦·金和圭亚那大学校长佩里·马尔斯博士分别出任协会主席和副主席。圭亚那合作社部长约翰逊、圭亚那工会大会主席沃克、圭亚那争取团结与和平委员会主席詹姆斯以及各界知名人士约 100 多人出席成立仪式。中国驻圭亚那大使王言昌出席大会,对协会的成立表示热烈祝贺,并宣读了中国人民对外友好协会会长王炳南的贺电。时任圭亚那总理的密尔顿·格林为协会赞助人,现任总理海因兹为协会名誉会长。

1986 年 7 月,时值首批华人抵圭 133 周年,圭亚那在禄冀专门竖碑纪念。圭亚那总理汉格林亲自为纪念碑揭幕。而后,圭亚那每年都举行相关的纪念活动。1993 年 1 月 25 日,圭中友协与华人团体"中华会馆"联合集会,纪念华人抵圭 140 周年和欢度中国传统节日春节。贾根总统等圭亚那政要应邀出席。贾根总统发表热情讲话,高度赞扬圭中人民的传统友谊,并祝两国友好关系不断得到发展。1996 年海因兹总理偕夫人率圭中友协代表团访华,进一步推动两国间的合作与交流,并受到李鹏总理的亲切会见。

中国驻圭亚那使馆每年举办国庆招待会,圭方总统、总理等政府官员经常应邀出席并在会上发表热情洋溢的讲话。1997 年 6 月 19 日,中国大使王富元在乔治敦主持召开庆祝中、圭建交 25 周年招待会,圭亚那总统塞缪尔·海因兹、第一副总统兼总理珍尼特·贾根、议长德里克·贾根、外长克莱门特·罗西和内阁其他要员以及圭亚那社会各界友好人士出席。2002 年 9 月唐家璇外长在纽约出席第 57 届联大时,与包括圭亚那在内的加勒比建交国家举行首次正式磋商,就发展双方友好合作关系等问题交换了意见。之后,双方外交部定期举行会议,就加强双方在政治、经济、文化等领域的友好合作进行磋商。2006 年 7 月 25 日双方

进行第三次磋商，同意为进一步深化双方友好合作继续共同努力，并就共同关心的国际和地区问题交换了意见。磋商后双方发表了《联合新闻公报》。

从 1963 年 8 月中国和圭亚那正式开始经济合作以来，至 2003 年初两国已签署 8 份经济技术合作协议。根据两国上述协议，中国多次为圭亚那提供无息贷款、赠款、技术训练，并援建了圭亚那萨那塔纺织厂、贝尔－吕黏土砖厂、制瓦厂、示范养鸭厂、自行车厂、聚丙烯编织袋厂、蔬菜农场、莫科－莫科水电站等多个项目；中国派专家前往圭亚那进行农业技术指导、植棉技术合作、沼气技术合作、纺织厂管理合作、水电技术培训等。1990 年两国成立经贸混合委员会，1996 年 4 月 29 日委员会召开第六次会议。1993 年中国政府决定向圭亚那派出一支由内科、外科和针灸科医生组成的医疗队。这是中、圭两国政府在医疗领域的首次合作，也是中国向拉美派出的第一支医疗队。1996 年 7 月 24 日江泽民主席致电圭亚那总统贾根，向圭亚那人民遭受水灾表示深切同情和慰问，中国政府向圭亚那提供 40 万元人民币的救灾物资援助。1997 年 2 月，中国驻圭亚那大使王富元代表中国政府与圭亚那外长罗西，在乔治敦签署了中国向圭亚那提供贴息优惠贷款框架协议。2002 年 6 月 27 日，中国国家主席江泽民和圭亚那总统贾格德奥互致贺电，热烈祝贺两国建交 30 周年。中国外交部长唐家璇和圭亚那外交部长英萨纳利也互致贺电，祝愿两国友好合作关系不断巩固与发展。2004 年 5 月 28 日，象征中圭友谊的又一项工程，也是两国关系史上最大的合作项目——中国援建的圭亚那国际会议中心隆重开工，中国驻圭亚那大使宋涛出席开工仪式并致辞。圭亚那总统贾格德奥亦出席并讲话，盛赞圭中友谊，重申一如既往地坚持"一个中国"的政策。出席仪式的还有海因兹总理、外贸和国际合作部长罗西、地方政府部长诺克塔等政要、社会名流、各国驻圭使节、华人华侨代表及援圭专家等，共约 200 人。

据中国海关总署统计，两国之间贸易额不断增加。1995 年中国向圭方出口 540.8 万美元的商品，无进口。2000 年中国向圭方出口额增至 1006.5 万美元，进口额为 394.8 万美元。2004 年双方贸易额达到 2234 万美元，中方进、出口额分别为 115 万美元、2119 万美元。2006 年 1~9 月双方贸易额达到 4263.1 万美元，同比增长 62%，中方进、出口额分别为 905.2 万美元、3357.9 万美元；当年 7 月双方贸易额首次突破 1000 万美元大关，达到 1224.8 万美元。

附　录

一　重要政治人物（以出生年月为序）

1. 珍妮特·罗森堡·贾根（Janet Rosenberg Jagan）

圭亚那第一位女总理和女总统（1997～1999年）。已故总统切迪·贾根（1992～1997年在任）的夫人。1920年10月20日出生于美国芝加哥一个富商家庭。早年就读于美国韦恩大学和底特律大学，曾参加美国共青团，当过护士。

1943年8月，她不顾双方家庭的反对，与当时在芝加哥求学的贾根结婚，并于圣诞节前一起返回圭亚那。1946年参与创建圭亚那政治事务委员会。1950年政治事务委员会改建为人民进步党，任党的总书记（1950～1970年）和党刊《雷声》主编。1953年当选为国民议会议员，连任30余年，亦即圭亚那历史上第一位女议员、女副议长。1954年因反对英国殖民当局被监禁6个月。1957～1961年担任政府的劳工、卫生、住房和印度移民部长。1963～1963年任内政部长。1969～1980年期间两度担任人民进步党机关报《镜报》主编；1970～1984年任人民进步党国际事务书记，1984年起任该党执行书记。此外，她还担任过圭亚那驻联合国大使、圭亚那妇女进步组织主席、圭亚那新闻记者协会主席、国际新闻工作者协会执委会成员、国际民主妇女联合会执行局委员等职。1997 年 3 月贾根总统病逝后，她被任命为圭亚那第一位女总理兼第一副总统，并接任人民进步党领袖和总书记。在 1997 年 12 月 15 日举行的全国大选中，作为执政的人民进步党总统候选人当选为国家总统，成为圭亚那有史以来第一位女总统，12 月 19 日宣誓就职。1999 年 8 月由于健康原因辞去总统职务。1962 年、1996 年曾率人民进步党代表团访问中国。

著有《人民进步党史》、《圭亚那 1973 年选举的军事干涉》等。

2. 塞缪尔·阿奇博尔德·安东尼·海因兹（Samuel Archibald Anthony Hinds）

圭亚那总理、企业家、"公民运动"的领袖、圭亚那—中国友好协会名誉主席。1943 年 12 月 27 日生于圭亚那德梅拉拉东海岸地区，非洲人后裔。早年就读于圭亚那女王学院，后赴美国新布伦斯维克大学深造，获化学工程学士学位。1967～1972 年在林登的铝土公司历任加工处首席工程师、加工处主管以及产品质量、研究和开发部门主管等职。1973～1976 年为圭亚那科学与工业委员会成员、国家科学研究委员会成员，任圭亚那改革与民主行动主席。1992 年 10 月大选后被任命为圭亚那总理兼工程部长。1996 年偕夫人率领圭亚那—中国友好协会代表团访华。1997 年 3 月贾根总统病逝，接任总统职务。同年 12 月圭亚那大选后再次出任政府总理。在 2001 年 3 月和 2006 年 8 月两次大选后继续担任总理至今。

3. 巴拉特·贾格德奥（Bharrat Jagdeo）

圭亚那总统，1964 年 1 月 23 日出生于德梅拉拉东海岸一个工人家庭。印度人后裔。17 岁参加人民进步党。1983 年被派往苏联莫斯科卢蒙巴大学学习经济，并获硕士学位。1990 年回国后，在国家计划秘书处工作。1992 年被任命为财政部长的特别顾问。1993 年出任财政部国务部长，同年当选为人民进步党中央委员，后又当选为人民进步党中央执委。1995 年接任财政部长，1997 年大选后连任。1999 年 8 月珍妮特·贾根总统由于健康原因辞职，他短期接任总理后，按宪法规定继任总统，时年35 岁。就职后积极推动与反对党之间的政治对话进程，并试图将非政治人士和小党的代表纳入政府。2001 年 3 月大选后连任。2003 年 3 月，对中国进行国事访问。2006 年 8 月大选再次当选总统。

二　圭亚那大事记

**98 年**　圭亚那海岸首次为航海家克里斯托弗·哥伦布所发现。

1581 年　荷兰人到圭亚那西北部地区探险，并在波梅隆河附近定居、修筑炮台。

1595 年　沃尔特·罗利爵士为寻找传说中的黄金城埃尔多拉多，探险奥里诺科河。回英格兰后写作和发表了《广阔美丽的圭亚那帝国的发现》一书。

1621 年　荷属西印度公司成立，并取得统治埃塞奎博河地区特许权。

1636 年　荷兰人开始在圭亚那种植甘蔗，后成为当地主要农作物和经济支柱。

1640 年　非洲黑人奴隶到来。

1648 年　西班牙和荷兰之间战争结束，签订《明斯特条约》，承认荷兰独立以及埃塞奎博（含德梅拉拉）和伯比斯为荷兰殖民地。

1657 年　荷兰人在波梅隆河附近建起一块小的殖民地。

1666 年　英格兰和荷兰之间爆发战争。英格兰夺取基克欧佛阿尔和波梅隆河地区。

1740 年　殖民地总监赫拉弗桑德向各国移民开放埃塞奎博。364 名欧洲白人和 4000 名非洲黑人奴隶来伯比斯定居。

1763 年　伯比斯爆发科菲领导的奴隶起义。

1781 年　英国夺取圭亚那。在大约今天的圭亚那博物馆所在地建起圣乔治要塞。

1782 年　荷兰和法国联盟推翻英国人在圭亚那的统治。法国占领圭亚那并在伊夫·利里种植园建立一座要塞。

1784 年　法国把德梅拉拉和埃塞奎博殖民地交还荷兰。荷兰人仿公司总经理的名字将圣乔治要塞重新命名为"斯塔布罗克"。

1789 年　德梅拉拉和埃塞奎博殖民地脱离行将寿终的西印度公司，归荷兰国会管辖，殖民地行政长官由总监改为总督。

1803 年　英国人再次夺取圭亚那。

1812 年　英国人仿国王乔治三世的名字将斯塔布罗克改名为乔治敦。

1814 年　英国、俄国、奥地利、西班牙、法国等交战国签订《伦敦协定》。伯比斯和德梅拉拉－埃塞奎博沦为英国殖民地。

1822 年　新阿姆斯特丹市布局形成。

1823 年　德梅拉拉东海岸爆发夸米纳领导的奴隶起义。

1831 年　伯比斯与德梅拉拉－埃塞奎博合并一起，称英属圭亚那。

1833 年　8 月 1 日，英国议会通过废除奴隶制法案。

1834 年　8 月 1 日，废除奴隶制法案生效。境内大约 8.5 万名黑人奴隶在理论上获得解放。同月，埃塞奎博地区爆发戴蒙领导的反对"奴隶见习期"制度的起义。

1835 年 葡萄牙契约劳工到来。

1838 年 印度契约劳工到来。奴隶见习期制度结束。

1839 年 400 名德国人移民来到英属圭亚那，1841 年几乎全部死于热带疾病。同期，1000 名葡萄牙移民死于相似原因。

1853 年 中国契约劳工到来。

1919 年 非洲裔休伯特·克里奇洛创建圭亚那第一个工会组织"英属圭亚那劳工联盟"。

1931 年 印度裔 A. A. 索恩建立圭亚那第二个工会组织"英属圭亚那工人联盟"。

1946 年 6 月，J. B. 辛格创建"英属圭亚那劳工党"，11 月贾根等创建"政治事务委员会"。

1950 年 1 月 1 日，"人民进步党"成立。贾根和伯纳姆分别任领袖和主席。

1953 年 英属圭亚那实行新宪法。4 月，举行历史上第一次成人普选。人民进步党获胜组阁，贾根出任总理。10 月，英国政府中止新宪法。总督接管和行使殖民地一切权力。

1955 年 人民进步党分裂为分别以贾根和伯纳姆为首的印度人和黑人两大派。

1957 年 10 月，人民进步党的伯纳姆派成立"人民全国大会党"。伯纳姆任领袖。

1960 年 10 月，葡萄牙裔大商人彼得·达圭阿尔创建"联合力量党"。

1961 年 8 月，英属圭亚那大选并成立自治政府。贾根第三次出任总理。

1964 年 12 月，全国大选，人民全国大会党和联合力量党组成联合政府。伯纳姆出任总理。

1966 年 5 月 26 日，圭亚那摆脱英国殖民统治取得独立，但仍留在英联邦内。

1970 年　2 月 23 日，圭亚那成立合作共和国。3 月，华人阿瑟·钟当选为第一任总统。

1971 年　圭亚那将加拿大资本德梅拉拉铝土公司收归国有，开始外资国有化运动。

1974 年　12 月，人民全国大会党发表"索菲亚宣言"，推行"合作社会主义"政策。

1976 年　圭亚那将英国资本布克蔗糖公司收归国有，完成对外资企业国有化。

1978 年　11 月 18 日，美国"人民圣殿教"914 名教徒在圭亚那西北部"琼斯顿"集体服毒自杀。

1979 年　7 月，"劳动人民同盟"成立。

1980 年　10 月，圭亚那颁布新宪法，实行总统制。伯纳姆总理改任总统，同年 12 月连选连任。

1985 年　8 月 6 日，连续执政 21 年的国家总统（前总理）伯纳姆病逝于任上。

1987 年　人民全国大会党领袖、国家总统霍伊特实行经济调整政策。圭亚那经济形势逐渐好转。

1992 年　10 月，人民进步党和公民运动联盟大选获胜。在野 28 年的人民进步党总书记（领袖）贾根出任总统。公民运动领导人、非洲裔海因兹出任总理。政府继续推行经济调整政策。

1997 年　3 月 6 日，贾根总统病逝任上，海因兹总理接任总统。贾根夫人珍妮特·贾根接任总理。

1997 年　12 月，珍妮特·贾根当选为圭亚那第一位女总统。

1999 年　8 月，珍妮特·贾根因健康原因辞去总统职务。两天后由时年 35 岁的印度裔财政部长贾格德奥接任。

2001 年　3 月，圭亚那举行自 1966 年独立以来的第一次提前大选。人民进步党和公民运动联盟大选获胜，贾格德奥总统连选连任。

2002 年 7 月 3 日，政府反对派成千上万的支持者进行游行，一群人冲击总统府。

2002 年 12 月 22 日，前总统（总理）霍伊特病逝。12 月 30 日，政府为其举行国葬。

2003 年 2 月，人民全国大会党原主席科尔宾当选为该党领袖。

2004 年 4 月，人民全国大会党中断与贾格德奥总统自 2003 年 5 月开始的"建设性接触"进程，并对议会的多数会议进行抵制。

2006 年 4 月，农业部长萨特亚德奥·索希在家中被暗杀。

2006 年 8 月 28 日，圭亚那举行大选，人民进步党和公民运动联盟再次获胜，贾格德奥蝉联总统。海因兹继续出任总理。

三 英属圭亚那和圭亚那主要领导人

1. 英属圭亚那总督（1814 年沦为英国殖民地，1831 年始称英属圭亚那）

24 ~ 1833 本杰明·德班爵士（Sir Benjamin D'Urban）

1833 ~ 1838 詹姆斯·C. 史密斯爵士（Sir James C. Smith）

1838 ~ 1848 亨利·莱特爵士（Sir Henry Light）

1849 ~ 1853 亨利·巴克利爵士（Sir Henry Barkly）

1854 ~ 1861 P. E. 沃德豪斯爵士（Sir P. E. Wodehouse）

1862 ~ 1869 弗朗西斯·欣克斯爵士（Sir Francis Hincks）

1869 ~ 1873 约翰·斯科特爵士（Sir John Scott）

1874 ~ 1877 詹姆斯·R. 朗登（James R. Longden）

1877 ~ 1882 科尼利厄斯·科特赖特（Cornelius Kortright）

1882 ~ 1887 亨利·欧文爵士（Sir Henry Irving）

1888～1893　维康特·戈尔曼斯顿（Vicount Gormanston）

1893～1898　奥古斯塔斯·亨明爵士（Sir Augustus Hemming）

1898～1901　沃尔特·森德尔爵士（Sir Walter Sendall）

1901～1904　詹姆斯·斯韦特纳姆爵士（Sir James Swettenham）

1904～1912　弗雷德里克·霍奇森爵士（Sir Frederick Hodgson）

1912～1917　沃尔特·埃杰顿爵士（Sir Walter Egerton）

1917～1923　威尔弗雷德·科利特爵士（Sir Wilfred Collet）

1923～1925　格雷姆·汤姆森爵士（Sir Graeme Thomson）

1925～1928　塞西尔·亨特－罗德韦尔爵士（Sir Cecil Hunter-Rodwell）

1928～1930　弗雷德里克·格吉斯伯格爵士（Sir Frederick Guggisberg）

1930～1935　爱德华·德纳姆爵士（Sir Edward Denham）

1935～1936　杰弗里·诺思科特爵士（Sir Jeffrey Northcote）

1937～1941　威尔弗雷德·杰克逊爵士（Sir Wilfred Jackson）

1941～1946　戈登·莱瑟姆爵士（Sir Gordon Lethem）

1947～1953　查尔斯·伍利爵士（Sir Charles Woolley）

1953～1955　艾尔弗雷德·萨维奇爵士（Sir Alfred Savage）

1955～1958　帕特里克·雷尼森爵士（Sir Patrick Renison）

1958～1964　拉尔夫·格雷爵士（Sir Ralph Grey）

1964～1966　理查德·卢伊特爵士（Sir Richard Luyt）

2. 圭亚那总督和总统（1966 年独立后保留总督至 1970 年。后设礼仪性总统，1980 年改为执行总统）

总督

1966　理查德·卢伊特爵士（Sir Richard Luyt）

1966～1969　戴维·罗斯爵士（Sir David Rose）

1969～1970　爱德华德·V. 勒克胡爵士（Sir Edward V. Luckhoo，1970年2月23日～3月曾任短期总统）

总统

1970.3～1980.10　阿瑟·钟（华人，Arthur Chong）

1980.10～1985.8　福布斯·伯纳姆（Forbes Burnham）

1985.8～1992.10　德斯蒙德·霍伊特（Desmond Hoyte）

1992.10～1997.3　切迪·贾根（Cheddi Jagan）

1997.3. ～12　塞缪尔·海因兹（Samuel Hinds）

1997.12～1999.8　珍妮特·贾根（女，Janet Jagan）

1999.8～2001.3　巴拉特·贾格德奥（Bharrat Jagdeo）

2001.3～2006.8　巴拉特·贾格德奥

2006.8～　巴拉特·贾格德奥

3. 英属圭亚那和圭亚那总理、国民议会议长（1966年独立前称英属圭亚那，独立后改称圭亚那）

总理

1953.4～10　切迪·贾根（Cheddi Jagan）

1957.8～1961.8　切迪·贾根

1961.8～1964.12　切迪·贾根

1964.12～1966.5　福布斯·伯纳姆（Forbes Burnham）

1966.6～1980.10　福布斯·伯纳姆

1980.10～1984.8　普托勒密·里德（Ptolemy Reid）

1984.8～1985.8　德斯蒙德·霍伊特

1985.8～1992.10　汉密尔顿·格林（Hamilton Green）

1992.10～1997.3　塞缪尔·海因兹（Samuel Hinds）

1997.3～12　珍妮特·贾根

1997.12～1999.8.9　塞缪尔·海因兹

1999.8.9～8.11　巴拉特·贾格德奥（Bharrat Jagdeo，两天

总理）

1999.8.11~2001.3　塞缪尔·海因兹

2001.3~2006.8　塞缪尔·海因兹

2006.8~　塞缪尔·海因兹

国民议会议长

1953~1957　尤斯塔斯·戈登·伍尔福德（Eustace Gordon woolford）

1957~1961　唐纳德·爱德华·杰克逊（Donald Edward Jackson）

1961~1964　拉赫曼·巴克斯·加杰拉杰（Rahman Baccus Gajraj）

1964~1967　奥布里·珀西瓦尔·阿莱恩（Aubrey Percival Alleyne）

1968~1970　拉赫曼·巴克斯·加杰拉杰（Rahman Baccus Gajraj）

1971~1992　萨塞·纳拉因（Sase Narain）

1992~2000.10　德里克·丘尼拉尔·贾根（Derek Chunilall Jagan，病逝任上）

2000.10~2001.3　温斯洛·马丁·泽费尔（Winslow Martin Zephyr）

2001.3~2006.8　哈里·纳拉扬·拉姆卡兰（Hari Narayen Ramkarran）

2006.8~　哈里·纳拉扬·拉姆卡兰

主要参考文献

中文

〔特〕埃里克·威廉斯：《特立尼达和多巴哥人民史》（上、下册），吉林人民出版社，1973。

〔美〕艾·巴·托马斯：《拉丁美洲史》（第一册），商务印书馆，1973。

〔英〕雷蒙德·特·史密斯：《英属圭亚那》，吉林人民出版社，1974。

〔英〕詹姆士·罗德韦：《英、荷、法属圭亚那》，吉林人民出版社，1974。

〔英〕J. H. 帕里等：《西印度群岛简史》，天津人民出版社，1976。

〔圭〕莱斯利·P. 卡明斯：《圭亚那地理》，湖北人民出版社，1977。

〔苏〕A. B. 叶菲莫夫等主编《拉丁美洲各族人民》（上、下册），生活·读书·新知三联书店，1978。

李春辉：《拉丁美洲史稿》（上、下册），商务印书馆，

1983。

《简明不列颠百科全书》，中国大百科全书出版社，1986。

毛相麟等编著《中美洲加勒比国家经济》，社会科学文献出版社，1987。

〔苏〕维·沃尔斯基主编《拉丁美洲概览》（中译本），中国社会科学出版社，1987。

中国社会科学院拉丁美洲研究所编《拉丁美洲历史词典》，上海辞书出版社，1993。

钟清清主编《世界政党大全》，贵州教育出版社，1994。

孟淑贤主编《各国概况　南美》（2），世界知识出版社，1997。

《世界知识年鉴》（1997/1998，2001/2002，2005/2006 等卷），世界知识出版社。

《世界知识图册　国家·民族　美洲》，世界知识出版社，1999。

顾明远主编《世界教育大事典》，江苏教育出版社，2000。

李明德主编《简明拉丁美洲百科全书》，中国社会科学出版社，2001。

尼克·哈纳等著《加勒比海》（中译本），辽宁教育出版社，2002。

纳塔利·米尼斯等著《异域风情丛书　南美洲》（中译本），中国水利水电出版社，2003。

中国军事科学院：《世界军事年鉴》（2004 年），解放军出版社，2004。

外文文献

Encyclopaedia Britannica, Vol. 10, Encyclopaedia Britannica Inc. Chicago, 1964.

William B. Mitchell and Others, *Area Handbook for Guyana*, U. S. Government Printing Office, Washington, D. C. 1969.

Vere T. Daly, *The Making of Guyana*, Macmillan Education Limited, London, 1974.

Vere T. Daly, *A Short History of the Guyanese People*, Macmillan Education Limited, London, 1978.

Kempe R. Hope, *Development Policy in Guyana: Planning, Finance and Administration*, Westview Press, Inc. 1979.

Constitution of the Co-operative Republic of Guyana, Guyana National Lithographic Co., Litd. Georgetown, 1980.

Walter Rodney, *A History of the Guyanese Working People, 1881 - 1905*, The Johns Hopkins University Press, Baltimore, 1981.

Lands and Peoples, Central and South America, Grolier Incorporated, Danbury, 1981.

R. S. Milne, *Politics in Ethnically Bipolar States, Guyana, Malaysia, Fiji*, University of British Columbia Press, Vancouver, 1981.

The New Encyclopaedia Britannica, Vol. 8, Encyclopaedia Britannica Inc. Chicago, 1981.

George Thomas Kurian, *Encyclopedia of the Third World*, Facts on File, Inc. New York, 1982 and 1987.

The Economist Intelligence Unit, *Country Report, Guyana*, The

Economist Intelligence Unit Limited, London, 2000 – 2006.

The Economist Intelligence Unit, *Country Profile*, *Guyana*, The Economist Intelligence Unit Limited, London, 1983 – 2006.

Thomas J. Spinner, Jr. *A Political and Social History of Guyana*, *1945 – 1983*, *Westview* Press Inc. 1984.

20 Years of Development. Progress Never Ceases, Printed by Guyana National Printers Limited, 1984.

Kemp Ronald Hope, *Guyana Politics and Development in an Emergent Socialist State*, Mosaic Press, Ontario, 1985.

Simon Collier and Others (General Editors), *The Cambridge Encyclopedia of Latin America and Caribbean*, Cambridge University Press, 1985 and 1992.

Colin Baber and Others, *Guyana Politics*, *Economics and Society*, Frances Pinter (Publishers) Limited, London, 1986.

Arthur Stephen Morris, *South America*, Barnes & Noble Books, 1987.

Chaitram Singh, *Guyana Politics in a Plantation Society*, Praeger Publishers, New York, 1988.

Regional Survey of the World, *South America*, *Central America and the Caribbean*, Europa Publications, London, 1988, 1999, 2001, 2003, 2005.

The Europa World Year Book, Europa Publications Limited, London, 1988, 1997, 2000, 2003.

Marlene Kwok Crawford, *Scenes from the History of the Chinese in Guyana*, Marlene Kwok Crawford, Georgetown, 1989.

Ben Box, *South American Handbook*, Footprint Handbook Limited,

England, 1997 and 1999.

Guyana Office for Investment, *Why Guyana Is Unique*, Georgetown, 1999.

Ron Ramdin, *Arising From Bondage: A History of the Indo-Caribbean People*, I. B. Tauris, Publishers, London, 2000.

《列国志》已出书书目

2003 年度

吴国庆编著《法国》

张健雄编著《荷兰》

孙士海、葛维钧主编《印度》

杨鲁萍、林庆春编著《突尼斯》

王振华编著《英国》

黄振编著《阿拉伯联合酋长国》

沈永兴、张秋生、高国荣编著《澳大利亚》

李兴汉编著《波罗的海三国》

徐世澄编著《古巴》

马贵友主编《乌克兰》

卢国学编著《国际刑警组织》

2004 年度

顾志红编著《摩尔多瓦》

赵常庆编著《哈萨克斯坦》

张林初、于平安、王瑞华编著《科特迪瓦》

鲁虎编著《新加坡》

王宏纬主编《尼泊尔》

王兰编著《斯里兰卡》

孙壮志、苏畅、吴宏伟编著《乌兹别克斯坦》

徐宝华编著《哥伦比亚》

高晋元编著《肯尼亚》

王晓燕编著《智利》

王景祺编著《科威特》

吕银春、周俊南编著《巴西》

张宏明编著《贝宁》

杨会军编著《美国》

王德迅、张金杰编著《国际货币基金组织》

何曼青、马仁真编著《世界银行集团》

马细谱、郑恩波编著《阿尔巴尼亚》

朱在明主编《马尔代夫》

马树洪、方芸编著《老挝》

马胜利编著《比利时》

朱在明、唐明超、宋旭如编著《不丹》

李智彪编著《刚果民主共和国》

杨翠柏、刘成琼编著《巴基斯坦》

施玉宇编著《土库曼斯坦》

陈广嗣、姜俐编著《捷克》

2005 年度

田禾、周方冶编著《泰国》

高德平编著《波兰》

刘军编著《加拿大》

张象、车效梅编著《刚果》

徐绍丽、利国、张训常编著《越南》

刘庚岑、徐小云编著《吉尔吉斯斯坦》

刘新生、潘正秀编著《文莱》

孙壮志、赵会荣、包毅、靳芳编著《阿塞拜疆》

孙叔林、韩铁英主编《日本》

吴清和编著《几内亚》

李允华、农雪梅编著《白俄罗斯》

潘德礼主编《俄罗斯》

郑羽主编《独联体（1991～2002）》

安春英编著《加蓬》

苏畅主编《格鲁吉亚》

曾昭耀编著《玻利维亚》

杨建民编著《巴拉圭》

贺双荣编著《乌拉圭》

李晨阳、瞿健文、卢光盛、韦德星编著《柬埔寨》

焦震衡编著《委内瑞拉》

彭姝祎编著《卢森堡》

宋晓平编著《阿根廷》

张铁伟编著《伊朗》

贺圣达、李晨阳编著《缅甸》

施玉宇、高歌、王鸣野编著《亚美尼亚》

董向荣编著《韩国》

2006 年度

章永勇编著《塞尔维亚和黑山》

李东燕编著《联合国》

杨灏城、许林根编著《埃及》

李文刚编著《利比里亚》

李秀环编著《罗马尼亚》

任丁秋、杨解朴等编著《瑞士》

王受业、梁敏和、刘新生编著《印度尼西亚》

李靖堃编著《葡萄牙》

钟伟云编著《埃塞俄比亚　厄立特里亚》

赵慧杰编著《阿尔及利亚》

王章辉编著《新西兰》

张颖编著《保加利亚》

刘启芸编著《塔吉克斯坦》

陈晓红编著《莱索托　斯威士兰》

汪丽敏编著《斯洛文尼亚》

张健雄编著《欧洲联盟》

世界经济黄皮书
2006～2007 年：世界经济形势分析与预测
（附 SSDB 光盘）

王洛林 李向阳 主编
2007 年 1 月出版　39.00 元
ISBN 978-7-80230-383-6/F·100

　　由中国社科院世界经济与政治研究所专家学者编写的《世界经济黄皮书》无疑是国内这一领域的权威著作，全书从国别与地区、专题、热点等角度系统地分析了 2006 年世界经济发展状况，并对 2007 年的发展形势做出了预测，书后还附有 2006～2007 年世界经济统计资料。

国际形势黄皮书
2007 年：全球政治与安全报告
（附 SSDB 光盘）

李慎明 王逸舟 主编
2007 年 1 月出版　39.00 元
ISBN 978-7-80230-381-2/D·079

　　本书在总结 2006 年全球安全形势时，提出了三大现象：超级大国美国的持续受挫、"新两极对抗"的若隐若现、全球范围核扩散危险不断加剧。围绕三大现象全书分别从美国政治、全球武装冲突、地区政治（俄罗斯的强势复兴）核不扩散问题研究、联合国研究等角度展开了深入翔实的分析，在此基础上得出了关于 2007 年的政治形势发展的一系列结论，包括美国的"9.11"后遗症何时解脱？伊朗和朝鲜两场核危机怎样发展？全球范围美国主导的格局与各种反美势力之间的斗争何以进行等等。

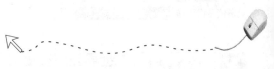

更多信息请查询：www.ssap.com.cn

巴西

吕银春　周俊南　编著
2004 年 7 月出版　33.00 元
ISBN 7-80149-930-1/K·024

　　以丰富翔实的材料系统地介绍了巴西的地理、历史、风俗、文化教育和传媒、宗教和政治、军事和国防，以及外交和经济，帮助您了解这个遥远而美丽的国家。

阿根廷

宋晓平　编著
2005 年 11 月出版　28.00 元
ISBN 7-80190-759-0/K·160

　　位于拉丁美洲的阿根廷，幅员辽阔，物产丰富，美丽富饶。它从西部雄伟的安第斯山延伸到东部的大西洋沿岸，从北部的查科平原延伸到南部接近南极圈的火地岛。在这片广袤的土地上，有水利资源丰富的拉普拉塔河，有屹立于安第斯山脉的被誉为"美洲巨人"的阿空加瓜山，有气势磅礴的伊瓜苏大瀑布，更有被誉为"世界粮仓和肉库"的潘帕斯大平原，还有那勾起阿根廷人无限回忆的马尔维纳斯群岛……19 世纪阿根廷曾跻身世界强国之列，但 20 世纪 70 年后陷入窘境。近年来，经过政策调整，阿根廷正逐步恢复民族自信，重振国家发展之雄风。

乌拉圭

贺双荣 编著
2005 年 9 月出版   24.00 元
ISBN 7-80190-755-8/K·156

　　乌拉圭是南美洲的小国，但是一个很独特的国家。从 19 世纪末至 20 世纪 50 年代，因其政治上的稳定、较高的经济发展水平及社会的祥和而被誉为"南美的瑞士"。在社会改革方面，乌拉圭在世界及拉美国家中有几个值得称颂的成就：乌拉圭是世界上第一个设立农业工人最低工资标准的国家，是拉美第一个给予妇女选举权、最早实行 8 小时工作制的国家。但从 50 年代中期以后，乌拉圭经济增长乏力，政治动荡加剧，1973 年还出现持续衰退，但乌拉圭仍保持了政治上的稳定，在教育及人文社会发展水平方面，乌拉圭仍居拉美国家的前列。

委内瑞拉

焦震衡 编著
2005 年 9 月出版   25.00 元
ISBN 7-80190-753-1/K·154

　　委内瑞拉位于南美洲北部，北临加勒比海，风光秀丽，景色独特，是世界上生态环境最为多样、复杂的国家之一。16 世纪中沦为西班牙殖民地，1811 年独立，是"拉美革命的摇篮"。如今这个盛产石油被誉为"石油之国"的国家，在国际石油事务中发挥着越来越大的作用。

社会科学文献出版社网站

www.ssap.com.cn

1. 查询最新图书　　2. 分类查询各学科图书

3. 查询新闻发布会、学术研讨会的相关消息

4. 注册会员，网上购书

　　本社网站是一个交流的平台，"读者俱乐部"、"书评书摘"、"论坛"、"在线咨询"等为广大读者、媒体、经销商、作者提供了最充分的交流空间。

　　"读者俱乐部"实行会员制管理，不同级别会员享受不同的购书优惠（最低7.5折），会员购书同时还享受积分赠送、购书免邮费等待遇。"读者俱乐部"将不定期从注册的会员或者反馈信息的读者中抽出一部分幸运读者，免费赠送我社出版的新书或者光盘数据库等产品。

　　"在线商城"的商品覆盖图书、软件、数据库、点卡等多种形式，为读者提供最权威、最全面的产品出版资讯。商城将不定期推出部分特惠产品。

资询 / 邮购电话：010-65285539　　邮箱：duzhe@ssap.cn

网站支持（销售）联系电话：010-65269967　　QQ：168316188　　邮箱：service@ssap.cn

邮购地址：北京市东城区先晓胡同 10 号　社科文献出版社市场部　邮编：100005

银行户名：社会科学文献出版社发行部　　开户银行：工商银行北京东四南支行　　账号：0200001009066109151

图书在版编目（CIP）数据

圭亚那/吴德明编著．－北京：社会科学文献出版社，
2007.10
（列国志）
ISBN 978－7－80230－807－7

Ⅰ.圭… Ⅱ.吴… Ⅲ.圭亚那－概况 Ⅳ.K977.1

中国版本图书馆 CIP 数据核字（2007）第 139068 号

圭亚那（Guyana） ·列国志·

编 著 者／吴德明
审 定 人／江时学 宋晓平 吴国平

出 版 人／谢寿光
出 版 者／社会科学文献出版社
地 址／北京市东城区先晓胡同 10 号 （邮政编码：100005）
网 址／http://www.ssap.com.cn
网站支持／（010）65269967
责任部门／《列国志》工作室 （010）65232637
电子信箱／bianjibu@ssap.cn
项目经理／宋月华
责任编辑／孙以年
责任校对／孙 鹏
责任印制／盖永东

总 经 销／社会科学文献出版社发行部
（010）65139961 65139963
经 销／各地书店
读者服务／市场部 （010）65285539
排 版／北京中文天地文化艺术有限公司
印 刷／北京智力达印刷有限公司

开 本／880×1230 毫米 1/32
印 张／10.5
字 数／249 千字
版 次／2007 年 10 月第 1 版 2007 年 10 月第 1 次印刷

书 号／ISBN 978－7－80230－807－7/K·100
定 价／28.00 元

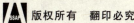

《列国志》主要编辑出版发行人

出 版 人　谢寿光

总 编 辑　邹东涛

项目负责人　杨　群

发 行 人　王　菲

编 辑 主 任　宋月华

编　　辑　（按姓名笔画排序）

　　　　　　孙以年　朱希淦　宋月华

　　　　　　宋　娜　李正乐　周志宽

　　　　　　范　迎　范明礼　赵慧芝

　　　　　　薛铭洁　魏小薇

封 面 设 计　孙元明

内 文 设 计　熠　菲

责 任 印 制　盖永东

编　　务　杨春花

编 辑 中 心　电话：65232637

　　　　　　网址：ssdphzh＿cn@sohu.com